FA

放飞

——育儿在东京

张弘◎著

GUANGXI NORMAL UNIVERSITY PRESS
广西师范大学出版社
·桂林·

责任编辑：李茂军
助理编辑：陈美蓉
责任校对：时艳艳
责任技编：李春林
装帧设计：杨　威
程　捷

图书在版编目（CIP）数据

放飞：育儿在东京 / 张弘著. —桂林：广西师范大学出版社，2017.7（2019.3 重印）
ISBN 978-7-5495-9942-4

Ⅰ. ①放… Ⅱ. ①张… Ⅲ. ①学前教育－教育研究－日本②中小学教育－教育研究－日本 Ⅳ. ①G61②G632.0

中国版本图书馆 CIP 数据核字（2017）第 163144 号

广西师范大学出版社出版发行
（广西桂林市五里店路 9 号　邮政编码：541004
网址：http://www.bbtpress.com）
出版人：张艺兵
全国新华书店经销
三河市金轩印务有限公司印刷
（河北省三河市泃阳镇城内西街村　邮政编码：065200）
开本：787 mm × 1 092 mm　1/16
印张：19　　字数：280 千字
2017 年 7 月第 1 版　　2019 年 3 月第 2 次印刷
定价：35.00 元

序

放飞，行走的爱。

出差归来，风尘仆仆地参加朋友的一场饭局，饭桌前大家讨论的话题始终离不开工作与生活，推杯换盏间，意气相逢的豪饮比比皆是。或许是接近耳顺之年，自己对酒桌上的豪饮已心生疲惫。此时，友人拿来留日学者张弘女士撰写的《放飞——育儿在东京》，饶有兴致地推荐我阅读，并让我写序。也好，都是26年的老朋友了，就当奇文共赏，疑义相析吧。谁料，仅是粗略地翻阅，自己就被深深地吸引了，疲惫感也顿时烟消云散，回家后竟连夜细细品读开来。书中撰写的是张女士在东京留学、旅居20多年并陪护两个孩子成长的经历。娓娓道来中，不全是身处异国他乡的孤独，也不全是照顾孩子的困苦。相反，是将为人父母看来平凡甚至有些乏味的育儿琐事说得妙趣横生，回味绵长。有别于“虎妈”式的严加管教和“猫妈”式的娇惯溺爱，张女士结合日本的教育体制和理念，不断学习和汲取有益的育儿方法和经验，在异国完成了一次关于爱与成长的育儿之旅。

阅读中，我不仅是一名兴致盎然的读者，更是一名渴望潜心学习和讨教的“亲历者”。我是一名父亲，也是计划生育政策的“践行者”。尽管儿子如今已学有所成，步入社会，但是回顾养儿的过往，依旧留有遗憾。因为只养育过一个孩子，育儿经验十分有限，加之工作的关系，自己经常出差在外或到不同的国家访学，错过了一些与儿子共同成长的机会。因此，年近60的我常常会反思当年育儿方面的不足和局限。张女士的作品给我带来了一个更广阔的思考视角，她将孩子在日本懵懂稚嫩的幼儿经历、快乐至上的小学时期到叛逆转型的中学阶段清晰地呈现给读者，将中日育儿的差异进行了细致的分析比较，剖析了自己与孩子每个成长阶段的心路历程。毋庸置疑，“在培育孩子通往成功的道路上，除了‘努力’没有任何捷径”。在竞争激烈的淘汰法则下，看似宽松、快乐的日本义务教育，也会产生一个认真、严格的教育体制进行弥补和与之平衡，在这种矛盾对立的教育现状下，任何的家庭都无法“独善其身”。回顾孩子成长的往事，我常会苛责自己在养育孩子方面的严厉和“不近人情”。但是，与其过度地自责，我不如借此重新审视和思考，应该如何培育孩子成长。当下，良好的素质教养、宽厚的胸襟度量、端正的处世态度和独立的人格修养，远比“分数至上，赢者为王”的功利理念来得重要和必要。

闲暇时，我也会阅读一些培育孩子成长的书籍，我能深刻地感受到，培养孩子因人而异，从来没有一种一劳永逸、四海皆准的育儿技巧，任何技巧都是建立在父母对孩子深爱的基础之上的。所谓的“技巧”是无私的付出和牺牲。在张女士的书中，最令我动容的是她整理的育儿日记。在日记里，她细心感性地写下了陪伴孩子度过初中、高中时代的成长片段，描述了孩子在家中、学校与社会的点滴经历和奇闻趣事。虽然是孩子成长中的平凡琐事，但字字真诚，篇篇动人，展现了父母与孩子间的亲子之爱、师长与孩子间的师生之情、孩子与孩子间的朋友之谊。作为读者，我体验到了其中爱与被爱的快乐和惬意；作为父亲，也知晓独自在异国培育孩子的不易与艰辛。进入青春期的孩子，正处于身心发展的敏感时期，对爱有着最直接、丰富的感受，但同样也会经历叛逆焦躁的蜕变过程，这都需要父母给予坦诚、正确的交流与引导。张女士聪慧敏锐，擅于学习和积累，借鉴了日本很多有效的亲子沟通案例，在悉心照料孩子生活起居的基础上，也适当地给予他们自主独立的成长空间，搭建起了自己与孩子之间平等的沟通桥梁。开阔的视角、真挚的情感、有效的方法，我想这些成功的育儿经验将会给很多年轻父母带来帮助和益处。

“成功的花儿，人们只惊羡它现时的美丽。当初它的芽儿却浸透了奋斗的泪水，洒遍了牺牲的细雨。”孩子健康快乐地成长，是为人父母的我们最为期盼和欣慰的。虽然养育孩子的过程充满了辛劳与困苦，但和张女士情真意切地抚育孩子一样，我们无怨无悔。因为在这个过程中，孩子的存在使我们的生活充满了希望，使我们的生命有了更大的意义，让我们又一次经历了成长，共同体会着责任的意义、领悟着爱的真谛……

广西医科大学公共卫生学院　姜岳明教授

2016年11月5日于南宁

自 序

人，从呱呱坠地到成年独立，成长的过程需要多长时间？在中国，法律视18岁为成年人；在日本，满20岁可以过“成人节”。当父母把一个新生命带到这个世界上来时，父母的肩上就多了“责任”二字，就必须为“养”和“育”付出自己的身心与力量。“养”好孩子很重要，“育”成孩子更漫长，教育的优劣更是直接影响孩子的一生。让孩子接受良好的教育，是全世界父母的共同愿望、共同追求。为此，我认为父母需要关心、了解、研究世界各国教育理念的优劣，取长补短、去粗取精地用之于自己孩子的身上。

由于国内英语教育的普及，一直以来我们对讲英语国家的教育关注较多，了解较多。相反，因为语言的障碍，我们对不讲英语国家的教育了解较为肤浅。日本，是个发达的国家，和我们中国邻近，时差也只有一个小时。因为是非英语国家，蒙在其教育之上的“面纱”至今仍未被我们完全揭开。

日本的家长都给他们的孩子灌输了什么？日本的学校又给他们的学生们教育了什么？如果你在日本长期生活过的话，一定对日本人“把垃圾带回家”的小小习惯不感陌生。“把垃圾带回家”，在日本可不只是口号。这样的习惯，在日本就像出门时一定要穿衣服，走路时一定要穿鞋子一样自然！没有人刻意去做，更没有人发号施令。这样的习惯、这样的素质，与他们从小就接触的、从小就看见的成年人的言传身教不无密切的关系。与日本人打交道多了，我经常看见家长们这样的小动作：在一个会议结束的会场、一次运动练习后的球场，在任何一个公众场所，任何一位家长都能发现并不经意地捡起自己身边桌面上、地面上的小纸屑、碎垃圾，很自然地装进自己的衣袋中或随身携带的小塑料袋里，带回家中。不要说家长们这样的日常小动作能够熏陶他们的孩子，就连我们这些常年生活在日本的外国人，也能不自觉地照搬照做。由此看来，逐步关心、了解和研究这个邻近国家的教育，肯定会对我们有所帮助。

之所以呼吁我们国内家长们更多地关心、了解和研究日本教育，还源于我及孩子在日本的跨国学习经验。伴随孩子们接受了日本的学校教育之后，我深感两国教育的不同。我本人在国内接受了18年的系统教育，小学5年，初中3年，高中2年，本科5年和硕士3年。在那个义务教育尚未普及的年代，18年的教育比一般同龄人的要漫长一些，也算完整一些。我的人生能够拾级而上，就是那个年代扎实地学习的结果。20世纪90年代初，我被汹涌的出国浪潮“推”出了国门，阴差阳错地来到了日本。拿到了日本的签证我才从零开始学习日语，那天不怕地不怕的青春岁月仿佛就在昨日。如果不是看到身边孩子们已经长大，还真忘记了自己的年龄，忘记了那些逝去的岁月。2015年，我的两个孩子一个读大学二年级，一个刚刚考上高中。他们出生在东京，自然而然地接受了日本的全程教育，入保育院，转幼儿园，上小学，升初中，读高中，考大学。我曾马不停蹄地接送幼小的他们去读课外私塾，紧张不安地陪伴他们经历各阶段的升学考试，也曾跟随着他们跨国转学。20年弹指一挥间，凡是他们学校的教学参观活动，我都努力去参加、去体验。因为我也想目睹、感受异国的学校生活。学校的PTA（家长教师协会），我主动参加了四届（四年），因为我实在好奇这个自己闻所未闻的家长组织。孩子们每一个阶段的结束，都是我了解日本教育的一次升华。他们小学一年级开始课外英语口语班，二年级开始课外私塾，此后一直就没有中断过学校内和学校外的学习。在中国，“私塾”这个词基本只在谈论古代教育时才会出现。在日本，私塾存在于现代，而且非常强大，无论是在规模上还是在考学的力量上都胜于学校。我跟随孩子们在日本的学校内外摸爬滚打，孩子们成长中所遇到的许许多多问题，我和孩子们一样陌生地第一次面对。孩子们从幼儿园到考大学经历的所有坎坎坷坷，带来的所有欢笑和泪水，我和孩子们一样地初次体验。毕业分别常用的“色纸”（留言板）的笑话、准考证上“证明相片”的尴尬、纳凉晚会“鹤立鸡群”的无奈，我和孩子们一同经历。到如今，仍不得不时常向孩子们请教日语的我，还在和孩子们共同成长。现在，对日本的学校教育，我虽不敢讲自己了如指掌，却能说我和孩子们完整地经历过了。这，也正是我能向国内家长们介绍日本教育的基础和保证。

本书中我把自己在日本陪伴孩子们接受教育近20年的经历按时间先后顺序汇成章节，把孩子们接受的各个阶段的教育与我在国内接受的教育相对比，力争向读者介绍那些国内没有的新颖之处：日本学校里的好学生是什么样子的，日本的学生会是如何为学生服务、指挥老师参加活动的，日本的家长组织PTA是怎样在家长和学校间奔走的，学校的运动会又是怎样声势浩大地牵动着学生灵魂的。书中还介绍了俱乐部活动、修学旅行这些我们国内大部分学校都没有开展过的活动，意在让大家了解日本孩子们丰富的校园生活。书中还提醒广大的家长们思考：为什么在日本的考试考学中一个叫作“偏差值”的概念就能评价不同学校教学质量的好坏，判断和评定学生的学习成绩在整个群体中的排名以及报考志愿学校的合格可能性？校外的私塾教育是怎样凌驾于学校之上的？大学考试中，一条“最低报名分数线”就能人为地控制报名考试的人数又是怎么回事？希望读者能带着这些疑问去读这本书，相信您读后一定能更透彻地了解日本的教育体制。

为了便于国内读者特别是那些计划到日本留学、居住的家庭更直接地接触日本教育体系，本书中多处沿用了日本惯用称谓和日文汉字名称。书中的前部为保育院和幼儿园内容，主要描述“养”孩子的琐事；中部为小学、初中义务教育部分，描述孩子学和玩兼顾的快乐事情；后部为私塾和考学部分，可以归到艰辛“育”子的范畴。书中还提到了一些怎么也绕不开的生活常识，这部分多使用小贴士的形式做单独说明。书中还穿插介绍了一些有意思的趣事，比如，一种新颖的抽签游戏、一个运动会比赛项目的规则、幼儿园巴士接送的小插曲、从学校校车中看到的温暖……希望它们能消除读者阅读的枯燥感。书中也引用了一些社会上公开发表的调查数字和表格，甚至有一些是原文的引用和翻译，还插入了我的孩子们在学校活动中的相片，意在让我的解释更准确、说明更形象。书中还载录了多篇我伴随孩子们考高中、考大学的日记，希望那颗跳动在异国他乡、望子成龙的母亲之心，能够同时跳动在文字之中，跳动在读者的心中。

中国的国门开放近40年了，先期迈出国门的“弄潮儿”如今已经在外国的土地上生根、开花、结果。他们的下一代顺理成章地接受着当地国家的教育，陆陆续续地步入了当地国家的大学。同时，一些生活在国内的同龄人，也将孩子送到了国外接受教育。于是，形成了一个新的社会现象，那就是在国外接受教育的中国孩子越来越多，出国留学的孩子年龄越来越小。这些孩子回到家中接触的是中国式的语言和环境，迈出家门面对的则是当地国家的习惯和竞争。怎样让他们在国外也能接受良好的教育，牵动着这些孩子的父母的心。我们不妨也看看日本的孩子们在国外上学、留学是个什么样子。2003年8月至2010年3月，我随先生回中国工作了一段时间，考虑到孩子们今后依旧需要与日本国内的教育体制衔接，我们将孩子们送入日本国内学校在中国的分校近七年。这七年中我零距离地看到了日本人的子女在国外学习和生活的苦乐之事。书中有一章描述日本孩子在中国留学，通过那一章的文字读者可以了解日本的小留学生们在国外上学的事情。

有数据表明，现在生活在日本的华人有80万之多。相信和我一样，子女在各阶段学校学习的中国家庭不在少数；和我一样，与孩子们一起第一次面对日本学校的中国家长也不在少数；和我一样，对孩子们的考学升学不知不懂、困惑重重的中国父母更是不在少数。我希望本书的内容能为更多的在日华人以及国内那些想把孩子送去日本求学的家庭所关注，本书所叙述的失败或成功案例能让这些家庭的孩子在日本接受教育时少走弯路，我自省自悟的数条感触和结论能为这些家庭的孩子的人生之路成功点灯、导航！

目录

引　言

首先，在叙说详细内容之前，我将日本大学前的几个教育阶段用图表大致概括一下。

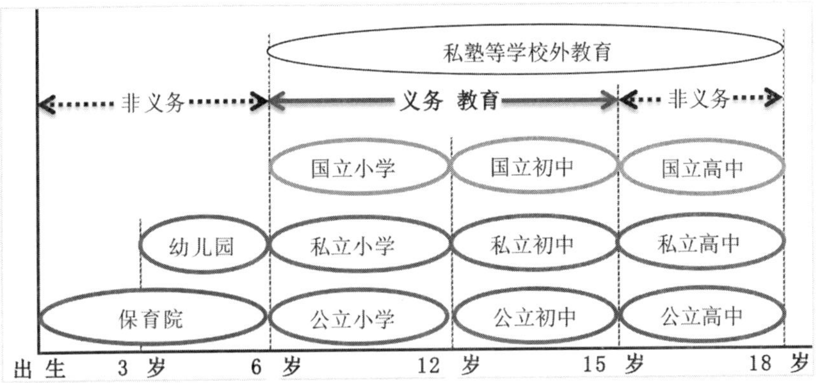

从图中可以看出，日本的孩子从6岁开始上小学到18岁高中毕业，共接受了12年的学校教育，和现在的中国教育基本一样。其中6岁到15岁，亦即小学和初中的九年为义务教育阶段，送这个年龄段的孩子上学是每一个家长的义务和责任。高中三年为非义务教育阶段。

日本的学校大致分为三种类型，国立、私立和公立。国立学校，为国家所有，学费便宜但学校数量极少，必须通过严格的入学考试，甚至是考试合格后的抽签抽中才能入学。公立学校，为各行政地区所属，便于孩子就近上学，学费便宜，是孩子上学的主流学校。其中公立高中因为在义务教育之外，所以具有私立学校的性质，孩子需要通过入学考试才能入学。私立学校，为个人或私立集团所有，学校种类繁多，学费比较昂贵，有严格的入学考试程序，有留级和开除学籍制度。

6岁前的学龄前教育不属于义务教育范畴，孩子可送至幼儿园或保育院，不过两者看起来相似，实际上却有着天壤之别。幼儿园属教育系统，为私立，学费贵，保育时间短。保育院为福利设施，家庭收入不同收取费用不同，保育时间长，但是有严格的接收条件。

本书介绍的学校主要是我的孩子们上过的，其他类型的学校一笔带过。

其次，我以一个外国人的眼光看日本教育，总结出如下三个特点：

其一，快乐的义务教育。

日本的学校教育一般指的是幼儿园、小学、初中、高中和大学阶段。孩子6岁开始上小学，15岁初中毕业，这九年由于是义务教育阶段，因此学校会严格地按年龄给孩子分年级，按年龄让孩子升学。孩子不会留级，也不能跳级。义务教育实施的是平等教育，公平地对待每一个学生，没有所谓的“聪明学生”，也没有“笨蛋学生”。义务教育追求的是集体精神，教育孩子如何做人，培养他们自由奔放的个体性格。处于义务教育阶段的学校有义务接收每一个6岁到15岁的孩子，对那些肢体不全、有发育障碍或学习障碍的孩子们，学校不仅要接收，还有义务单独设置“特别支援教室”，让这样的孩子也能接受平等的义务教育。

其二，残酷的升学考试。

义务教育阶段，孩子小学升初中，不需要考试直接升学。其他阶段，包括小学升私立初中、初中升高中、高中升大学，都需要通过严格的入学考试。尤其是名校，入学门槛更是极高，竞争非常激烈。可是，义务教育阶段的学校教学基本不涉及升学考试的内容，教师也没有指导升学考试的任务，无法满足学生升学考试的需求。宽松的义务教育和严格的升学考试，矛盾而对立地共存于日本社会。

其三，沉重的校外私塾。

宽松快乐的义务教育和残酷严格的升学考试之间的矛盾，自然地产生了一个叫“私塾”的校外教育机构。私塾应需而生，应求而存，教育阵势强大，甚至超过学校。不说日本的校外私塾，无法全面地描述日本的教育。在日本，有一个非常常见的现象：从学校放学回家的学生放下书包，转身换上私塾的沉重书包，再去私塾上学。特别是毕业年级（小学六年级和初中三年级）的学生，既要上学并完成学校的作业，又要参加学校盛行的俱乐部活动，同时还要去私塾苦读“圣贤书”迎战升学考试。日本孩子们弱小的肩上承负着学校和私塾的双重压力，并不比中国学生们轻松。

可见，通往成功的道路，除了努力没有任何捷径。日本的义务教育宽松、快乐，自然会产生另一个认真、严格的教育体制来弥补，与之平衡，这是一个必然的结果。

希望读者先把这三大特点装入脑中，再从保育院内容开始，慢慢地看下面章节的详细叙述。

第一章

珍稀的保育院

保育院，是日本劳动福利管理部门——厚生劳动省下属的儿童福利设施，可以接收从出生到学龄前任何年龄的孩子。我的两个孩子，只有大儿子经历过市属保育院生活。那是他，也是我初次接触的日本保育机构。陌生的环境、新鲜的事情，我和儿子一起磕磕碰碰，边走边学地度过了。

保育院由地方公共团体、社会福利法人运营，但需要得到所在都、道、府、县管理者，即知事的批准，得到国家认可才能营业运行。

保育院是为那些不能照顾孩子的家长照看孩子的地方。所以只有那些有工作的家长、生病住院的家长、家中有重病人需要长期护理的家长，才有资格申请。这里的家长主要是指母亲。保育院的保育员日文有个专门的称呼，叫“保育士”。保育员必须获得国家颁发的国家资格证书，才能上岗工作。

小贴士

都、道、府、县：

为日本的国土行政分区，共有1都（东京都），1道（北海道），2府（大阪府和京都府）和43个县。

一、市立保育院

记忆时间：1997年11月～1999年3月

1997年，我抽签中了一套市营住房。当时我和我先生刚到日本不久，基本没有收入，所以房租很便宜。那套宽敞明亮的住房我们一家一住就是五年，留下了不少我们母子的记忆。直到我们收到市政府相关部门寄来的“义务让出市营住房”的督促书，才不得不搬家。

住上了宽敞的市营住房，生活算是安定了下来。大儿子两岁有余，而前来帮忙照看的祖母思乡心切急着回国。我了解的“情报”也差不多了，决定为儿子申请保育院。当年我正在大学做研究员，完全有资格，也有必要送儿子到保育院。

小贴士

市营住房：

市营住房，是市政府运营的具有福利性质的住房。东京都运营的叫“都营住房”。某某县运营的叫“县营住房”。

这样的房子主要面向收入低的家庭。房租根据家庭收入收取，同样的房子，收入低的家庭房租更便宜。当家庭收入达到一定的金额时，运营机关会把房租涨到比周边一般住房的房租还要高，这个时候房客会自己主动搬走，把房子让给收入更低的家庭。

这样的住房，运营者会定期检查、修缮、更新房间里的设备。

（一）申请入保育院真难

我锁定了自家附近的一所市立保育院，叫“富士见台保育院 ”。我拿着大学发给我的身份证明，到市政府的儿童福利科去办理申请手续，才知道入保育院是那么的难。因为申请的人太多，我只能排队等空缺。工作人员解释说，即便产生了空缺也要按照先来后到的顺序，或按急需程度依次批准。

10月，同小区的一位日本朋友告诉我，那个保育院有个孩子月底退园，正好与我儿子同龄。她告诉我立即往儿童福利科打电话诉苦，说我多么多么急需把孩子送到保育院。如果我再不去上班的话，就保不住工作啦！但是，绝对不能提听到有空缺的事情。我照她所说的做了。没想到还真有效果！10月底，我就接到了儿童福利科的通知，儿子11月就可以上保育院了。

（二）富士见台保育院

富士见台保育院，坐落在一般住宅区（日本称一户一院的别墅为“一般住宅”）内，因地势较高，晴朗的日子可以遥望富士山而得名。在日本，凡是能够远望富士山的地方多以“富士见”为名字。富士见台，儿子所在保育院多用了一个“台”字。

▲ 富士见台保育院

1. 保育人数

日本政府对保育院保育孩子的人数有规定，对一个学年的保育孩子数和保育老师数的比例有规定，对保育院的面积、设备，以及保育护士等职员的配置也有严格的要求。

富士见台保育院的保育定员数为60人，各年级各班的保育人数也有规定。

0～1岁（雏鸡班）	若干人
1～2岁（兔子班）	5人
2～3岁（紫罗兰班）	10人
3～4岁（郁金香班）	15人
4～5岁（百合班）	30人
5～6岁（大象班）	

2. 保育内容

保育院的一般保育时间为7:30～17:00，延长保育需要申请。保育院接收孩子的年龄范围大、保育时间长，所以深受家长的欢迎，尤其是有工作的家长的欢迎。

保育院的目的是代替家长照看和护理孩子，和孩子的教育没有关系。保育院共同的特点是一般中午都有午睡。

（1）每个月的保育内容

一般的保育院每个月都有固定的集体活动，比如：

❶ 生日庆祝会。

保育院每个月集中一天为当月过生日的孩子集体过生日。全班的孩子坐在一起，共同唱歌、做游戏，还能吃到生日蛋糕。保育员还会给每个过生日的孩子颁发一张保育员自制的生日贺卡。生日卡上一般会有过生日的小朋友和保育员的合影（见右图）、老师的贺词、家长的贺词、小朋友的身高体重和手印等内容。

▲ 当月过生日的两名小寿星和保育员的合影，还有一个生日大蛋糕

❷ 避难训练。

在日本，避难训练、防灾训练是在孩子的每个教育阶段都必须开展的活动（见右图）。保育院、幼儿园、学校根据各自所在地区可能发生的自然灾害的种类（地震、火山爆发、海啸、火灾、水灾等），设立相应的避难训练内容。一般以地震和火灾的避难训练最为常见，离海近的地区还有海啸逃难训练。

▲ 头戴防灾头巾，正在进行避难训练的孩子们

❸ 测量身高体重。

保育院的孩子们正处在身体发育旺盛的阶段，定期测量孩子们的身高和体重，是保育院的一项重要内容。保育院每个月测量一次孩子们的体重和身高，记录在册交给家长。

（2）一年中的保育内容

保育院一年中的保育内容大同小异，并且每一年基本固定不变。比如：

春 天	夏 天	秋 天	冬 天
入学式 母子远足 内科、牙科检查 保育参观 5月5日儿童节 交通安全指导	七夕节 消防队参观 游泳池开放 纳凉晚会	运动会 秋天的远足 保育参观 拾栗子 挖地瓜 内科、牙科检查	圣诞节 新年做年糕 春分驱鬼节 3月3日女儿节 毕业分别远足 新生说明会 毕业式

小贴士

5月5日儿童节：

是日本国民休息的祝日（庆祝的日子，尤指国家规定的休息日）之一。日本祝日法律解释设立这一节日的目的是“尊重儿童的人格，祝福儿童幸福，同时要感谢母亲”。在这一天，有男孩子的家庭，在院子中或阳台上挂起布制的鲤鱼，祈祷男孩子健康成长。实际上这也可视为男孩子的节日。

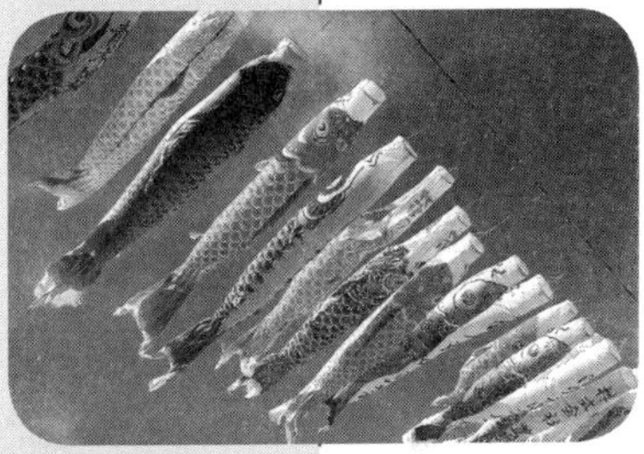

3月3日女儿节：

是女孩子的节日，但不是国民休息日。这一天，有女孩子的家庭，家中要装饰雏娃娃台子。这个台子是一个铺有红布的多层台子，摆放以“男雏”和“女雏”为中心的布娃娃，再摆放上桃花、白酒、寿司等物品做装饰。家中的女孩子和服盛装，好不热闹。

3. 保育场所

（1）保育室

保育室为主要的保育场所。每一个保育室配有一张保育员的办公桌，墙边排列有物品柜，一个孩子一个，用来放书包、换洗的衣裤和画笔等个人用品。

▲ 保育室

（2）大活动室兼午睡室

大活动室为面积最大的室内活动场所。插图（右二）为大活动室，孩子们正在玩开车比赛。白帽一组，红帽一组。大活动室也是孩子们午睡的地方。

▲ 大活动室

（3）保育院的院子

保育院的院子很大，可供全院的孩子活动。不出保育院，孩子们也可以玩得很开心，并且很安全。院子中有露天游泳池、沙坑、滑梯、秋千、跷跷板、攀爬架等。

▲ 保育院院子中的夏日乘凉节

▲ 孩子们在露天游泳池游泳

（三）入保育院准备真繁琐

入保育院前，院长简单地面试了儿子，然后发了很多资料给我。资料中除了需要填写的类似个人档案的表格外，还有家庭需要准备的物品清单。那是我第一次遇到那么多需要填写的表格、那么多需要准备的物品。其实，在孩子的每一个入学阶段，都有很多需要填写的表格。只是随着孩子年龄的增大，需要准备的物品越来越少。

需要准备的东西如下：

1. 小书包

像上学一样，上保育院也背小书包。书包中必须装上家长联络本、午餐用具，以及纸巾之类的杂物。

▲ 小书包

2. 体育服和红白小帽

保育院没有制服。体育服和红白小帽是最基本的统一服装。运动会、集体活动（如远足和发表会等）时孩子们统一穿体育服，戴红白小帽。

▲ 红白小帽

红白小帽（见左图）实际上就是一面红色，另一面白色的帽子。通过戴正面或戴反面的方法，可以简单地将孩子们分成两个组，即红色小组和白色小组。集体活动时分组非常方便。

3. 室内鞋及袋子

（1）进入保育院内的任何房间一律换穿室内鞋

在每个保育室外都放有一个换鞋柜（见下图）。进保育室必须换上室内鞋。保育院的各个房间（保育室）都是相通的，穿着室内鞋可以跑遍所有的房间，不需再换鞋。如果要到院子里玩，必须再换上室外穿的鞋子，也就是平时穿着上保育院的鞋子。

▲ 室内鞋

▲ 换鞋柜

小贴士

室内鞋：

是指室内专用的鞋子。室内鞋基本上都是软胶底、帆布帮子，适于跑动。常见于保育院、幼儿园和学校。

每个孩子都有自己放鞋的专用位子（格子），每个格子上贴有孩子的名字。对不识字的孩子，格子上则贴上动物或是花朵代替孩子的名字，保育员会反复告诉孩子记住代表自己名字的动物或花朵。

插几句

在日本，进入室内要换室内鞋非常常见。学校、医院、旅馆、温泉等地方，乃至回到家中，入室都需要换上室内鞋。记得我刚来日本时，上大学的第一天被教授带着去见其他研究室的中国人。见到中国人后教授就走了，等我和他们“泪眼汪汪”地寒暄之后一个人想返回自己的研究室时，竟然迷了路。因为学校内各幢研究楼都是相互通着的，不用再换穿室外鞋。那七拐八拐的走廊对第一天到学校的我来说，成了名副其实的迷宫。最后，我不得不穿着室内鞋出了楼，在院子中远距离辨认研究楼，才“化险为夷”回到自己的研究室。

（2）还要准备装室内鞋的专用袋子

这种袋子多为双层棉布制品（见右图），正好能装室内鞋，敞口，有提带。家长可以自己缝制，也可以到商店购买。

每个周末，院方都要家长将室内鞋及袋子带回家清洗。

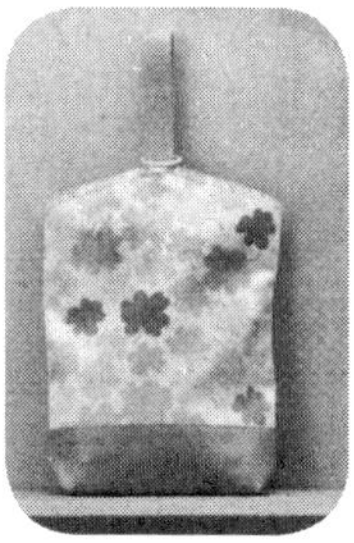

▲ 鞋袋子

下周一再带到保育院。

在日本，只要涉及使用室内鞋，都需要准备一个装鞋的袋子。比如去参加考试要进考场，考试通知上只提是否需要室内鞋的事情，不会提到室内鞋袋子，但家长得准备。

4. 午睡用品

午睡用品，包括褥子、被子、被褥套子，以及睡衣和睡裤。

保育院都安排午睡，但并没有午睡的床，全保育院的孩子都睡在大活动室的地板上。孩子们在地板上铺上各自的被褥，再换上自己的睡衣和睡裤就可以了。

(1) 褥子、被子和被褥套子

保育院对褥子、被子以及相应的套子有明确的规定，比如长宽尺寸、内外材料等都有详细的要求。因为保育院每个星期都要对这些被褥进行高温消毒，所以材料都必须是100% 纯棉。插图（右）为套着套子的褥子、被子和枕头。

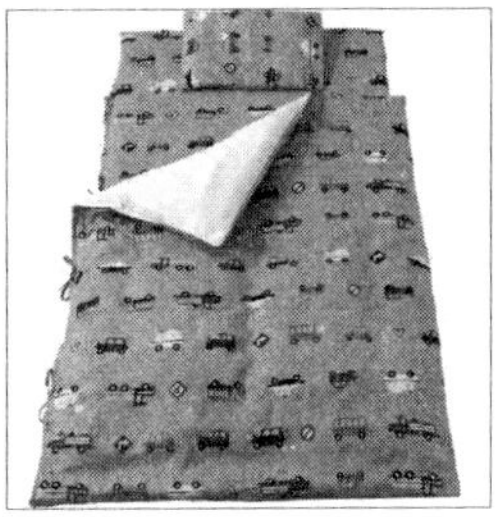

▲ 午睡被褥

家长如果不能自己缝制的话，保育院有推荐的裁缝店。只要拿上保育院的通知去指定的裁缝店，选好布面的花样，交上钱就解决问题了。

褥子和被子都需要相应的被褥套子。每个周五，由家长自己拆下自己孩子的被褥套子拿回家清洗。周一再拿到保育院，家长自己套上。

(2) 睡衣和睡裤

睡衣和睡裤，在商店里都可以买到。考虑到幼小的孩子自己不会系扣子，保育院会建议家长购买套头式的。

5. 备用换洗衣裤

(1) 自备换洗衣裤

刚刚离开母亲怀抱的婴幼儿，大小便不能自理是很正常的事情。每一天他们在保育院度过的时间都很长，所以保育院要求家长为孩子准备一套或多套备用衣裤，包括短裤和袜子。备用衣裤装在专用的袋子里，外带若干备用的塑料袋子，长期存放在保育院。每个孩子都有自己开放式的物品柜子，以便存放这些物品。

孩子在保育院期间，一旦有了大小便拉在裤子上的“突发事件”，换洗衣裤就派上用场了。脏了的衣物会被保育员放在孩子的塑料袋子中，当天放学由家长带回家清洗。第二天，家长需要补齐备用换洗衣裤。

（2）院方备用衣裤

万一自备衣裤不够用，保育院中也有公用的换洗衣裤。这种情况，家长必须当夜洗净晾干，第二天还给保育院。

除了备用衣裤，院方还备有室内鞋。我和大儿子周一早上常忘记带室内鞋，曾多次借用保育院的室内鞋。

6. 午餐用具

孩子每天的午餐都在保育院吃，叉子和勺子等就餐用具需要家长准备。孩子每天带到保育院，放学后再带回家洗刷。另外，喝水的小杯子、牙刷、小手巾和挂在脖子上的兜兜布，都需要家长准备。这样的小件物品都整齐地挂在墙上，每个挂钩上方都贴有代替孩子名字的小动物或花朵的图片，便于孩子识别。

▲ 保育院的午餐

7. 手工用品

保育院不是教育机构，没有教孩子认字和写字的内容。但是，画画、叠纸、玩黏土等手工内容是有的，家长也可以视其为孩子自由玩耍的内容之一。

▲ 彩色蜡笔

（1）绘画工具

自由绘画使用的彩笔、蜡笔、绘画本，折叠使用的叠纸等物品都需要家长准备。插图（见左图）为

12色的彩色蜡笔。

（2）文具工具盒

文具工具盒是一个较大的纸盒子，可以放叠纸、彩笔、绘画本、剪刀、胶水、铅笔盒等所有的手工用品（见右图）。

▲ 文具工具盒

（3）家长联络本

▲ 家长联络本

这是一个供家长和保育员联系用的小本子（见左图）。保育员几乎每天都会在家长联络本上记录每个孩子当天的保育情况、特殊表现等，内容有长有短，不拘格式。保育院也要求家长尽量每天都在本子上记录孩子在家里的情况，特别需要记录孩子晚上的睡眠时间、早餐情况和大便情况，以及当天的体温。

8. 手提袋子

手提袋子是一个较大的双层棉布袋子。上保育院时用来装体育服、换下来的衣服，以及文具等物品。除了装入小书包的物品外，其余的物品都可以装在手提袋子中（见右图）。

▲ 手提袋子

一般周一和周五需携带的物品多，这两天常常需要使用手提袋子。

9. 全部物品记名

众多的自带物品，以及放置在保育院的物品，样样都得写上或贴上孩子的名字。比如一盒蜡笔，每支蜡笔要写上孩子的名字，蜡笔盒子的底部和盖子也要一一写上孩子的名字或片假名。这是新入保育院时或新学年开始时，家长必做的一项准备工作。

当年，这项繁琐的精工细活足足耗费了我整整一天的时间。

插几句

由于与孩子吃喝拉撒相关的生活用品很多，一个育有婴幼儿的家中乱七八糟是很正常的。可想而知，一个照看十几个，甚至是几十个婴幼儿的保育院，如果没有这样细致、周全的规定和安排，将是多么糟的场面。所以，尽管家长们不得不参与的事情很多，也很繁琐，但每一位家长都秉持“为了自己的孩子！”这样的信念，无怨地、认真地做着。院方和家长的配合，是日常的保育工作有条不紊地进行的保证。

二、保育院花絮

大儿子在富士见台保育院经历了一年半的保育院生活，半年兔子班和一年紫罗兰班。时间不算长，回忆起来觉得很珍贵。

（一）我感受到的保育院

在保育院，保育员关心的是孩子的一日三餐，以及早睡早起、规律大小便等生活习惯。保育院不仅注重培养和训练孩子日常生活中的自理能力，也很注重让孩子友好地与其他小朋友玩耍，重视孩子与大自然亲近和融合。孩子在生活中的礼节，是保育院训练的重点：见了人要高声地问好，做错了事要大声地道歉，进入房间或离开房间时都要大声地打招呼。

记得，刚入保育院的儿子不习惯大声打招呼。一次在我接他回家时，保育员坚持让儿子和她说“再见”。不知道是语言尚未纯熟，还是性格太内向，儿子当时就是不肯说。保育员很耐心地重复着“sa-you-u-na-la”让儿子学，儿子还是不肯说。最后，儿子以自己的哭声换来了保育员的放弃。倒是我要感谢那位保育员，她让到了日本才开始接触日语的我永远记住了“再见”的正确日语发音，因为中间的一个长音“u”很容易被初学者忽略。

插几句

在这种强调礼貌和注重问候的环境中长大的孩子，即便是无意识的，在特定的场合下也能顺口说出问候的话语。大儿子上初中二年级时，在棒球场上的一幕让我深深地体会到了这样的礼貌教育带来的收获。

那是棒球训练结束后，球员们出球场时发生的事情。我亲眼看见大儿子在离开棒球场大门的那一刻，突然转身、脱帽，对着棒球场鞠躬，说“非常感谢！”。在那一幕之后我才注意到，所有的棒球小队员在离开球场时都是这样做的。那是他们向使用过的球场表达谢意！没有任何人在旁边监视，更没有什么人发布命令，每一个棒球队员在训练结束时，都会自觉地向棒球场施行这样的谢礼。

其实，在日本日常的生活中，只要你稍稍留心一下，就会发现许多人们自然地表达谢意的类似场面。比如，在离开游泳池的时候，面对游泳池，面对安全巡逻员，鞠一躬表示感谢。比如，在演讲完毕离开演讲台时，讲演者转身面对空无一人的演讲台子，鞠一躬表示感谢。这样微小的举动，如果不是平时的点滴熏陶，一个人是无论如何也做不出来的。

（二）初离母亲

家长初次送孩子去过集体生活时要过的第一道关，恐怕就是孩子离开母亲时“撕心裂肺”的反抗了吧。人生第一次离开母亲的怀抱，第一次离开熟悉的家，到一个陌生的环境去见陌生的人群，极不情愿的孩子会用不同的方式来表达自己的不满：哭、闹……处理不好的话，这样“生死离别”的场面会持续很长的日子。

新入保育院的婴幼儿，第一周是适应时间。开始是半天保育，不吃中午饭院方就让家长接孩子回家。适应几天后才开始全天保育，孩子在保育院吃午饭、睡午觉，但家长此时依旧要尽早接孩子回家。适应一段时间后才转入正常保育时间。

▲ 保育院的玩具

儿子入保育院的第一天，保育员允许我和孩子一起进入保育室。保育室里玩具很多，儿子高兴地玩了起来。趁孩子的注意力集中在玩具上，保育员让我悄悄地离开了。第一天，我没有当面面对哭泣的儿子。

第二天早上，我带着儿子到了保育院的院子外面，他立刻就明白是怎么回事了，开始哭泣："哇——求求妈妈了，让我回家吧……"当时正好有个住在附近的阿姨在扫马路，看到哭泣中的儿子还和我们打招呼："第一天吧？加油啊！"她近水楼台，估计没少见这样的哭泣场面。

儿子哭泣不止，就是不肯进院子。儿子班上的班主任保育员迎到院子门口，抱起了哭泣的儿子，让我迅速离开。这是她们对付新入保育院婴幼儿的一招——母子快速分离。

其实儿子只哭闹了那一天。第三天开始，儿子只是在与我分别的那一刻抹眼泪，然后就默默地牵着保育员的手走进了院子。慢慢地儿子适应了，快乐地在保育院度过他的每一天。一回到家，他就一头扎到他的玩具中，高喊："妈妈，妈妈，快来一起玩吧！"他在保育院学到的第一个日语单词就是"asobu（玩）"。

（三）生活自理训练

每天早上8点左右把儿子送到保育院时，我常常看到保育员让每一个孩子对即将分别的妈妈说："妈妈，工作加油啊！"我也不止一次地听到保育员说，她们的使命就是照顾好孩子，让家长（实际上就是妈妈）安心、努力地工作。

1. 让孩子练习生活自理能力是保育员的主要任务

孩子自己穿脱裤子、蹲厕所、擦屁股，吃饭时自己拿筷子、饭后自己漱口刷牙，午睡时自己换睡衣、系扣子，进出保育室自己换鞋子等等，都是在保育员的说教和监督下一点一点地学会的。

2. 保育员的爱心

室内鞋是白色的，没有任何图案和颜色，左右脚的区别不是很大，我儿子经常左右脚穿错。一个保育员在我儿子的鞋子内侧各画了一辆小汽车，然后告诉我儿子，进门换鞋时只要将两辆小汽车对上，就可以“嘀嘀，出发了！”。我儿子觉得非常有趣，学会了还来教我呢！保育员对孩子的爱心，就这样体现在平时一点一滴的生活细节上。

我曾看见过保育员为一位孩子冲洗短裤上的大便的情景。那简单的一幕，确确实实地给了我一种放心和安心的感觉。

我记得自己小时候，没少听母亲唠叨工厂托儿所的阿姨是如何背着家长谩骂孩子的。把幼小的孩子送到保育院，确实是一种“孩子受罪，家长无奈”的选择，这是我来日本之前一直持有的观点。在富士见台保育院的所见所闻，让我改变了自己这一根深蒂固的认知。

3. 尿床

幼小的孩子睡觉尿床是很正常的事情。午睡时偶尔有孩子尿床了，保育员会把尿湿了的被褥拿到院子里晾晒。家长去接孩子的时候，看到自己孩子的被褥晒在了外面，就会自觉地把被褥套子拆下，拿回家洗熨后，第二天再拿到保育院自己套上。每天早上在大保育室里，总有几个给自己孩子的被褥套套子的妈妈，大家边干边聊上几句，也是一个小乐趣。

褥子和被子每周要高温消毒一次。高温消毒是在一辆特制的汽车中进行的，每周消毒车会定期开到保育院，停在院子内收集褥子和被子进行消毒。

4. 大便

当年，在孩子的生活细节上，我这个中国妈妈不止一次地受到保育员的说教。

比如，早上孩子一定要早起，起床后不要立即吃饭。因为人在起床后，需要活动30分钟才会有食欲，才能吃下饭。早上离家之前，一定要大便。右图为幼儿专用便盆。

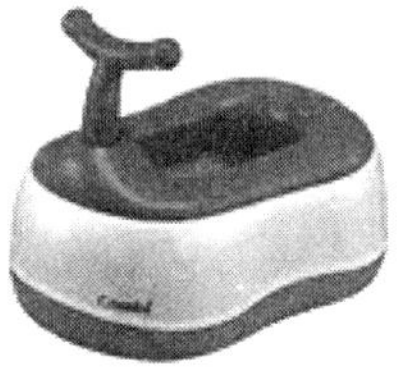

▲ 婴儿便盆

（四）耐寒训练

关于日本孩子冬天穿短裤、裸露双腿的景象，相信谁都略知一二。

对此现象，保育员是这样解释的："冬天，判断给孩子穿多少衣服适合，要以孩子皮肤稍微感觉到凉意为标准。尤其是下身，要让孩子经常感到一丝凉意，因为皮肤寒冷的感觉能促进人体免疫力的提高。"对于中国妈妈来说，这近似"谬论"一样的解释，也许真的有它的科学道理。

我常看见这样的景象，某个妈妈说："今天真冷啊，我穿了两条裤子。"而那时，站在她身边的孩子，却只穿着一条短裤，露着双腿。这类似于"后妈"干的事情，无论如何也不能为我们中国妈妈所接受。

保育员还这样说："孩子感冒发烧不要紧。因为生一次病，抵抗力就增强一次。孩子就是这样在反反复复感冒发烧的循环中，一点一点地强壮起来的。"日本人对孩子生小病似乎并不像我们中国的父母那样大惊小怪。

我这个中国妈妈，经常被保育员指责给孩子穿的衣服太多，尤其是内衣穿得太厚。"孩子喜欢动，穿多了很容易出汗。被汗水浸湿的内衣贴在皮肤上，孩子反而容易受凉，容易生病"。

日本的社会有这样一句俗语："孩子是'kaze'之子。"日语中"kaze"的发音字可以是"风"，也可以是"感冒"。这个俗语有双层含义，一个含义是"孩子是风之子"，寓意孩子应该多在外面玩，在风中、在自然中长大。另一个含义是"孩子是感冒之子"，指孩子在感冒中长大，感冒是一件很正常的事情。

在这一点上，中国人和日本人的"育"儿方式可能真的有所不同。

插几句

说到中国人和日本人不同的“育”儿方式，不得不再说说孩子发烧的事情。面对发烧的孩子，“立刻服药让孩子退烧”是我们中国医生，也是我们中国家长的常规处理方式。也许是我学医的缘故，我觉得日本医生处理孩子发烧的思路值得我们借鉴。

对孩子发烧，日本医生不主张立刻退烧。理论是，发烧本身是机体对抗外来病原的一个自然反应过程，这个时候如果使用药物强迫降温的话，就意味着人为中止机体对抗外来病原的反应，这很有可能导致病程的延长。实际上，孩子的身体对发烧有天生的耐受能力，发着高烧仍然活蹦乱跳地玩的孩子并不少见。只有当高烧影响到孩子的食欲、让孩子意识不清时，或者高烧超过39.5℃时，我们再给孩子退烧也不迟。

（五）远足和饭团子

富士见台保育院周围的环境很好，不仅有成片的绿草、树林，公园也很多。天气好的日子，孩子随时会被带出保育院散步或短距离远足。

▲ 散步推车

不太会走路的婴幼儿被放在一个较大的车子中（见右图），由保育员推着走。这是一种在国内极少见到的车子，四个轱辘，四周有栏杆保护着孩子，车子前后都有推车扶手。六七个孩子一起站在里面，小手抓住护栏，高度正好。

会走路的孩子两到三人一组相互牵着手，排着队跟着保育员走。

这样临时的小型远足不会走得太远，大家在附近的公园玩一会儿，中午返回保育院吃中午饭。无论在哪里，只要你的所在地周围有保育院，在阳光明媚的上

▲ 远足

午，发现一支戴着红白小帽、穿着体育服、相互牵着手的保育院小队伍，不是一件难事（见左图）。

入保育院前习惯了出门就被抱着走的儿子，在这样频繁的远足中，还真锻炼了行走的能力。这一点，在日后的生活中，我们一家深有感触。

1. 远足笑话

在频繁的远足中，儿子曾闹过一个笑话。

据保育员说，某日远足走到了保育院附近的住宅区，儿子突然内急要大便，遂向保育员报告。日本的街道一般很少有公共厕所。保育员说，当时赶回保育院似乎来不及了，正好班上一个孩子的家就在附近，于是保育员就拉着儿子的手去他们家借用厕所。

保育员对当时场景的描述让我忍俊不禁。她说，她一边和儿子小跑，一边用手接在儿子屁股的下面（一个无用的动作）。边跑她还边对儿子说："一定要憋住啊，千万别掉出来啊！"真有意思，儿子穿着裤子呢，大便怎么会掉到外面呢？结果是有惊无险，儿子及时解决了内急，我也少了一次清洗换洗衣裤的麻烦事。

那是我第一次听一个日本人（用日语）细致地描述孩子的行为，所以印象很深。日本保育员对待孩子本能的反应和行为，还真有不同于中国的地方。她那欢快的描述让我深深地感受到她对这份工作的热爱、对孩子的热爱。一个人只有从心里喜欢他的工作，才能以快乐的态度去面对。

2. 失败的饭团子

保育院一年有一至两次正式的远足。这种远足需要孩子自带中午饭、水壶、双肩背包、地上铺的塑料布等。远足前，时间表和需携带物品清单院方会发给家长，家长只要照着通知准备就可以了。

▲ 远足时的午饭

那是我第一次给儿子做盒饭。做了什么菜我已经记不清楚了，自己怎么捏的饭团子也记不清楚了，但肯定是借助了做饭团子的工具。我只记得那天去接儿子时，保育员对我说，我捏的饭团子太松，儿子用手一拿就散了。没办法，儿子只好就着便当盒用勺子吃掉了那个散开了的饭团子。幸亏儿子是个踏踏实实吃饭的孩子，肚子饿了什么都吃。否则，回到家的很有可能是个拿着饭吃不成、饿扁了肚子的儿子。插图为远足中吃盒饭的孩子们。

（六）没有参加的运动会

运动会一般在每年的秋天举行。大儿子在富士见台保育院生活了一年半，只经历了一个秋天，所以只经历过一次运动会。遗憾的是召开运动会当天的早晨，大儿子突然发高烧。体格强壮的大儿子平时很少生病，那天体温却烧得很高，根本无法起床。我只好替他向保育院请了假。就这样，大儿子在保育院唯一一次有机会参加的运动会，因高烧错过了。

第二年保育院召开运动会时，大儿子已经转到了幼儿园。但，作为保育院附近居民，我收到了运动会通知。在运动会的当天，我推着刚出生不久的小儿子，特意去参观了一下。毕竟，那是我和大儿子第一次遇到的保育院的运动会，我很想知道是个什么样子。

在后来的岁月里，我陪着两个儿子参加了许多次运动会，幼儿园的、学校的。在学校，运动会是一项很重要的集体活动，在后面的章节中有详细的描述。相比之下，保育院的运动会真算得上是小规模的、“小儿科”的了。

（七）牙科检查

健康检查，在日本教育系统中是每年例行的活动之一。对于未换乳牙的幼小孩子，牙科检查又是重中之重。处于生长发育期的孩子很容易患虫牙，一旦被检查出虫牙来，家长必须拿着督促检查的单子，带着孩子去医院做进一步的检查和治疗。治疗完毕，得到医生的印章后，再向保育院汇报。

相信在我们那个年代，国内处于幼儿期的孩子很少有刷牙的习惯。但是，以此而不给儿子刷牙不能成为我解脱过错的理由。儿子进了保育院后，我才接受了这样的教育：孩子需要养成早晚刷牙，甚至是吃完东西就刷牙的习惯。等我明白这个道理的时候，已经来不及了。保育院的第一次牙科检查，儿子就拿回了督促检查治疗的单子：有蛀齿，必须去医院检查治疗。

记得带他去医院填写病历本时，我在“孩子的刷牙习惯”一栏中，填上了来日本受教育后更新的刷牙习惯。不明所以的牙医看了儿子的口腔之后，奇怪地说：“这么好的口腔卫生习惯，怎么会有这么多的虫牙呢？”我只好老老实实地承认，表上写的良好习惯是最近才开始的。

（八）修了证书

虽然保育院保育的都是学龄前的孩子，甚至是咿呀学语的婴幼儿，但是院方每道程序都是认认真真地操作的：每年结束有“修了证书”，毕业了有“毕业证书”。修了证书不是毕业证书。一般一个学年结束称“修了”，在学年末举行的仪式就称“修了式”。只有在毕业的时候才叫“毕业”，举行的仪式称“毕业式”。毕业式是在单独的时间，只为毕业年级举行的正式活动。在后面的章节会有详细的介绍。

大儿子在保育院晋升过两个年级，得到过两张修了证书。下页插图是大儿子紫罗兰班结束时得到的修了证书。修了证书是保育员自写自画自制的，用的都是片假名，每个孩子一张。虽然不是什么正式的证书，也不能用于证明什么，但那上面凝聚着保育员对每一个孩子的热爱。

大儿子的修了证书及其译文：

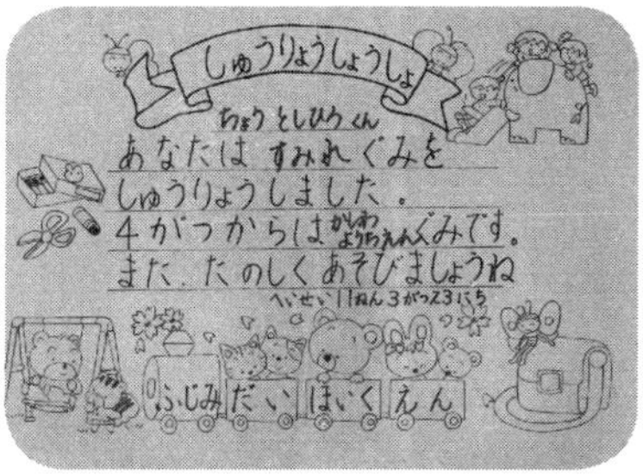

修了证书
XXX
你在紫罗兰班一年修了结束。
从四月开始升入 oooo 班。
让我们继续一起愉快地玩吧。
平成十一年三月二十三日
富士见台保育院

三、低廉的保育费用

保育院的费用有特殊的征收标准。一般根据家庭收入和孩子的年龄征收：家庭收入高，需缴纳的保育费用多；年龄小的孩子保育费用高。对特别困难的家庭，日本国家有减价或免费的规定。有兄弟姐妹同时入保育院的，从第二个孩子开始还可以享受保育费用减价的优惠。

当年，丈夫刚刚工作，工资不多；我算留学生，没有收入。我们的家庭保育费第一年只要4 000日元/月（按现在的汇率，相当于200～250元人民币），是个很小的数字。

日本劳动福利部门的调查结果表明：一个年收入为400万～600万日元的家庭，需要支付的保育院保育费用平均每年为两万日元到三万日元。

小贴士

多劳多得，多得多付：

这是日本社会普遍存在的社会现象。同样的消费项目，每个人支出的费用不一样。官方的（比如征收所得税）是这样，生活中多数也是这样。比如，公司或学校的聚餐、欢迎会、欢送会等，吃同样的饭，算分子钱时区别收费。教授缴费最高，副教授少一点，依次按讲师、助教、博士、大学生逐渐递减。

四、严格的保育资格制度

严格的保育资格制度，是指只有满足保育条件的孩子才有资格申请保育院。而这申请资格需要孩子的家长（只能是母亲），提供不能照看孩子的官方证明。如，有工作的母亲的在职证明，生病的母亲的医生证明，上学的母亲的在学证明等。

获得批准的孩子家长必须再提供纳税证明书（包括孩子父亲的）、工作证明书、家庭成员构成书等。

保育院基本上供小于求，批准申请有优先顺序。一般以父母双方都在工作（特别是父母双方均为正式职员）为最优先，母子单亲家庭或经济困难的家庭也能得到优先考虑。

记忆清晰的还有：保育员会根据各个家长（母亲）的工作性质，要求家长在不同的时间去接自己的孩子回家。对于工作时间灵活的自营业者（自家做买卖）的家庭，保育员会要求家长下午四点左右就来接自己的孩子。我当时在大学工作，被允许在最晚的时间，五点去接孩子。

夏天的假期最长，在放假之前，保育院会给每一个家长发一张假期安排表格。按照自己家中的具体情况，家长可以自由申请暑假期间的保育日期，并填写理由。

那是我和大儿子在保育院中度过的唯一一个暑假。我为他申请了两个星期的暑假保育，理由是我需要撰写英文论文。记得那个暑假我去接大儿子时，曾被保育员表扬："听说您这个假期在写英文论文，真了不起啊！"

有一段时间因为做跑电泳的实验，需要较长时间留在实验室，我为大儿子申请了延长保育到下午六点。记得那时正值冬天，白天较短，等我去接大儿子的时候，天已经黑了。保育院的院子沉浸在夜色之中，通往保育院的路没有路灯，几乎都是黑的。保育院的各个保育室都已关灯，只有大活动室的灯孤独地亮着。延长了保育时间的几个孩子都集中在大活动室里，围在一起边玩边等妈妈。每次去接大儿子，我都能远远地看到他边玩边向外面张望。一旦看见我，他会立即跑过来，紧紧地抓住我的手。回家的路上，大儿子很少说话，但抓住我的小手却一路不放。

日子很快就到了大儿子在保育院的第三个年头的元月，我辞掉了大学的工作。我很后悔当时立即和保育员说了自己的现状。说者无心，听者有意，第二天我就尝到了保育员的厉害！她立刻要求我下午四点钟就来接孩子回家。保育院严格的保育资格制度，不只是写在纸面上，还写在保育员的脸上！

辞掉大学的工作后，保育员立即变脸的命令让我很是不服气！一气之下，我开始为大儿子寻找幼儿园。早就耳闻日本的幼儿园与保育院不同：孩子在幼儿园才能学到知识，只是费用要高一些。“我们外国人的孩子也照样能上得起幼儿园！”在这一想法的怂恿下，我一时冲动将大儿子转到了幼儿园。

第二章 转学幼儿园

转幼儿园我选中了一所离家比较近的，电话预约后，带着大儿子去参加了园长的面试，然后就定了下来。记得正式拿到入园通知书后，我才注意到幼儿园名字前面的“私立”两个字。为此，我还跑到市政府部门的教育科，询问有没有公立的幼儿园。问过才知道，日本的幼儿园几乎都是私立的。因为小学前的教育不属于义务教育。

小贴士

市、町、村：

为都、道、府、县下面的行政分区。按人口多少和面积大小划分，依次为市、町、村。

幼儿园，为日本文部科学省（相当于中国的教育部）下属的学校教育机构，与保育院分属两个系统，定位为学龄前儿童接受教育的场所。市、町、村属幼儿园需得到都（东京都）、道（北海道）、府（大阪府和京都府）、县教育委员会的批准。

幼儿园属学校系列，有教学任务。老师必须获得都、道、府、县教育委员会颁发的幼儿园教师执照才能上岗工作。

一、私立幼儿园

我的大儿子在日本国内接受了三年幼儿园教育，所见所闻在本章叙述。

我的小儿子是在日本海外幼儿园中接受的教育，其经历将在“日本国外的教育”一章中详细叙述。

记忆时间：1999 年 4 月 ~ 2001 年 3 月

(一) 面试入幼儿园

凡是私立的机构，所属者就是上帝。私立幼儿园，园长说了算，通过园长面试是唯一的入园条件。

面试的内容除了询问家中成员的情况、孩子本人的饮食生活习惯外，园长还对孩子进行了几种比较正规的智力测验。有书本上的，也有手工操作的。例如让孩子参照书本上几种图形或颜色的排列规律，把他面前的图形或颜色按相同的规律进行排列。这和测智商游戏相似。

▲ 园长面试

面试结束后，有着与我的母亲相似年龄的园长亲切地对我说：“我办园40年了，看到的孩子很多，好久没有见过这么好的孩子了。”最后离开的时候，园长还送给我大儿子两个绘画本，说是表扬他面试成绩优秀。

因为是私人经营的幼儿园，对于园长面试时说的那些表扬之言，我当时根本就没有当真。我本能地认为，多收一个孩子幼儿园就多一份收入，来一个收一个应该是常规。可是一年后，有邻近的中国朋友也想送自己的孩子到那个幼儿园。据她说，她和她的先生（日本人）分别带着孩子参加了两次园长的面试，都被拒绝入园。那个朋友只好为孩子另选了一家离家较远的幼儿园。听到这些我才相信，当时面试时园长对大儿子的表扬都是实话。

事实上，大儿子在他的成长过程中参加过很多课外补习班，也不止一次得到类似的表扬，我已经见怪不怪了。

插几句

五年后，我把小儿子也送到了这家幼儿园。没怎么见过陌生人的小儿子见到园长就开始哭。早已成为我的“熟人”的园长，慈祥地说：“等他熟悉一会儿不哭了再面试吧。”于是，两年没有打交道的园长和我闲聊了起来，她有些“套近乎”地说，我就像她的远房亲戚一样亲切。这句感人的话语，至今温暖在我心口上。当然，哭过后平静下来的小儿子也顺利地通过了园长的面试，在这家幼儿园接受了四个月的教育。

（二）私立 Kashiwa 幼儿园

大儿子上的私立 Kashiwa 幼儿园（见下图），在我家到电车站的途中，位于多摩川河的边上。该幼儿园是园长私家所有，已经有40年的历史了，由园长姐妹两人经营。幼儿园的名字是取了园长家的姓，柏次（Kashiwaji）的第一个字的发音 Kashiwa 的片假名。

幼儿园的所在地就是园长的家。占地面积很大，有两栋两层的教学楼，还有一个两层的活动室。除了教学楼屋顶的一个游泳池外，还有一个正规的室内温水游泳池，以及一个可供上百名儿童玩耍的大院子。

▲ 私立 Kashiwa 幼儿园

1. 保育人数

Kashiwa 的保育对象为3岁到6岁的学龄前孩子，招生定员为385人，远远多于富士见台保育院。每个学年招收的人数在35人以下，一个教师保育20人。全园的孩子按年龄分三个年级，每个年级再分若干个班。这个阵势远远大于保育院，大有学校的样子。

标准保育时间为每天四个小时，一年为39周。

每天的保育时间为：9:00～14:00，星期三为：9:00～11:15。

周一、周二孩子自带盒饭，周三孩子需回家吃中午饭，周四、周五幼儿园提供中午饭。比起保育院，孩子在幼儿园的时间比较短，家庭中必须有人照顾放学回家的孩子。送孩子上幼儿园的家庭，妈妈一般都是家庭主妇。

2. 接送巴士

不同于保育院，幼儿园一般都有接送孩子的巴士。只要申请就可以乘坐，费用另算。

Kashiwa 幼儿园有绿色和黄色两台巴士。根据需接送的孩子的家庭住址，设定若干乘车点。从幼儿园出发到返回幼儿园，大约一个小时的路程。

接送巴士有专职司机，还有专职的跟车员工。

（1）早上接

绿色巴士，早上8点钟从幼儿园出发，跑 A 地区，大约在9点钟返回幼儿园，是 A 地区的早班巴士。9点钟再次出发，跑 B 地区，在10点钟前返回，是 B 地区的晚班巴士。

黄色巴士则相反。早班接 B 地区的孩子，晚班接 A 地区的孩子。

（2）下午送

与早上接孩子一样，按早、晚班循序送孩子们回家。在各个停车点，把孩子交到家长的手中。如果遇到家长不在停车点电话又不通的情况，巴士将毫无商量地将孩子拉回幼儿园。家长必须再去幼儿园接一次孩子。这是幼儿园严格的规定。

记得我曾做过一件危险的事情。那天下午在家做事精神太集中了，没注意到已是接孩子的时间。当听到门外孩子的说笑声和上楼梯的脚步声时，我才猛然清醒过来，赶紧开门。结果是乘坐同一辆巴士的大儿子同学的妈妈，把两个孩子领了回来。接过大儿子，我不停地感谢那个妈妈。后来有一次那个妈妈也因故没到巴士停车点，我毫不犹豫地从跟车老师手中接过那个孩子，把他送到了他的家。

（3）保育时间一样

这样的早晚班接送时间表看似有些混乱，其实只要有序地安排一下，就能有条不紊。

早上，乘坐早班巴士的孩子到达幼儿园后，集中在大活动室中自由玩耍。等晚班的孩子到达后，10点钟幼儿园的活动才正式开始。

同样，下午2点钟幼儿园的活动结束。乘坐早班巴士的孩子先被送回家，晚班的孩子在大活动室自由玩耍等待回家。

3. 保育内容

（1）每个月的保育内容

基本和保育院相同，每个月有生日庆祝会、避难训练、测量身高和体重等内容。

（2）一年的保育内容

比起保育院，幼儿园没有午睡，课外活动非常多。需要家长（就是母亲）一同出席参加的活动也比较多。这也是有工作的母亲因很难符合要求而不让孩子上幼儿园的原因。

在日本，祖母辈的老人即便闲在家里，也很少帮忙照看孙辈。这也是中国人和日本人育儿方式不同的地方。

各幼儿园之间的年间活动有所不同，特别是私立幼儿园，一般都有各自传统的、独具特色的活动，这样才能吸引学生，保证学生的来源。

下表为私立 Kashiwa 幼儿园一年的活动安排。幼儿园属于学校体系，和学校一样有 PTA 的存在。幼儿园的大型活动少不了 PTA 的协助和支持。当年的我根本就不了解 PTA，也不知

小贴士

PTA：

PTA 是“Parent-Teacher Association”的缩写。按字面意思，就是家长和教师的协会组织，是由家长和教师构成的协助教育的团体。

道 PTA 的存在，只是本能地跟着其他家长，有活动就参加，叫做什么就做什么。关于 PTA，在后面有一章的叙述，这是一个在日本教育中不可缺少的家长组织。

	家长主持的活动	幼儿园主持的活动
4月	入园式	始业式（在园学生新学期仪式）
5月	家长会（PTA）总会	牙科检查、内科检查、母子远足
6月		家族日、参观儿童馆
7月	七夕跳蚤市场、住宿保育	父母会、修了式（学年结束仪式）
8月	纳凉晚会	三天暑期保育
9月		始业式、祖父母参观日
10月	挖地瓜远足	运动会
11月	手工作品展	
12月	发表会、新年做年糕	修了式
1月		始业式
2月	音乐发表会	
3月	毕业班远足	女儿节、修了式、毕业式

▲ 10月挖地瓜远足

▲ 10月运动会

▲ 11月手工作品展

▲ 2月音乐发表会

（三）入园准备

▲ 冬季制服

入幼儿园需要准备的物品与保育院的要求大同小异。这里只说与保育院不同的内容。

1. 服装

与保育院最大的不同是上幼儿园要穿制服。

（1）冬季制服

里面为长袖白衬衣，外面为蓝黑色外套，下身为蓝黑色短裤（见左图）。

（2）夏季制服

上身为短袖白衬衣，下身为白色带浅蓝条的短裤（见右图）。

▲ 夏季制服

每年的6月1日为换夏装日，11月1日为换冬装日。无论当天的天气如何，必须更换。

（3）制服帽子

制服帽子也有冬季和夏季之分。冬季为蓝黑色、带帽檐的贝雷帽。夏季为白色、大圈帽檐的帽子。制服帽子印有幼儿园的园徽，有松紧带可以搭在下巴上。

（4）体育服

白色短袖、圆领上衣，深蓝色短裤。质地柔软，有弹性，易于运动。右图分别为夏季和冬季体育服。

▲ 夏季体育服

▲ 冬季体育服

（5）工作套衫

一般在做手工、绘画、室外玩耍时罩在衣服外面的、像围裙一样的服装，弄脏了也不要紧。穿上工作套衫，孩子们可以无拘无束地玩耍（见右图）。

▲　工作套衫

所有的制服，可在入园的时候向幼儿园购买。只要填写上孩子的身高尺寸，交上钱，就可以预定购买了。

2. 缝纫手工制品

我对幼儿园诸多的缝纫制品有很深的印象。孩子在幼儿园使用的所有袋子、套子、提包等用品多数为手工缝制的棉布制品。

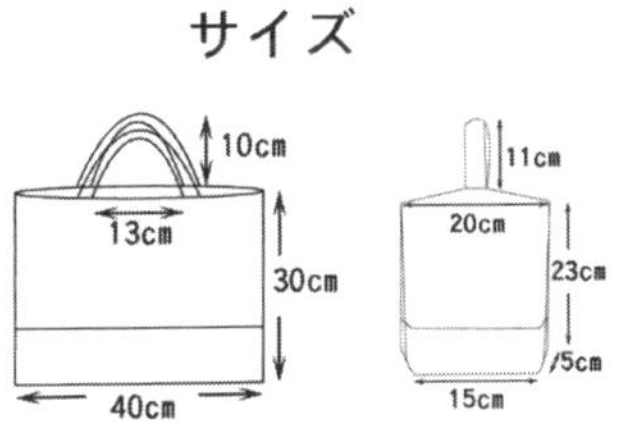

▲　手提袋子和室内鞋袋子的做法

幼儿园向家长提供缝制方法和尺寸，家长照着尺寸购买棉布自己缝制，比如饭盒套子、水杯套子、围裙、手提袋子、装室内鞋的棉布袋子等。所有的缝纫制品都有制作方法发给家长。左图是手提袋子和室内鞋袋子的尺寸以及缝制方法。

为了做这些手工活，我还专门购买了一台缝纫机，缝纫技术也大有长进。

3. 煤油炉子

煤油炉子是日本冬季取暖的主要设备，直到现在日本公立的学前教育机构（主要指保育院）、小学、中学，冬季取暖基本还在使用煤油炉子。

（1）学校用的大型煤油炉子

右图为一个大型煤油炉子。

▲　大型煤油炉子

作为取暖工具，煤油炉子比电力空调升温快，温度高。这样的古老用具被现代日本人开发出了许多功能：调节和控制温度、三个小时自动熄火、定时点火和定时熄火、歪倒自动熄火等。旧型煤油炉子有不少缺点，比如燃烧后会产生一种难闻的气味、容易发生煤气中毒。新型煤油炉子在吸臭功能和防止煤气中毒方面不断地改进和改善。任何一个汽油加油站都有煤油供应，也算方便。

私立的教育机构基本用空调设备取暖，因为私立教育机构收取了高昂的学费，有条件也必须使用干净、安全的空调设备。

（2）一般住宅使用的小型煤油炉子

右图为一个小型煤油炉子。

当时，我的家里也使用了这种取暖工具。在住宅区有移动的煤油加油罐车，定期定时地在住宅区里循环行驶，提供售油服务。一个冬天下来使用煤油炉子的取暖费比电力取暖便宜很多。

▲ 小型煤油炉子

（四）请假

幼小的孩子感冒发烧、生个小病是常事，请假也成了家长的必修课。不同于保育院，幼儿园对请假有严格的规定：幼儿园的电话在每天早上8:00到8:10为“请假专线”。电话铃一响，立即会有老师接听，相互之间长话短说，说完就挂。幼儿园还明文规定，请假电话只允许占用一分钟。

二、幼儿园的趣事

1999年4月，入园式结束后，我代大儿子向园长请了长假，带着大儿子回中国。8月返回日本后大儿子正式上幼儿园。此时正值暑假，但是幼儿园却安排了三天的暑期保育：两天玩水和一天纳凉晚会。这样8月份的费用就可以堂堂正正地收取了。

Kashiwa 幼儿园有屋顶游泳池，头两天的暑期保育主要就是让孩子在屋顶的游泳池里玩水。不过说是两天，其实只有两个半天。我想提的是第三天的纳凉晚会，因为那次的晚会让我们母子俩着着实实地现了一次大眼。

(一)纳凉晚会

▲ 纳凉晚会

正式上幼儿园那天，我领着大儿子去园长那儿报到，领到了8月份的“幼儿园新闻”，也就是8月份幼儿园活动安排的通知材料。园长告诉我说，纳凉晚会不用穿幼儿园的制服，只穿“平日装”就可以了。于是，我就给大儿子穿了T恤汗衫和大短裤去参加纳凉晚会。

傍晚时分，我们母子俩一进幼儿园就傻了眼。家长就不用说了，孩子们都穿着花花绿绿的纳凉和服！日语称之为“浴衣（Yukata）”。这哪是什么“平日装”啊！

我本人马马虎虎就算了，参加活动的大儿子一个人鹤立鸡群，比较扎眼。主要的节目就是母子手拉手，围成圈子一起跳舞。我拉起大儿子的手去跳舞的时候，大儿子的手用力地向相反的方向使劲，默默地表示着他极不情愿的态度。想必年幼的大儿子也看出了名堂，不愿意做鹤立鸡群的事情。

那是我第一次参加纳凉晚会，也是第一次接触纳凉和服，更是第一次知道我们中国人眼中的日本和服是在这样的场合下穿的。因为没有穿纳凉和服，我和大儿子硬着头皮走完了过场。那晚，我们母子俩制造了一个“亮点”，做了一回不折不扣的外国人！

小贴士

制服和平日装：

在日本分场合穿衣服的情况比较多。

正装：一般是正式场合才穿的服装，多为西服。制服也算此类。

平日装：生活中穿的服装，自由、随意。

和服：节日、参加夏天纳凉晚会、看烟花时穿的衣服。

另外，办丧事、办喜事等都有相应的服装。

插几句

随着与日本人接触的增多，我慢慢地明白了，在日本的社会中有许许多多这样心照不宣的共识和行为，日语称之为“暗默了解”。

比如证明相片。根据证明相片的用途，是报考学校用，还是签证用、应聘用等，对证明相片尺寸的要求不一样。对相片的长宽尺寸、头部占多少比例、头发的长短等，相关部门都会有明确的规定，只要按照纸张上的要求去做就行了。然而，对证明相片中人的服装的要求，却在哪里也找不到文字的规定。但是大家都有“暗默了解”，那就是拍证明相片的人一定要穿正式服装，也就是穿衬衣和西服，甚至还要打领带去照相。这个是大家都知道、默守的规矩，没有人去违规。

还有就是在各种场合下穿什么服装，大家也有“暗默了解”。是参加运动会，是聚餐，还是宴会、开会？是见朋友、陌生人，还是见老师、客户？各种场合需穿哪种衣服大家都知道。在日本生活了这么久，我至今还在为此苦恼着……

（二）在接送大儿子的日子中小儿子长大了

大儿子转到幼儿园后，我为他选择了乘坐幼儿园巴士，这样我就可以省出时间来照顾小儿子。当时，我家位于早班巴士经过的路线上，每天早上8:05送大儿子上车，下午2:05再接大儿子回家。

幼儿园的制服看上去的确很精神，但不保暖，尤其是冬季制服的裤子，短裤极其的短！冬天的早上送孩子，看着大儿子裸露在外的大腿，我都替他感到寒冷。为了让他的腿部保暖，我特意买了件成人大衣，一件能够遮到孩子脚脖子处

小贴士

暗默了解：

“An moku no ryou kai”，即心照不宣的共识。默认的规矩，没有文字记录的条例。不用查证，人人都知道，人人都遵守，否则就会不合群。

▲ 幼儿园校车

的大衣，让他早上穿着等巴士。送他上了车，我再把大衣拿回家，因为幼儿园不允许穿制服以外的衣服。

巴士中有空调，应该是暖和的。到了幼儿园，教室中有取暖设备，也应该是暖和的。冬季的东京，天高云淡，晴朗日子很多，早上8点钟，东京的太阳已经很高了。那洒满阳光的幼儿园院子，应该也是暖和的。所以从某种角度来说，东京的孩子在冬天穿短裤制服，也算不上是一件特别残酷的事情。

接送巴士本身没有什么特别的。早晨，我按时带儿子下楼等在停车点，车来了，把孩子交给跟车职员，说声“走好”，转身就回家。下午，还是按时到停车点，等巴士来了，接过孩子，向跟车职员和司机说声“再见”，和儿子回家。因为巴士停车点离家很近，这样的接或送一般不超过五分钟。

大儿子乘坐的是早班车，早上送得早，下午回得也早。下午2:05巴士到站，正是小儿子午睡的时间。我一个人不能分身，只好选择让小儿子自己在家睡觉。常常在我接大儿子的几分钟里，小儿子醒来并用哭声迎接我和大儿子回家。

有趣的是，恰是这哭声记录了小儿子的成长过程。最初，小儿子还不会走路，下午睡在婴儿床中。等我和大儿子回到家，看到的是手扶栏杆、站在婴儿床中哭泣的小人。接着，小儿子大点了，改睡大人床。下午我离开前，还特意在他睡觉的床边地上垫上被褥，怕的就是他万一滚下床摔着。等我和大儿子回到家，他已经滚下了床，坐在地上的垫子哭泣。那时，他还不会找人。

▲ 婴儿床

后来，小儿子会走了。在下午我去接大儿子的几分钟里，睡午觉的他还是醒了。这回，他是边哭边在各个房间走动寻找妈妈。听到了开门声，他哭着跑到门口。那时，他还不明白妈妈去干什么了。

再后来，他记住了门口。午觉醒来见家里无人就会自己推开门，光着脚站在门口哭。我和大儿子还没有进一楼门口，就能听到三楼小儿子的哭声。那时，他终于知道妈妈是从大门回来的了。

最后，小儿子可以和我一起下楼去接哥哥了。还没走好就想跑的小人，几次在等巴士的时间里因跑步而摔倒。一般他会自己爬起来，举着弄脏的小手，跑到我的跟前，让我给他擦干净，然后再接着跑。只有一次，他摔倒后磕破了嘴唇上方的皮肤，痛得忍不住大哭了一回。小儿子真的是在哭声中长大的。

（三）“留言板”的笑话

大儿子夏天入幼儿园，天天乘坐幼儿园巴士上学放学。我基本上不用去幼儿园，很少见到任课老师。通过阅读每个月一次的“幼儿园新闻”和一周一次的“年级新闻”，我能了解孩子在幼儿园的情况，如每天做了些什么、幼儿园将有什么样的活动等。就这样天天太平，相安无事。

大概到了第三个学期，发生了一件关于“留言板”的、想笑却笑不起来的事情。

那年1月的一天，大儿子带回来一份通知：为了欢送毕业班的毕业生，请家长准备“色纸”（日文汉字）。我当时的日语水平有限，对不懂的词多是见字猜意，自认为汉字“色纸”就是“有颜色的纸”。我没有查字典，甚至没想过去查，因为我并没有觉得自己的“顾名思义”是错误的！

小贴士

色纸：

这两个字日语发音“Shikishi”，中文意思为“方形美术纸”“留言板”，是一种用来书写诗歌、画画的方形厚纸板。过生日、结婚、转职（学）、离职、毕业等场合，大家通过书写分别留言、绘制书画等方式，表达感谢、祝贺的心意。

当时，我还有些不明白老师为什么没有指定颜色，以及纸张的规格。家里没有带颜色的纸，我琢磨来琢磨去，就想白色也是颜色的一种，应该可以使用。我选择了最常见的A4打印白纸，折好，放到了大儿子的小书包中，让他带到了幼儿园。

那天，放学回来的大儿子把那张白纸原封不动地带回了家。问也问不出原因，我怀疑是孩子未曾交给老师。于是第二天又照原样叫孩子再带去幼儿园，还千叮咛万嘱咐大儿子一定要交给老师。没想到放学回来，他还是原样给带了回来。

记不清这样折腾了几个来回，终于有一天晚上我接到了任课老师的电话。那个20岁出头、刚刚毕业的年轻老师，真不知道该怎样向我这个外国妈妈解释“色纸”为何物。她说，那是一种硬纸板，四四方方的，是用来给毕业班同学写分别留言的……听到“写分别留言”的关键词，我才终于明白这个叫“色纸”的东西究竟是什么了。

我先生研究生毕业的时候，曾经拿回来一个这样的东西。那是他的老师和同学为他写的毕业分别留言。中间大大地写上他的名字，其他人的留言签名则写在四周。有抽象画，有祝福词，形形色色，花花绿绿，还有一张他所在研究室的集体相片贴在最中心部分。

于是，我赶紧跑到文具商店买了色纸，让大儿子完成了任务。

插几句

在那之后每次毕业，大儿子都会得到这样的色纸，我也不再少见多怪了。最让我感动的是大儿子即将初中毕业、马上要征战高中入学考试之际，最后一天上私塾拿回来的色纸。那是私塾全体老师写给大儿子的“鼓励色纸”（见左图）。自制的樱花背景的色纸上共有七位任课老师的留言，每位老师用独特的风格，写下各自眼中的大儿子的特点以及鼓励词句。其中一个老师是这样写的：“对你，我根本就不担心！”那张“鼓励色纸”让我的心温暖无比。无论什么时候再读，都会泪盈双眼。

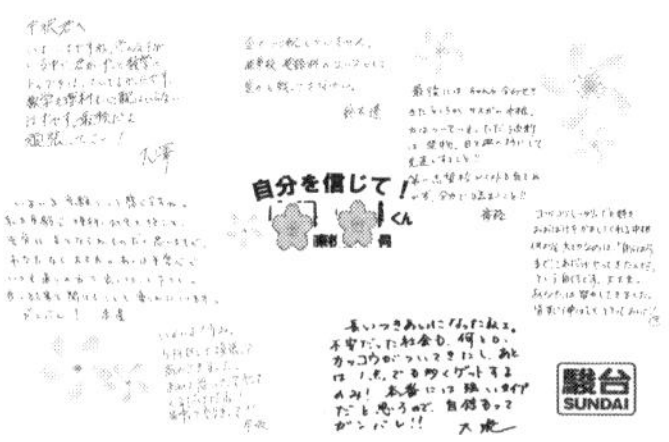

（四）照相和摄像

有着40年历史的 Kashiwa 幼儿园，也有它墨守成规的地方：什么样的季节举办什么样的活动、做什么样的事情、出现什么样的人，等等。比如，每年的运动会都会在多摩川岸边的公众操场举行，音乐发表会在市民大剧场举行，谢恩会在市中某宾馆设宴，年年如是，一成不变。我印象最深的是在幼儿园集体活动时出现的摄影师，以及活动之后的商品贩卖。

1. 照相师和摄影师

如上所述，一年中的大型活动，如入园式、运动会、音乐发表会、手工作品展、远足、一夜住宿保育、毕业式等，都会有照相师和摄影师出现。尤其是运动会的时候，照相师和摄影师非常抢眼，因为一般人是不允许进入运动场中心的，而他们却可以。他们带着允许摄影的袖标，穿着统一的服装，和孩子们一起活跃在运动场中。他们必须努力地拍摄每一个孩子，照出质量最好的相片，拍出最完美的摄影作品，这样家长才愿意购买他们的作品，包括相片和录像带。

2. 商品贩卖

照相师将他们拍摄的相片按年级分类，标上顺序号码，在家长集体到幼儿园的日子（比如教学参观、开家长会等），在指定的地方展示，供家长观看、选择、购买。家长拿着发到手中的订购相片的信封，选择有自己孩子或是想要的相片，将相片相应的号码记在信封上，然后按购买的相片数量将钱装进信封，投入收集箱或是通过孩子交给老师。过一段时间，孩子会从幼儿园拿回订购的相片。

摄影师则把所有的录像按年级剪辑合成一个录像带，在上述的场合中贩卖。

这种情形也发生在小学和初中。

3. 买卖之战

这样的商品，因为包含着照相师、摄影师的辛劳，所以相片和录像带的单价比市场价要贵，尤其是录像带。这样就有了节俭的家长和商家之间暗中的买卖之战。

关系好的几个家长私下商量，每次由一个家长购买一盘录像带，回家后再相互翻录，这样就能节省下不少购买录像带的费用。但是，聪明的商家也能暗查到家长的小动作，他们年年在录像带上下功夫，提高反刻录和反盗版技术。

偶尔能够听到某些家长之间的对话：这回买的运动会录像带，用某某家的录像机不能翻录了。“道高一尺魔高一丈”，相信聪明的家长也能利用日新月异的电子技术，找到新的翻录方法，让这样的买卖之战成为永远的话题。

（五）一夜住宿保育趣事

一夜住宿保育是毕业班的重要活动之一，孩子由老师陪伴到东京周边某县集体住一夜。我很遗憾没有机会看看幼儿园的老师是怎样带着百来号五六岁的孩子在外面过一夜的。因为绝大多数的孩子可是第一次离开父母、离开家庭在外面过夜啊。我早上去送儿子的时候，就看见一个男孩一直在哭，边哭边喊“妈妈，我不愿意去啊”。相信不想离开母亲、离开家的心情孩子们都一样，只是那个孩子的表达方式有些直接。

1. 园方的准备

对幼儿园一方来说，一夜住宿保育也是一次大型的、重要的活动。带着每一个家庭的宝贝孩子出门两天一夜，园方的责任重大，事先的准备工作万万不能偷懒。

（1）调查表

4月份开学不久，园方就会向毕业班的家长发放“一夜住宿保育”调查表，详细询问孩子的生活习惯、饮食习惯、起居情况、有无疾病、有无服药、夜晚有无起夜习惯、几点起夜，等等。

（2）说明会

收回调查表之后，园方再组织家长开说明会。除了具体介绍行程路线、活动内容、当地的情况、出发和返回的时间地点等内容外，还要发给家长需准备物品的详细清单。最后再播放上一届的“一夜住宿保育”录像，供家长参考，也让家长安心。

（3）需准备物品清单

这回不仅有物品清单，还有将物品放入背包的先后顺序，为的是方便孩子取出使用。

❶ 盒饭。第一天的午饭在汽车中食用，需要家长准备。饭盒要求用一次性的容器，使用后扔掉。

❷ 双肩包。其中的物品必须分层、依次放入。

最上层：盒饭。便于第一个拿出。

↓ 游泳衣。到达目的地后的第一项活动是到小溪里玩水。

睡衣。当晚入住时更换。

衣裤一套。第二天早上更换。

最下层：备用衣裤。突发事件时使用。

❸ 备用塑料袋。用于装自己的垃圾。

这样的要求都被详细、有序地写在纸张上发给家长，以便生活尚不能自理的孩子能够有条不紊地做好每一件事，顺利地度过两天的外宿生活。

插几句

自带垃圾袋。无论是上保育院、幼儿园，还是学校，孩子集体外出时装垃圾用的塑料袋子都是家庭必须准备的物品。在孩子年龄小的时候，家长还会被要求在塑料袋子上写上孩子的名字。把垃圾带回家的习惯，就是在这样的生活细节中一点点养成的。

（4）尿床

对多数孩子来说，“一夜住宿保育”是他们有生以来第一次离开家人在外面过夜。而对那些仍然没有摆脱晚上尿床困惑的孩子，尤其是他们的家长，这项活动应该是一件比较让人头痛的事情。我，就是其中之一。

事前说明会后，我主动留下来想和老师说明自己对孩子晚上尿床的担心。我开始真是觉得不好意思，直到看见有几个家长也和老师商谈同样的问题时，才感到了一些安慰。

对尿床，园方当然也有相应的对策：晚上跟队的老师们轮流值班，看管睡觉的孩子，定点叫有夜间尿床习惯的孩子起夜上厕所。实践证明，儿子回来后并没有给我带回尿湿了的衣裤。看来老师们的付出还是有效果的。

2. 保育内容

Kashiwa 幼儿园的毕业班共三个，100来个孩子。

两天一夜的住宿保育活动，是在东京北面川越市内的一个盛产西瓜，有青山、小溪的凉爽地方进行的。

（1）西瓜大会

西瓜大会算得上是最热闹的一项活动了（见下页插图）。

平时在家，我都是把西瓜籽去掉再给孩子吃的（这样的行为其实不值得提

▲ 西瓜大会

倡）。所以，那次儿子应该是第一次遇到有籽的西瓜。他回来说没有办法，只好连籽带瓤一起吃掉，还说很好吃。

（2）其他活动

篝火晚会：晚上在宽广的场地点起篝火，放些烟花。身着奇装异服的师生们围着篝火载歌载舞（见右图）。

做咖喱饭：这是住宿保育的保留节目，当夜的晚饭一定是孩子们自己做的咖喱饭。土豆、洋葱、红萝卜等咖喱饭的材料都是孩子们自己洗，自己切。

小贴士

西瓜大会：

日语称“Suikawari”，字面翻译应为“砸西瓜大会”。

准备一个西瓜，一个用眼罩遮住眼睛的人凭自己的感觉和围观者叫喊声的引导，慢慢走近西瓜，用手中的棒子砸碎西瓜。无论命中与否，只有一次机会。砸碎的西瓜当场和大家一起分享，消热解渴。

这种游戏多在海水浴场边的沙滩上举行，也有在幼儿园、保育院的院子里举行的，是夏天里日本的一项热闹的传统活动。

▲ 篝火晚会

三、初次离母

又一次提到初次离开母亲。这回，我想提的是小儿子初次乘坐幼儿园巴士时，幼儿园老师对付初次离开母亲的孩子的招数。小儿子在日本仅仅上过四个月的幼儿园，和哥哥是同一个幼儿园。

小儿子上幼儿园，我还是选择了幼儿园巴士接送。那时的停车点就在我家边上的一个公园里。记得第一天送他时，我俩在那个公园里边玩边等，看见巴士来了，一起跑了过去。他跑得挺快，还不停地对我喊："妈妈，快跑啊！"他肯定以为是和平时与妈妈一起赶公交车那样呢。到了车门口，我对他说："你一个人上车啊。"小儿子还没有反应过来，就被跟车的老师快速抱上了车。跟车的老师甩给我一句话："放心地交给我们吧。"车门就立即被关上，车子迅速开走了。司机和老师的配合还挺默契！我似乎听到了孩子的一声哭喊，没来得及看清车子里面的情况，车子就不见了踪影。

当时小儿子坐的是晚班巴士，我家是最后一站，没有几分钟他就应该到幼儿园了。不知道小儿子第一次看到那么多的孩子，是否立刻停止了哭泣而改为好奇地观察？这一点，我一直没能得到证实，也永远得不到证实了。

之后小儿子渐渐醒悟了，从等巴士时就开始哭闹。接着提前到出家门时开始哭闹，后来提前到一给他换幼儿园制服时就哭闹，最后甚至到了被我扛着出家门，他还不停地捶打我后背的地步。

孩子都有各自的个性，同一个母亲的孩子尚且如此，更不用说千万家庭的孩子了。孩子之间的自然个性差异，将在升学考试那一章再次被提到。

大约一个月后，小儿子逐渐适应了幼儿园。他开始一点一点地向我述说在幼儿园里发生的事情，讲述和他一起玩的小朋友的情况，自唱那些在幼儿园学的歌曲。初次离开母亲去过集体生活，实际上是一个孩子成长中必然的过程，作为母亲与其伤感，不如为孩子的成长感到欣慰。

四、回忆纪念册

在日本，纪念册子在许多场合都可以遇到。毕业、分别、一个任课老师的离职、一个学生的转学，大家都会做一本纪念册。前面提到的"留言板"其实就是一种形式。用相片、留言等形式，对共同经历的时间，做一个回忆和记录，抒发感想，表达谢意。

毕业时节，毕业年级的PTA的一个重要任务是制作回忆纪念册，回忆纪念册相当于我们的毕业纪念册，每个毕业学生都会得到一本。集体精神、整体意识，都表现在纪念册的细微之处。比如拍摄新学年合影、毕业合影等集体照时，如遇个别学生因为生病等原因缺席，那么，缺席者的小人头像会被追加在合影相片的角落处，用此方法来保证全体人员都在。让每个人都在纪念册中出现，这点在咱们国内是常常被学校忽略的。

大儿子幼儿园毕业的回忆纪念册由儿子所在年级的PTA纪念册小组成员制作而成，A4大小的文件整理册子一共有101页。它是我来日本后第一次看到的纪念册，感触最深，因而至今保存完好。纪念册的内容大致分为十个部分，现摘录部分内容如下：

1. 首页

主要为全班合影。标题为“祝贺幼儿园毕业”。右侧插图为第一页的合影部分。

▲ 首页上半部

2. 第二页，幼儿园内分布情况

下页幼儿园的平面图，是家长们把幼儿园内各种设施的相片剪辑后拼贴而成的。发给不同孩子的纪念册，会插有该孩子的相片。由于这张分布图是大儿子纪念册中的，因此插有大儿子的相片：在花坛后面坐着、穿冬季制服、戴制服帽子的男孩子。

说明：

（1）图中心部分为幼儿园的完整地图。我将其切出，并翻译为下图“开心地玩过的院子”，其中未翻译之处为各个保育室及大活动室。

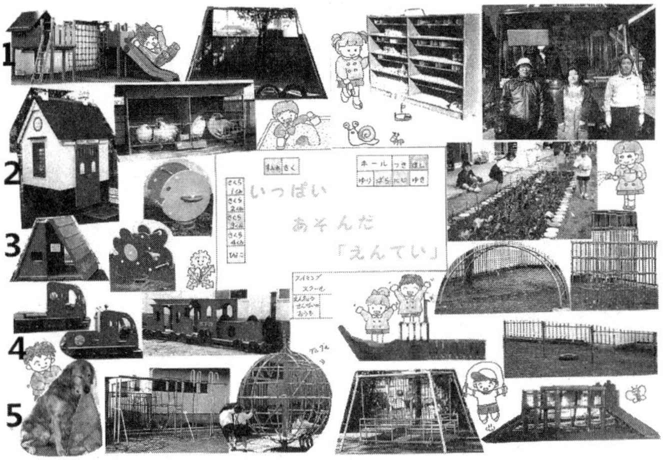

▲ 园内分布图

（2）图周围部分显示的是放置在幼儿园院子中的各种游玩设施。

先从上往下按图中左侧的数字分五行，再从左至右依次排列如下：

第一行：滑梯、单杠、换鞋柜和幼儿园巴士及两名司机和一名跟车职员；

第二行：藏猫屋、鸡窝、大鼓、郁金香园（有我儿子）；

第三行：蹬爬玩具两个、攀高铁架两个；

第四行：小火车蹬爬玩具四个、高低杠；

第五行：园长家大狗、攀高铁架玩具两个、秋千、滑梯。

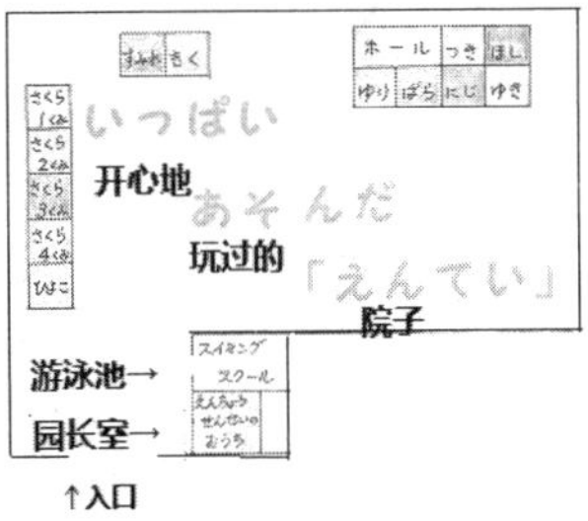

▲ 开心地玩过的院子

类似这样又麻烦又费事、日本的家长认真去做的事情举不胜举。20多个学生要做20多份，更何况还要区别添加每一个孩子的个人内容，无法想象这本101页的册子需要花费制作的家长们多长时间。为这样“胸无大志”的麻烦事而“浪费时间”，也许不能为我们中国的家长所理解和接受，更不会去模仿吧！这也是两国家长养孩子理念的根本不同之处。

3. 班主任给全班同学的毕业贺词

贺词写满了一页A4纸。一色的平假名，对于学前儿童，用平假名沟通是普遍做法。

4. 任课老师给每个学生的留言

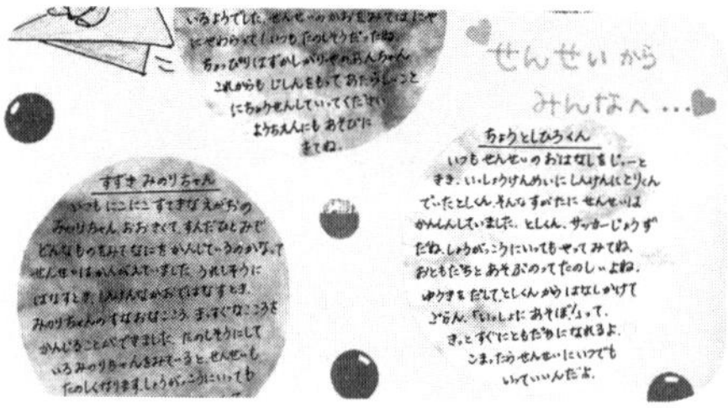

▲ 任课老师的留言

大儿子所在的班级有11名男生和12名女生。

老师一个一个地给这23名学生写下留言。

左图为页面的一部分，圆圈内的字是老师给每个学生的留言。右侧白底色的圆圈是老师给我大儿子的留言。

别的孩子我不敢说，从给我大儿子的留言中我能看出，老师是真正了解这个孩子的特点的。老师给大儿子的留言是这样写的：“总是认真听老师讲话的身影让老师感动。”老师对我大儿子上小学后需要努力改进的地方也毫不留情地写上了：“请大声地对周围的人说：让我也一起玩吧！相信一定会交到很多朋友的。”字数不多的平假名，活生生地勾画出了我大儿子的性格和特征。

5. 每一个学生的留言

这部分为纪念册的主要内容。一个学生写一页。有名字、升入的小学的名字、孩子和家长写给老师的话、自由填写等五项内容。可以贴上孩子的相片、孩子自己的图画作品，形形色色。孩子的话特别幼稚可爱。

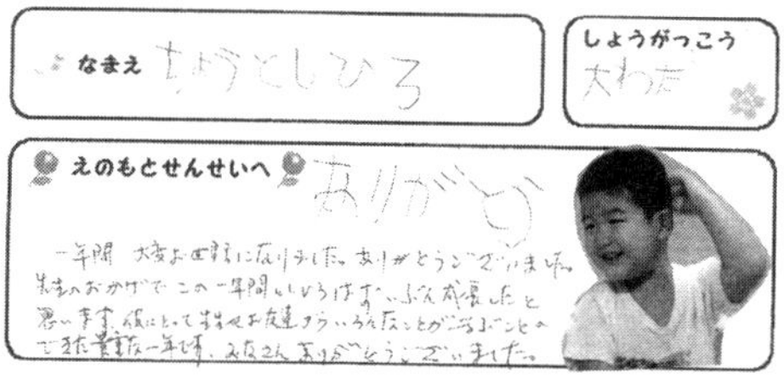

▲ 学生的留言

右图是我大儿子留言页面的

一部分。

6. 长大后的志向

▲ 长大了

若问孩子长大后想做什么，中国的孩子想当科学家、博士的比较多见。但是，有这样抱负的日本孩子却不多见。

在日本，一般男孩子们长大后想当体育选手、电车驾驶员、警察、宇航员，甚至是动画片中的勇士。上方的插图中有我的儿子，他长大后的志向是当“新干线司机”。

女孩子们多数写“养花、卖蛋糕、当幼儿园老师、当歌手”等，甚至就写“做太太”。

7. 一年中幼儿园活动的回忆相片

这部分也是主要内容之一。

左图是去动物园远足时的相片。这次活动有一位缺席的学生。缺席原因为：生水痘。

您能够从图中找到远足后加上去的这位同学的相片吗？

▲ 远足

（缺席学生的相片在左上方。赤膊，没穿衣服。他还在说话呢：“我生水痘了，休息了。”）

8. 教职员工的留言

▲ 园长的祝贺词

幼儿园的园长、教师、游泳教练、巴士司机、跟车职员、总务、财务等共23

名教职工，每个人都写了祝贺词。上页图为园长的祝贺词。

五、较高的幼儿园费用

（一）保育费用

下面是私立 Kashiwa 幼儿园的费用表。其中，入园费是孩子入幼儿园时需缴纳的一笔一次性费用，大概相当于我们中国的赞助费。在日本，上学、上私塾或课外班等，都有这笔费用。

❶ 新生入园时交付费用。入园费：85 000日元（满3岁儿童入园）。

75 000日元（4岁或5岁儿童入园）。

入园考试费：4 000日元。

❷ 入园后费用：25 000日元/月。

❸ 延长保育时间及费用：

幼儿园正常活动时间结束后：放学延至16:00，费用650日元/日（提供点心）。

暑假期间：9:00～15:00，费用650日元/日（提供点心）。

（二）一年平均费用

日本教育部门的调查结果如下：

❶ 公立幼儿园：年收入在290万日元以下的家庭，平均教育费54 000日元/年。

年收入超过290万日元的家庭，平均教育费74 000日元/年。

❷ 私立幼儿园：根据家长年收入的不同，平均138 000～275 000日元/年。私立幼儿园的费用为公立幼儿园的两至三倍。

（三）其他费用

此外还有制服、学习用品、鞋子、帽子、午餐、体育服、接送巴士费、远足等活动费。这笔费用也比保育院贵得多。

就在这样有规律的幼儿园生活中，一日复一日地，大儿子很快就结束了他三年的学龄前教育。

在日本，6岁前不是义务教育年龄段，所以无论是保育院还是幼儿园，都不在国家的义务教育管辖范围内。是否让自家的孩子去接受保育或接受教育纯属一个家庭的自主行为，无可非议。如果一个家庭的收入有限，选择将孩子圈在家中直到满6岁上学，不会有人过问。但是，处于义务教育年龄段的孩子不去上学的话，会有政府相关部门前来督促。

第三章

快乐的小学

大儿子满了6岁，市政府的教育部门发来上学通知。到了指定的日子，我们拿上通知到指定的学校办好入学手续，一切按照章程办事后孩子就上学了。

日本的学校，新学年从4月份开始，一个学年有三个学期、三个假期。三个假期分别是春假、暑假和寒假。日本接受义务教育的对象为6岁到15岁的儿童，普及率为100%。无论是多么偏远的地区，只要有孩子，日本就会为这个孩子配置教师，即使是在日本国外也是如此。经济极其困难的家庭，可以申请经济补助。处于义务教育阶段的学校还必须配备“特别支援教室”，为聋、哑、肢体或智力等残疾的孩子提供特殊的教育。

有处于义务教育年龄段孩子的家庭，有义务送孩子上学。日本政府有专门督促家长送孩子上学的部门。如遇到违背孩子的意愿不送孩子上学，并且在接受了监督部门的督促后，仍然不送孩子上学的家长，相关部门会对这些家长处以一定数额的罚款。家长的这种行为被视为违法行为。

在日本生活的外国人，只要在日本政府部门正常地登记了，在其养育的孩子满6岁时也同样有义务送孩子到指定学校上学。

一、大儿子在日本国内的小学经历

大儿子在日本国内上到三年级的第一个学期，随后转学回到了中国。七年后我们一家再次来到东京，小儿子在日本读了小学五年级和六年级。这样一来我们就算基本完整地经历了日本小学阶段。至少我们在日本经历了入学式和毕业式这两种大型的小学活动。

记忆时间：2001 年 4 月 ~2003 年 7 月

2010 年 4 月 ~2012 年 3 月

日本的公立学校，无论小学还是初中，校园里肯定有一个阳光普照的操场和一棵茂盛的樱花树。教学楼一字排开且肯定是坐北朝南的，各个教室窗口清一色朝南，采光极好。学校肯定是该地区居民的避难场所。记得当时的小学校长在入学式上毫不客气地对新生家长们说："我们的学校有最强的抗震建筑！"邻居们也这样告诉我，学校里备有避难食物和饮水，自己家里不准备也没有关系。

▲ 大和田小学

（一）上学的接送

大儿子就学的市立大和田小学，离家非常近，走路也就两分钟。在日本，孩子上学有多条指定的"上学路"，或在路面上，或在电线杆上，都有明显的上学路的标志。"上学路"，日文汉字为"通学路"，设有保护行人安全的交通设备，并且制定了车辆限速等安全制度，在上学和放学的时间段，孩子们优先通过。在地皮贵如油、交通拥挤的东京城内，政府为孩子们的上学"挤"出了一条绿色通路。

▲ 上学路

左图为上学路（通学路）。

实际上，大儿子上学之路并没有太多

的危险，虽然途中有一个大的交通路口，但是路口设有过马路的天桥。另外，学校会要求住在一个方向的孩子放学集体回家。有了这些保证安全的措施，让孩子一个人上学家长还是可以放心的。

对一年级的新入学学生，学校要求家长至少在入学后的第一个月内接送孩子上学放学。但是我只是在大儿子上学的第一天接送了他。第一天放学后就有住在同一个小区的大儿子同学的家长来敲门，请求大儿子与他的孩子早上一同上学。因为有了同伴，第二天大儿子就拒绝了我的接送。

（二）请假

和学前教育机构不同，遇到生病等需要请假的事宜时，学校不提倡（有些学校不允许）家长向学校打电话。家长在孩子的家长联络本上写明请假的事由，交给附近其他同班级或同年级的同学带到学校。每个班级的老师讲台上放有收集联络本的盒子，代交的孩子只要把家长联络本放到那个盒子中就可以了。

记得与大儿子同路上学的那个孩子，经常因为闹肚子的小毛病请假，大儿子为他带过不少次家长联络本。放学后，大儿子再负责将联络本交还给那个孩子的家长。老师会在联络本上写上“祝早日康复”的祝愿词，班上当天值日的学生还要在联络本上写上当天上课的内容，以及作业内容等事项。

（三）迟到早退

孩子迟到和早退是任何家长都会遇到的事情。对迟到早退学校也有规定。

迟到：迟到的学生必须有家长同行（送行），这样学校的大门才会打开，老师才会接受孩子进教室。

早退：早退的学生也必须由家长来学校，到教室从老师的手中领走自己的孩子。有一点不同的是，早退必须事先写在家长联络本上，让老师事先知道。

对于迟到、早退办理手续的繁琐，我领教过几次。但是，我自认为这些繁琐的手续只是对一年级学生的规定。直到大儿子上三年级时，有一次因故需要早退时，我才知道自己又犯了一个自以为是的小错。

那天早晨，我在家长联络本上写下因为下午要去医院，午饭后孩子需要早退的内容，嘱咐儿子早上到学校交给老师。午饭后，我在家没有等到提前回家的儿子，却等来了老师的电话。老师说："今天你家孩子不是要早退吗？请到学校来领孩子。"老师知道去医院需要赶时间，放下电话后便将儿子送到了学校门口，交给匆匆赶到学校的我，并告诉我关于早退的规定是从小学一年级到六年级都必须执行的。

（四）时间胶囊

大儿子入学后，遇到了该小学建校60周年的校庆。庆典的活动之一，是掩埋"时间胶囊"。这个活动是全校每一个学生给未来的自己写一封信，装在一个铁制的筒子中，掩埋在校园里。右图中被孩子们围在中间的白色铁筒为"时间胶囊"。据说该铁筒将在20年之后被打开。不知道到那时，转学多次的儿子是否还能收到他自己给自己写的信。

▲ 时间胶囊

像这样与教学没有关系的活动，我小的时候在国内从未经历过。我更好奇的是，大儿子给未来的自己究竟写了些什么？但愿我们母子到时能够看到。

（五）上学必备物品

都说中国孩子上学的书包沉重，其实日本孩子上学需携带的物品也不少。除了装有教科书、作业本、铅笔盒等学习用具的书包外，几乎每天都有其他的用具需要携带，其中有许多是中国的学生几乎接触不到的物品。

1. 书包

书包是用来装教材、本子和联络事项通知的双肩背包。地方交通安全协会为了安全，还会赠给新入学学生黄色的书包套子（见右图）。

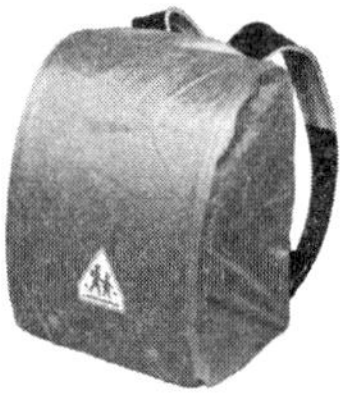

▲ 书包套子

书包的制作材料多为人工皮革、牛皮等，并且多为手工制作。

一般男孩子背黑色书包，女孩子背红色书包。

2. 校帽（制服帽）

小学的校帽（制服帽）一般是有帽檐的，叫贝雷帽。校帽绣有学校的校徽（见左图）。因为小学没有统一的制服，校帽就成了进学校大门的通行证，学生每天上学必须戴校帽。

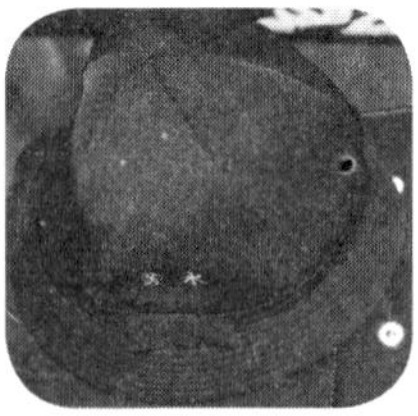

▲ 校帽

校帽里面缝有布条供写年级、班级、学生的名字。新入学的一年级学生，一般发黄色的帽子。黄色是需要重视和保护的标志色，因而戴校帽也对学生在上学和放学路上的安全有一定的帮助。

3. 体育服

体育课学生要穿体育服，日文汉字为“体操服”。课后打扫卫生、俱乐部活动、远足、健康体检活动时，学校会要求学生穿体育服。需要穿体育服的那一天，家长将体育服装入专用的体育服袋子中，让孩子早上带着去学校。学校一般设有专用的更衣室，供体育课前后学生更换体育服用。

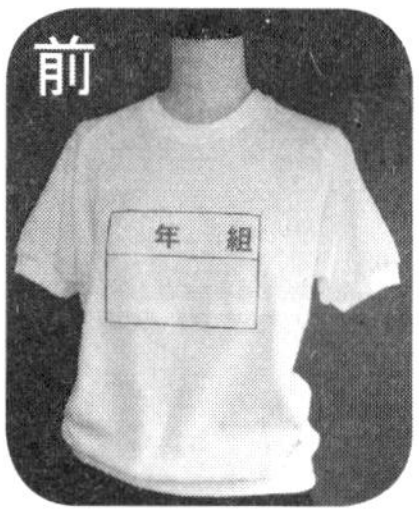

▲ 体育服和布制名片

（1）体育服

是更适于身体活动的运动服，分为上下身。体育服必须在胸前或后背贴上白布名片，写上名字、班级和年级（见右上插图）。

（2）体育帽

是两面可戴的布制帽子，一面红色，一面白色。和学前保育机构所用的红白帽基本一样。

（3）**游泳衣**

6月至9月，学校的露天游泳池开放，游泳课开始。上游泳课孩子需要穿统一的游泳衣，戴游泳帽。泳衣和泳帽也必须贴上布制名片。

4. 胸前名片

是装在塑料袋子中，挂在脖子上的卡片状名片。胸前名片上写有孩子的班级和名字，一般挂在孩子的胸前。胸前名片是孩子的身份标志，也是同学之间相互认识的交流工具。孩子每天必须佩戴胸前名片上学，出了校门则必须摘下，这是规定。右图是挂在教室外墙上的胸前名片。

▲ 胸前名片

不仅是学生，家长也有这样的胸前名片。家长去学校时必须佩戴，同样也有通行证以及相互认识的作用。我比较喜欢这样的胸前名片，一张简单的小纸片，能给家长之间的相互沟通带来很大的方便。

5. 防灾头巾

▲ 套在椅子上的防灾头巾

是灾害发生之时保护头部的制品。这种头巾质地柔软且有厚度，有耐热防火的功能。附有一块布巾，火灾时用于遮盖口鼻，可以防止烟雾吸入呼吸道。

在日本，防灾是第一位的。平时，防灾头巾装在专用套子中，套在学校每个孩子的椅子后背上（见上图），供紧急时候使用。右图为孩子们桌下避难的样子。

▲ 避难训练

小儿子就读的公立初中，代替防灾头巾的是防灾帽盔。平时帽盔挂在自己课桌旁边的钩子上，遇到在体育馆长时间开会的时候，还会随身携带到体育馆，放在自己的凳子下面。防灾，不得偷半点懒儿。

6. 其他用具

教学需要的其他学习用具，一般在有课的时候才带到学校。一两个月，或一个学期使用一次的都算在内。

（1）毛笔墨汁

▲ 毛笔墨汁盒及儿子作品

从小学一年级开始就有毛笔写大字课，毛笔（大、小各一支）、墨汁、砚台、笔架、镇尺、纸张等用具，都装在一个专用盒子中，便于整理，方便携带。

新年元旦书写心愿，是日本的一个传统习惯。新年学校开学后，学生用毛笔写下新一年的目标。这些写好的作品会挂在教室的墙上整整一个学年。

右上插图为毛笔墨汁盒以及六年级时儿子写的元旦大字——“早春的海”。

（2）水彩画笔

▲ 绘画用具

画笔（大小多支）、12色油彩、海绵、洗笔筒、笔筒、涂料、调色板、抹布等，也都装在一个专用盒子中（见左图）。

（3）雕刻工具

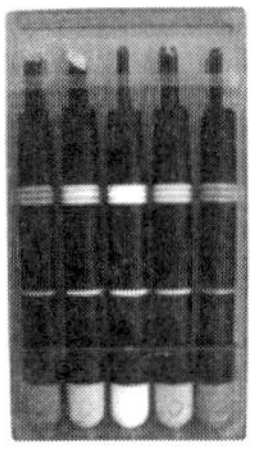

▲ 雕刻刀

是用来在木制品上雕刻的刀子。右图为粗细不同、形状不一的多种雕刻刀组合套装。

（4）裁缝用具盒

裁缝用品、裁缝用具应有尽有，非常齐全，包括针、线、顶针、剪刀、引线针、皮尺、切线剪刀等，以及分类装这些工

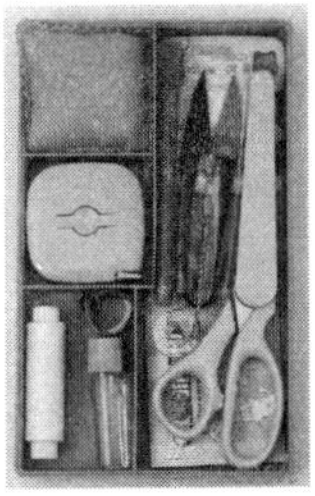

▲ 裁缝用具盒

具的小盒子。左图为裁缝用具盒。

（5）手提键盘琴

右图为手提键盘琴，口吹送气，键盘弹奏。可以放在大腿上吹奏，也可以放在桌子上弹奏，还可以直接用手拿着吹奏。这是日本学校，包括幼儿园中比较常见、常用的乐器。

▲ 手提键盘琴

（6）笛子

笛子也是常见乐器。

这样，日本孩子上学需携带的物品，除了书包外，还有或大或小的行李包裹。纸巾、手绢等日常用品，也都装在一个布袋子中，天天挂在书包外面。无论大小，无论多少，都是上学的孩子自己背着。没有家长，更没有祖母级的成年人代拿代送。

（六）课外零花钱

1. 上学零花钱

关于零花钱，学校严格规定学生上学不能带零花钱。另一方面，孩子上学也没有需要花钱的事情，没有能够花钱的地方。

学校提倡孩子放学后直接回家。如果想去外面玩的话，先回家再出门。

2. 远足零花钱

短距离远足，学校也不允许孩子带钱，孩子也不需要花钱。

3. 集体旅行零花钱

外出住宿的旅行，对一个人能带零花钱的最高金额，学校有明确的规定。

因为小学生被认为是没有能力自我管理金钱的人群。旅行前，家长必须将规定金额的零花钱装入信封，写上孩子的姓名，在某一个家长集体去学校的日子直接交给老师。

孩子在旅游地一般都是集体行动，旅行（参观）的时间都安排得很紧凑，除了集中购买旅游纪念品，孩子基本上没有花钱的机会。到需要花钱的时候，老师会将各家的零花钱转交给孩子。

在小学阶段，学生基本不和钱打交道。

二、日本小学的基本情况

（一）教育普及率

2004年的调查结果表明：

日本孩子幼儿园的就学率为58.9%。

小学和初中义务教育阶段孩子的就学率为100%。

高中的升学率为97.5%。

短期大学（大专）和大学的升学率为49.9%。

大学院（研究生院）的升学率为14.0%。

小贴士

短期大学：

学制为两至三年的大学，是以讲授和深入研究某一专门学科，培育就职或生活必要能力为目的的学校，相当于中国的大专教育。

（二）小学的教学科目

小学六年不是一段短的时间，我们不妨一起来看看日本孩子们的快乐教育都学些什么。

小学阶段基本是一个老师负责一个班级的全学科教学，教师为全学科教师。

小学的教学科目大致如下，基本没有正规的英语教学。

基本学科	学科外教学
国语（语文，包含毛笔写大字）	道德
算数、音乐、手工、体育、生活	综合学习
社会、家庭	特别活动

高年级基本教学科目有八门，国语（语文，包含毛笔写大字）、算数、音乐、手工、体育、生活、社会、家庭。

学科外教学，即教科书之外的教学内容，道德、综合学习、特别活动，将在第六章详细说明。其中，道德包含：健康教育、行为善恶判断、价值观以及宗教知识等。特别活动：学年活动、学生会活动、俱乐部活动及学校活动等。

小贴士

俱乐部：

英文为 Club 或 Circle，是具有共同兴趣的同学在课后时间集中练习、活动的团体。

（三）人员编制

1. 学生和教师的人数

一个年级由同龄的学生编制而成。如，2011年4月2日到2012年4月1日之间出生的孩子，为同一个年级的学生。

一个班级一般不超过40人。

一个班级至少配有一名教师。在特别且不影响教学的情况下，校长、副校长或教头均可以兼职教师。

2. 教师执照

（1）日本的教师执照

日本教师必须持有文部科学省颁发的教师执照才能任教。

执照有小学、初中、高中之分，也有国语（语文）、数学等学科之分。各种执照都有一定的期限，到期必须按规定更新。

执照，日语汉字称“免许”，教师执照大致分普通、特别和临时三类。

日本教师执照种类表：

种类	区分	有效区域	有效期间	职位
普通执照	专修	全国	十年	教师
	一种			
	二种			
特别执照	–	都、道、府、县	十年	教师
临时执照	–	都、道、府、县	三年（特例六年）	助理教师
无执照	–	–	–	非常勤（兼职）讲师

（2）小学教师执照

小学教师原则上必须持有 小学教师普通执照。

小学教师普通执照还可以再分为以下三类：

担任学科	执照种类	内容
全科教学	小学教师	普通执照主要为此类执照，担任全部教学课程的教学
保健	保健教师	主管学校内保健工作
营养	营养教师	指导和管理营养工作

3. 小学教职员工

小学的教职员工大致有以下职务。

❶ 副校长：校长的助手。

❷ 教头：校长和副校长的助手。管理学校业务，必要时也负责学生的教育。

❸ 主干教师：校长、副校长及教头的助手。遵照命令管理一部分校务，必要时也负责学生的教育。

❹ 指导教师：负责学生的教育，同时辅助教师和其他职员的工作，为改善

和充实教育出谋划策。

❺ 教师：负责学生教育的职员。依学校的种类不同，必须具有教师执照中的普通执照或特别执照。主要的职务是教学，及分管必要校务。

❻ 讲师：从事教师职务的学校职员。有常勤讲师和非常勤讲师。讲师一般为临时职员，公立学校的讲师多与学校签约一年。

❼ 保健教师：负责保健室的职员。为正式的职员，必须持有保健教师普通执照。

❽ 保健助理教师：帮助保健教师的职员。为临时职员，必须持有保健教师临时执照。

❾ 营养教师：负责学生营养管理的职员。为正式职员，必须持有营养教师普通执照。

❿ 司书教师：专门掌管学校图书馆的职员。

(四)对设施及设备的规定

1. 教学楼

教学楼，日文汉字称之为“校舍”，和运动场必须是相邻的。

教学楼刻录着一个学校的历史，是学校所在地区的历史见证物。一栋古老的教学楼一般都为当时著名的建筑家设计，刻录上当时著名人物的随笔、自传、传记等。教学楼也因具有乡土史迹的价值而被保存。

(1)小学教学楼的面积

各阶段学校的教学楼面积，因学生数的多少而不同，小学是这样规定的：

学生数	小学教学楼面积（平方米）
1～40人	500
41～480人	500＋(学生数－40)
481人以上	2700＋3×(学生数－480)

（2）**教学楼内应具备以下设施**

对教学楼内需具备的设备的规定，从小学到高中基本上一样。

❶ 教室。教室有普通教室、特别教室和更衣室。

a. 普通教室：为一般上课的教室，多数情况下一个班级一个教室。

b. 特别教室：理科室、音乐室、美术室等，按学科、用途分类，并配置必要的设备。

c. 更衣室：为体育课前后更换体育服和休息的房间。

▲ 职员室

❷ 职员室。为全校的教职员办公、备课的房间，也是教材和教具放置的房间（见左图）。

一般设置在教学楼的第一层。有课的时候教师才去教室上课，学生们下课后的活动不在老师的视线中。

插几句

记得我上学的时候，中国学校的教学楼每层都有办公室，任课教师和所负责的班级基本都在同一层楼。无论是课上还是课下，学生的活动都在教师的视线之内。

日本学校的“欺负事件”经常发生，甚至常有被欺负学生自杀死亡的事件发生。我认为这种职员室和学生之间的距离算是原因之一。因为这样的距离虽然给了学生相对自由的空间，但是，也助长了学生之间不良关系的滋生和发展。

❸ 图书室。昭和二十八年（1953年）制定的“学校图书馆法”规定：学校图书室是收集、整理及保存图书、视听教学材料和其他教学必要材料的设施。图书室（见右图）

▲ 图书室

为学生和教师使用，以配合学校教学课程以及培养学生健全发育为目的。除学生外，学生家长也可以使用。

文部科学省对公立学校的图书室藏书数量有明确的规定，见下表：

全校班级数	学校的藏书册数
1	2 400
2	3 000
3 ~ 6	3 000 + 520 × (班级数 − 2)
7 ~ 12	5 080 + 480 × (班级数 − 6)
13 ~ 18	7 960 + 400 × (班级数 − 12)
19 ~ 30	10 360 + 200 × (班级数 − 18)
31 以上	12 760 + 120 × (班级数 − 30)

图书管理员大多为家长义工。我曾遇到学校在学生家长中招募义务图书管理员，以及向家庭收集旧图书的事情。但我无法证实这些是否是所有学校的普遍现象。我也曾经参加过整理和修补图书的义务活动，感觉学校图书室是学校和 PTA 家长们共同维护的结果。

❹ 保健室。“学校保健安全法”规定：学校的健康体检、健康咨询、健康指导、紧急抢救等工作的实施场所为保健室。保健室也是保健教师常驻的房间，配备床、药品和身高体重测量仪器等。近年又增加了心理咨询师等。

❺ 特别支援教室。即专门供聋、哑、智障等残疾儿童使用的教室，也是义务教育必备的设施之一。

❻ 教材室。集中保管各种教学教材、器材、特别大的图表等的房间。少数情况下，兼具保管他人赠送的稀奇珍贵的标本、资料、物品的功能。通常是上锁的，学生一般不能随意进入。

❼ 校长室。校长的房间。除了校长日常办公外，会见、接待来客也在此进行。为此配置了沙发，内装修也比较高级。

❽ 放送室。广播室，同时也放置音响、录像视听器材。除教职员和学生放送委员外，一般人员禁止入内。

❾ 其他。会议室：教职员开会的房间。

事务室：开展学校事务的房间。

管理员室：学校勤杂人员待命的房间，也是他们夜间居住的房间。

配餐室：准备午餐的房间。

机械室：学校供水、供电、空调等各种机械设备放置的房间。

2. 教学楼外的设备

（1）校园

校园是学生开展室外体育运动、举办运动会、学校早集合（朝会），以及学生午休时玩耍的地方。

校园中一般有沙坑、单杠、双杠、大相扑土台等设施。攀登高架、秋千也比较常见。

文部科学省对各阶段学校的校园面积有规定，下面是小学校园的面积要求：

学生数	面积（平方米）
1 ~ 240 人	2 400
241 ~ 720 人	2 400 + 10 ×（学生数 − 240）
721 人以上	7 200

（2）室内运动场

即体育馆。体育馆也是必备的学校设施。体育馆有下述多方面的功能：

❶ 体育馆是学校的教学设施之一，供体育教学时使用。

❷ 体育馆是室内体育项目（篮球、排球等）实施的场所，也是俱乐部活动的场所，并且对学校附近居民开放。

❸ 体育馆是举行入学式和毕业式等学校活动的场所。这样的庆典活动人员众多，为保护地板，一般事先铺垫一层保护膜。

❹ 体育馆设有舞台，配有折叠桌子和椅子，可以举行表演会、音乐会等。也用于体育用具的收存，以及放置钢琴等大型教学用具。

❺ 体育馆设有广播室。墙壁上的突起物，如空调、喇叭、钟表、照明灯等都有铁质保护网。

❻ 体育馆也是国家选举、地方选举投票的指定场所。灾害发生时，学校是首选的避难场所，因此体育馆必须用高耐震的材料修筑。

下图为体育馆的外观和馆内样子。

▲ 体育馆外观

▲ 体育馆内部

（五）教材、教具和学校用具

教材：提供给教学使用的材料。如教科书、手工材料、模型等。

教具：是为了提高教育效果使用的器具。如挂图、标本、幻灯等。

学校用具：是学校配备的用具。如黑板、桌子、运动用具等。

（六）其他设备

（1）游泳池

日本的保育教育机构，从幼儿园、保育院到小学、初中都配有露天游泳池（见下页）。文部科学省对学校游泳池的水质、卫生状况、管理及安全责任都有明确的规定。

▲ 游泳池

▲ 花坛

（2）花坛

校园的角落一般都有一块可以开垦种植的土地，称作“花坛”（见左下图）。花坛划分给各个年级，配合教学内容，供学生们种植各种蔬菜和花卉。

花坛基本上是学生自己管理。浇水、除虫等工作也由学生们值班进行。当然，收获也是学生自己的。

我的孩子曾拿回牵牛花的种子，那时我家的阳台也沾了光，开满了牵牛花。

三、教学参观

日本的小学和初中安排教学参观的日子非常多，尤其是小学阶段。教学参观一般设在周六，也叫“学校公开日”，邀请家长和附近居民参加。

公开日的教学内容多为总结汇报式，学生或在讲台上发表演讲，或以小组形式表演。

（1）载录一篇我在海外日本人学校参观教学的日记

本命年生日

2006-10-19（Thu）

今天是大儿子的生日，他属狗，今年也是他有生以来的第一个本命年。

早上出门前，我让他扎上那根缝有红布条的腰带，他很不情愿地照做了。知道不可能，我还是说：“让妈亲亲吧！”“No！”他明确地拒绝了我。“那给妈捶一百下肩膀吧。”我想这个要求总该没问题吧。结果他为难地哭了。有没有搞错，该哭的是我吧？！

12岁的大儿子，比妈妈高出一截，成了个半大小伙子，已不能为我所理解了。尤其是他接受的教育对我来说是异国文化。

巧的是，今天也是他们学校的教学参观日，上午上公开课。在大儿子第一个本命年生日的这一天，上天赐给了我们母子在一起的机会。我向公司请了半天假，去学校认认真真地旁听了他的课。从8:45第一节课开始，听到12:30第四节课结束。像这样的公开课，虽然每个学期都有，但我还是第一次这样认真地从头听到尾。

来听课的家长不少，社会、外语、数学、国语，家长四节课一直站在教室后面，尽管有些累，但听下来还是感触很多的。老师很少说教，多数是在启发学生们自己说、自己想。

国语课（语文课）是教一篇新的课文，题目是《山上的野梨》。因为文中描述的是5月和12月的事，老师竟然用了近一节课的时间，让同学们想象自己心目中的5月和12月是个什么样子，在那两个月中能够看到什么样的自然现象，然后讲述出来。最后10分钟用于朗读课文，孩子真正接触课文的时间只有这10分钟。下课前老师留下了一个问题：课文中描述的5月和12月和大家想象的有什么不同。“一点儿都不一样！”有心急的学生忍不住当场大喊。

外语课就是玩，而且足足玩了45分钟。外语课分两个小班上课，为小班教学。课堂上，那个高鼻子蓝眼睛的外国老师和学生们做了一节课的游戏，只教了一个句型：“Do you like……?”这可是小学六年级的课堂啊！

连我们听课的家长们他也一个不落地拉到了游戏教学中。

儿子比他妈妈有福气，这里的

▲ 大儿子课上答题

教育比我小时候的人性化些。每次到他的学校，我都止不住地奢望，奢望自己能变回到儿子的年龄，也能坐在他的教室里和他一样上学。上图为儿子被数学老师叫到讲台回答问题。

下午下班回家后给儿子煮了一碗长寿面，算是庆祝他的生日。我与儿子们有约定，过了12岁一律不再买生日蛋糕。成年后，他们要在自己生日的这一天来向妈妈谢恩。

（2）教学参观日我都会尽力去参加学校活动，毕竟平时能够进入学校的机会不多。不管是什么样的教学内容，对我来说都是新鲜的，而且对自己的语言学习也是一个小收获

下图为教学参观时我拍下的相片。

▲ 上课举手发言

▲ 公园远足回来的发表会

▲ 水彩画课

▲ 参观过的唯一一次音乐课

四、升级和留级

在日本6岁到15岁是孩子接受义务教育的阶段。孩子满6岁必须上学，满7岁升二年级，满8岁升三年级……满12岁小学毕业。小学阶段严格地按年龄分年级、升学。转学的孩子也是插进同龄年级班。虽然没有留级，更没有跳级的现象，但是与升学、留级无关的考试还是有的。

（一）单元考试

单元课程教学结束后实施的复习考试。

（二）学习质量测试

文部科学省为了掌握全国学生的学习情况，平成十九年（2007年）开始实施名为“全国学生学习质量、学习状况调查”的考试。以日本全国小学、初中最高年级（小学六年级、初中三年级）的学生为对象，实施学习质量考试。

这是最近几年为了提高义务教育的教学质量，文部科学省设置的大规模考试。得到的数字基本为官方和学校做分析时使用，与学生个人和家庭基本没有什么关系。

学校倡导学生在学校里度过快乐的、无忧无虑的时光，因而毕业后想接受更好教育的学生，必须在放学后再去私塾上学。

这一点和中国的小学有本质的不同。有关课外私塾的内容在后面的章节将有介绍，这种私塾与因兴趣爱好而进行的课外学习班有本质的不同。课外兴趣爱好班，包括英语口语会话班，在日本也是盛行的。私塾则完全是为了升学考试而开办的，称作“私塾学校”一点儿也不过分。

五、放学后保育

在日本小学放学比较早，下午1点多钟，一、二年级的学生在学校吃过中午饭，打扫完卫生就放学了。其他的年级也在下午3~4点就放学了。为了保证有工作的家长（主要是母亲）的孩子放学后不被放鸽子，公立小学都有放学后保育的服务。相当于保育院的性质，但运营和管理都是由校方进行的。放学后家长不在家的学生都可以留在学校，参加放学后的保育班。

周六有全天保育，长假（春假、暑假、寒假）也有全天保育。

这样的保育班，需要提前申请，并缴纳一定的费用。但不像保育院那样需要审批，只要申请就能参加，并且学校有专门的指导员看管。学生在保育班里写作业、吃点心、玩耍等，直到家长来接回家。正常小学放学孩子基本不需要家长接，但是参加保育班的孩子必须由家长接。

插几句

这样的放学后保育制度，也是日本的老人们不必照看孙子辈，从而可以更好地享受晚年的保证。在我们中国，孩子的父母下班晚，爷爷奶奶、外公外婆为接送、照顾孩子而忙忙碌碌，无暇顾及自己的晚年生活。期待不远的将来，我们的学校也能有这样的制度诞生，让我们的老人们更好地享受晚年。

六、家访和个人面谈

（一）家访

家庭访问是小学和初中每年必行的活动，也是学校和家庭进行沟通的重要渠道。教师到学生的家里，向家长汇报学生在学校的情况和学习成绩；询问学生在家里的情况，回答家长的问题；掌握学生的家庭地理位置，确认学生的上学路线及其安全性；对逃学的儿童、欺负他人的学生进行教育，安抚被欺负的学生；调查学生的家庭是否有虐待行为；督促教材费及午餐费的缴纳；等等。

家访一般在每年4月下旬到5月上旬新学年刚刚开始时，根据学校的教育计划实施。

（二）个人面谈

依学校的性质，也有个人面谈的方式，即集中在几天之内，与班上所有学生的家长进行谈话。教师事先排好需面谈的学生家长的名单，在放学后的指定时间依次和他们面谈。这种面谈是老师和家长之间的谈话，没有学生参加，一个人15分钟。在个人面谈期间，全校一般提前放学。

（三）三者面谈

三者指老师、家长和学生，是毕业年级的面谈形式。对于学生的升学、考学、去向，结合学生本人的具体学习成绩以及家庭的希望和要求，老师、家长和学生坐在一起商谈解决。这样的三者面谈，在学生毕业的那一年里要进行四到五次。

（四）我遇到的第一次家访

2001年4月，大儿子升入小学一年级。直到5月初老师第一次来家访，我才知道日本的小学一个班级只有一个老师。

我当时以为来家访的老师只是班主任，就询问担任其他科目的老师的情况。家访老师告诉我说，一个班级就她一个老师，所有的学科都是她一个人教授。也就是说，孩子在学校，天天接触的只有这一个老师！“怎么和保育院差不多！”我不免这样想。老师也毫不隐瞒地说，如果学生遇到了一个自己不喜欢的教师，那么他在学校的日子一年到头都不会好过！

现实中，我也听到过家长抱怨自己的孩子没有遇到“好”老师，因为遇到了一个不喜欢的老师，孩子一个学年的课都没有学好，等等。

日本的学校每年都会重新分班。所以每升一个学年，学生周围的同学往往会改变，担任教师（班主任）也会改变。不过大儿子升到二年级教师并没有变，我并不认为这是一件什么坏事。但是，第二年来家访的这位教师又毫不隐瞒地说，学生连着两年看同一张教师的脸，也许会不耐烦，不一定是件好事。

插几句

原来日本的小学是这样的。如果不是有孩子上学，哪怕我们中国人在日本生活再久，也不会了解日本学校里的事情。就我自己的上学经历而言，记忆中从未遇到过学校安排老师家访。现在在中国国内大多数情况是学校请家长到学校面谈、开家长会。家访本是一种很好的老师和家长沟通的方式，也许是我们的国民人口太多，我们的老师面对的学生太多，这样的家访对学校和家长而言都是一个额外的负担。但是，有条件的地方尝试一下也许会有意外的收效。

七、小学与初中共同之处

日本义务教育阶段的小学和初中有许多共同之处。以下内容都是我上学期间没有经历，也没有见过的事情。虽然有一些环节现在中国国内学校也有，但一些细节也许能给我们的教育者们一些提示和启发，并且让我们思考，除了教孩子学习课本上的知识，我们还能教孩子学些什么、做些什么。

（一）健康检查

日本的“学校保健安全法”规定，每一个新学年的开始学生必须进行健康检查。

1. 健康检查内容

体检内容一般有测量身高、体重、坐高，一般发育情况、营养状态、脊柱有无弯曲、胸部有无异常、心脏有无疾病，视力、听力、眼睛、耳鼻咽喉、牙齿及口腔、皮肤有无疾患，有无结核、寄生虫卵，以及尿液、血液的检查等。

2. 健康检查报告

每次健康检查后，学校会发给家长一份结果报告。

右图为健康检查结果报告的一页。这一页为检查项目和结果，以及三个学期孩子的身高和体重记录。用在大象上涂不同颜色的方法，让学生对自己的身高和体重是增加了还是减少了一目了然。

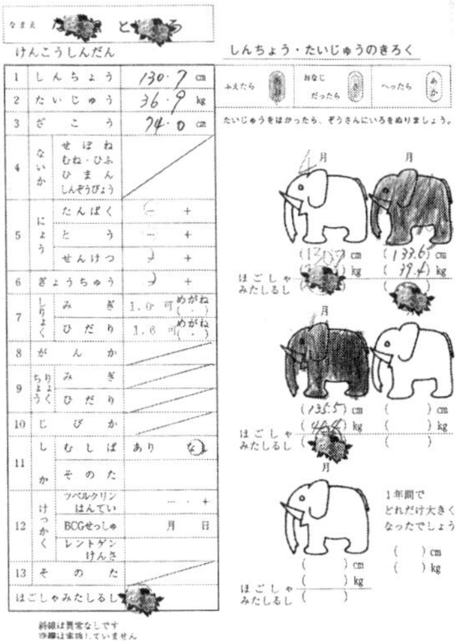

▲ 健康检查结果

具体的健康检查项目翻译如下：① 身高；② 体重；③ 坐高；④ 内科；⑤ 尿液；⑥ 蛔虫卵；⑦ 视力；⑧ 眼科；⑨ 听力；⑩ 耳鼻科；⑪ 牙科；⑫ 血液；⑬ 其他。

这份健康检查结果报告还有其他的页面，如日本全国儿童的平均身高和体重表、孩子自己的生活饮食习惯记录，等等。

3. 督促检查单

体检中，如果孩子被查出有不正常的地方，他就会拿回一张建议进一步检查的单子（督促检查单）。家长收到这样的单子后，必须带孩子去看医生，请医生在督促检查单上将检查和治疗的结果记录后签字盖章，再由孩子交还给学校。

这样的督促不是强制性的，也不规定交回的期限。

但是，如果家长不带孩子去看医生或是拖延的话，将会影响到孩子的上课与学习。比如，最常见的有，体检医生因学生的耳垢太多看不到鼓膜，无法判断鼓膜是否正常。于是就开一张督促检查单，建议家长带孩子去医院掏耳垢并且再次检查耳膜。体检医生不会为孩子掏耳垢的。如果学校收不到医院医生签字盖章的“鼓膜正常”报告回单，将不允许孩子上夏天的游泳课！这是一种无形的约束和制裁。

有心的家长会确认学校的教学安排表，在耳鼻科体检的前一晚上，为孩子掏

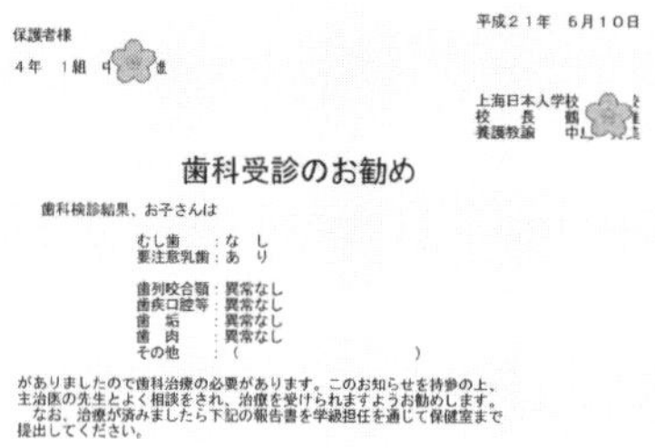
保護者様

4年 1組

平成21年 6月10日

上海日本人学校
校 長
養護教諭

歯科受診のお勧め

歯科検診結果、お子さんは

むし歯 ：なし
要注意乳歯：あり

歯列咬合顎：異常なし
歯疾口腔等：異常なし
歯 垢 ：異常なし
歯 肉 ：異常なし
その他 ：（ ）

がありましたので歯科治療の必要があります。このお知らせを持参の上、主治医の先生とよく相談をされ、治療を受けられますようお勧めします。
なお、治療が済みましたら下記の報告書を学級担任を通じて保健室まで提出してください。

▲ 督促检查单

去耳垢，这样就可以避免去医院的麻烦。

左图为一张牙科的督促检查单。该学生的乳牙不太正常。像这样非疾病的检查结果，学校只是建议孩子去医院再检查，但不需要治疗完毕的回执报告。

插几句

我觉得这种无形的约束方法值得我们在许多事情上借鉴。不必事事都制定什么铁的制度，用这样灵活的措施来约束，也可看作是制度的一种。

（二）联络簿

日本的自然灾害比较多，常见的有火山爆发、地震和海啸。尤其是地震，就像家常便饭一样“自然”。我刚来日本时，在教研室曾经听一个研究生说：“我非常喜欢地震！”

日本国民防灾、避难、应付突发事件的能力也是一点一点地磨炼出来的。只要有一群日本人在一起，无论这个群体是大还是小，是官方还是私人，大家都会自觉地找出一种一旦紧急事件发生时的联络方式，最常见的是电话联络簿。

在学校，一般是在新学年开始时由班主任教师制作班级联络簿，经由学生发给家长，人手一份，供紧急事件发生时，或是有联系事项时使用。

下图为一份紧急情况电话联络簿。联络信息由电话簿最上端的负责人发出，下面的联系人将收到的信息按名单指示再传给下一位。在学校，最上端的人为班主任，其他为家长。有些时候，还需要电话簿最下端的家长把收到的联系事项，再发回最初发信息的人（Call back），以便让最上端的人掌握发出的信息是否正确

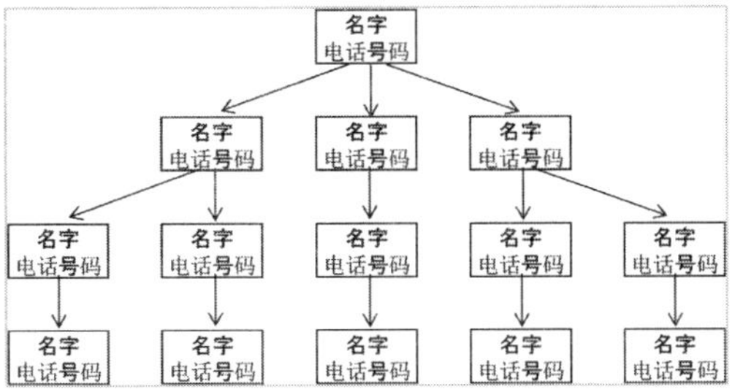

地传到了最后一位。

学校如此，俱乐部活动、兴趣小组、民间团体、社区等都是如此。

随着新技术特别是网络技术的发展，现在多数情况下已由手机、邮件联系方式代替了电话联系方式。又或是学校委托外部网络公司，由他们提供“学生安全联络网”服务，采取一同送信的方式，从而省略了一个传一个的繁琐。

（三）校内新闻

日本的学校经常发布各种各样的新闻，日文称为“通信”。通信定期制作定期发行，学生人手一份，拿回家给家长。

1. 学校新闻、年级新闻、班级新闻

学校新闻由校长编写，年级新闻由年级主任编写，班级新闻由班主任编写。编写者会将学校、年级和班级学生们平时的表现、考试情况，学校的教学计划等向家长汇报。有时会附上相片，更加形象。

（1）举例，东京都某公立初中的学校新闻，见右图

该新闻是平成二十六年（2014年）学校新闻第10月号刊新闻，题

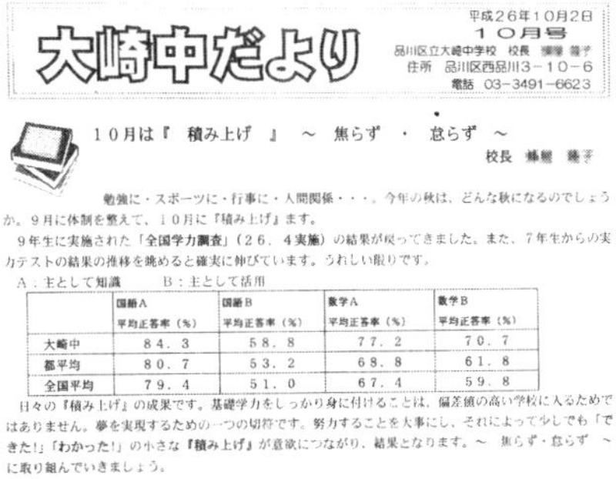

大崎中だより

平成26年10月2日
10月号
品川区立大崎中学校　校長　[redacted]
住所　品川区西品川3－10－6
電話　03-3491-6623

10月は『　積み上げ　』　～　焦らず　・　怠らず　～

校長　[redacted]

勉強に・スポーツに・行事に・人間関係・・・。今年の秋は、どんな秋になるのでしょうか。9月に体制を整えて、10月に『積み上げ』ます。

9年生に実施された「全国学力調査」（26．4実施）の結果が戻ってきました。また、7年生からの実力テストの結果の推移を眺めると確実に伸びています。うれしい限りです。

A：主として知識　　B：主として活用

	国語A 平均正答率（%）	国語B 平均正答率（%）	数学A 平均正答率（%）	数学B 平均正答率（%）
大崎中	84．3	58．8	77．2	70．7
都平均	80．7	53．2	68．8	61．8
全国平均	79．4	51．0	67．4	59．8

日々の『積み上げ』の成果です。基礎学力をしっかり身に付けることは、偏差値の高い学校に入るためではありません。夢を実現するための一つの切符です。努力することを大事にし、それによって少しでも「できた!」「わかった!」の小さな『積み上げ』が意欲につながり、結果となります。～　焦らず・怠らず　～に取り組んでいきましょう。

目是《大崎中学新闻 》。该期新闻主要汇报初三（九年级）4月份实施的一次“全国学习质量考试”的结果。以表格的形式记录了该初中国语（语文）和数学的平均成绩，并和东京都以及全国学校的平均成绩做了比较。

（2）这样的新闻一般按照执笔教师自己的风格，题目自由，格式自由

我的小儿子小学时有一段时间在日本海外学校就读，三年级时的班主任曾经以“第一小星星”为班级新闻的题目，在每期的班级新闻中评出各种各样的小星星。比如，算数第一小星星、扫地第一小星星、跑步第一小星星、勇敢站讲台小星星等。从不同的角度，尽量将全班的学生都推到第一小星星的位子上。

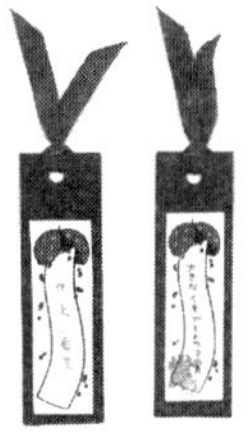

右图为小儿子得到的“作文第一小星星”和“挖到大地瓜小星星”。我数了一下，那一学年小儿子共得到了17颗小星星。每一张都是老师手工制作的，都系有红彩条。还记得，那是个长得酷似美国高尔夫明星泰德·伍兹的男老师呢！

这样的事情虽然很微小，不伟大，也不是为了完成谁的命令，但是老师都认认真真地用心做了。老师对学生的热爱，以及尽心尽力地做工作的态度，不用写在纸上，也能让家长真切地感觉得到。小儿子三年级结束了，那个“泰德·伍兹”班主任老师正好完成了派遣教师任务将从中国回到日本，家长们给老师开欢送会时，也同心协力做了一个大型“小星星”回送给了“泰德·伍兹”老师。老师为孩子们的付出，家长是第一个有切身感受的人。

2. 其他新闻

另外还有健康新闻、配餐新闻、图书新闻等校内新闻，就不一一赘述了。

（四）午餐

非常值得一提的是学校的午餐，日文汉字称之为“给食”。

学生们在学校吃午餐，但不是在食堂，也不是在外面，而是在各自的教室。

事实上学校没有食堂，只有准备和烹调午餐的配餐室，相当于厨房。

1. 配餐

午餐有配餐表，相当于菜谱，日语称“献立表”，由学校的营养师制作，按照各个年龄阶段学生的身体发育需求，配置午餐的菜谱，以一个月为单位编制。

下图为4月份配餐表的一部分，9日~11日的午餐菜谱。该表格也是每月发给家长的“新闻”之一。

平成25年4月　給食献立表

品川区立大崎中学校

日	曜	献立名	主な食材			エネルギー	蛋白質
			血や肉になる食品	力や熱になる食品	体の調子を整える食品	Kcal	g
9	火	赤飯 若竹汁 鮭の照り焼き ナムル オレンジ缶	牛乳 ささげ 鮭 生わかめ 粉寒天	もち米 米 ごま油 サラダ油 ごま 黒ごま 上白糖	ほうれん草 もやし にんじん 筍 オレンジジュース	770	28.8
10	水	丸パン ジュリエンヌスープ ミックスローフ フライドポテト 牛乳	牛乳 卵 豚ひき肉 ベーコン ダイスチーズ ツナ	丸パン 油 じゃがいも 小麦粉 生パン粉	セロリ たまねぎ キャベツ にんじん ホールコーン 赤ピーマン グリンピース	784	31.8
11	木	カレーライス 洋風卵スープ 清見オレンジ 牛乳	牛乳 卵 粉チーズ 豚肉 ベーコン	米 サラダ油 小麦粉 じゃがいも でんぷん	セロリ 玉ねぎ にんじん キャベツ りんご 清見オレンジ	849	26.7

标题一栏翻译如下：

日期	星期	菜单	主要材料			热量	蛋白质
			变成血液和肌肉的材料	生成能量和力量的材料	调整机体平衡的材料	kcal	g

配餐表的好处：

（1）家长可以确认孩子中午的菜谱，晚餐避免重复。

（2）对因为某些原因而对食物有特殊要求的孩子，家长可以根据配餐材料来决定自己的孩子是吃学校的饭，还是带自家的盒饭。我曾经遇到过不吃猪肉的一个家庭，在有猪肉菜谱的那一天，那家孩子就带自家盒饭上学。

（3）对个别食物过敏的孩子，只要向学校提供食物过敏的医生证明，营养师在配餐时，如遇到有该学生过敏的食物，就会给这个孩子另配一份没有过敏源的单独菜谱。

常见的导致过敏的食物有鸡蛋、花生、核桃等。

下图为挂在配餐室外的“当日配餐情况”黑板和餐具收存场所。

黑板上的标题为“今天的菜谱”。内容有每天的配餐菜谱，配餐食材，每天使用红、黄、绿色食材的菜名，以及当日用餐的营养成分和热量值。

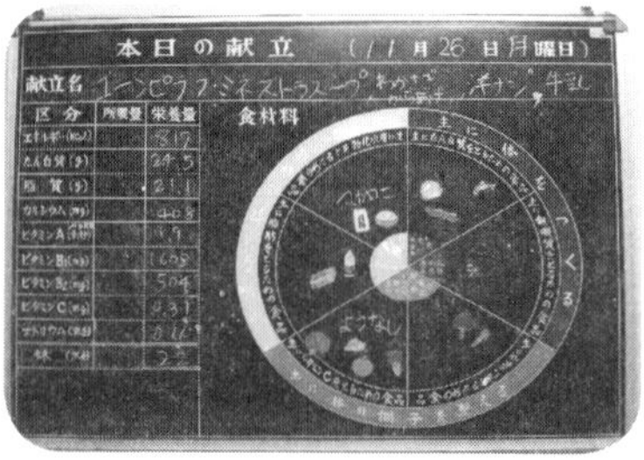

▲ 当日配餐情况黑板

▲ 餐具收存场所

▲ 学生配餐

2. 分餐

分餐由配餐值日生担当。每日的分餐轮流由本班三到四名学生操作，从配餐室将本班的午餐用配餐车推到班级。

午餐有主食、副食、汤、牛奶、点心等种类，由配餐值日生分配给前来领餐的学生，见上图。

配餐值日生每周交换。学校配有白大衣和白帽子，装在白布袋子中。配餐值日生周末将白大衣和帽子拿回家，由家长清洗、晾干、熨平，下周上学直接交给当周的配餐值日生。值日生自己准备口罩。

插几句

在保育院一章中我也提到过，孩子在学校使用的物品，有许多是拿回家让家长清洗后，再拿回学校的。家长以这样很不起眼的方式参与着学校的活动。这么多的杂事，如果都集中在学校由校方来做的话，势必增加学校的负担，要么是人力上的，要么是财力上的。这样的负担，也许会以金钱的方式再转嫁给家长，从而增加上学的费用。这将是一个恶性循环。学校用这种不刻意的方式，在平时的日子里，一点一点地把担子分给了家长。这样的做法，值得我们去学习。

其实不仅仅是洗晒的事情，其他还有打扫教室卫生，管理和种植校园的花坛，管理和喂食小动物（鸡、兔子）等，也分别由当日相应的值日生来完成。学生们这样的小小分担，也免去了学校雇用相关人员的麻烦，减少了学校的一笔费用支出，算是一个良性循环的例子。

3. 用餐

学生按次序领取自己的午餐，再拿上筷子和勺子。每人回到自己的桌子前，等全班的学生都拿到了饭菜，全体学生一起说“开始吃饭了！”，午餐就开始了。各班的班主任也在班级和学生们一起吃午餐。

一般套餐份数按人头准备，如果有学生缺席，就有剩余。这样多余出来的饭菜，哪位学生都可以吃。愿意多吃的学生，相互商量或是用猜拳的方法来决定由谁吃掉。

我能想象得到，这种一起“争食”的场面一定非常热闹。对于正是长身体、时常会饿肚子的孩子们来说，也许午餐时间是一天中最期盼、最开心的时刻。

右图中的午餐，是我参加 PTA 午餐品尝活动时学校提供的，有咖喱饭、鸡蛋汤、小菜、布丁和牛奶。

▲ 学校午餐

4. 规则

在学校吃午餐也有规则。右图是挂在学校的一个“午餐宣传板”。

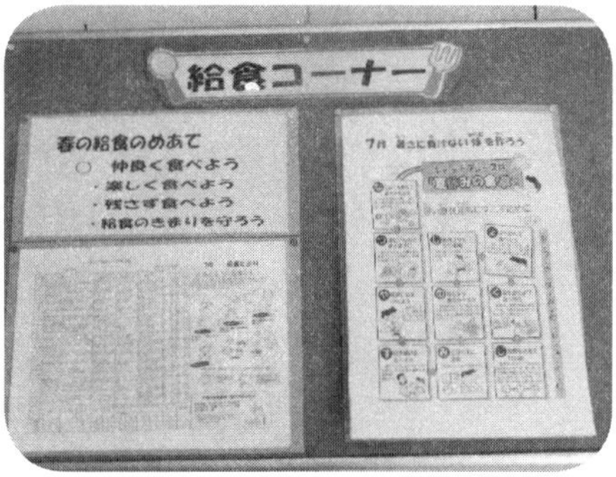

▲ 午餐宣传板

我想借用这个宣传板的内容来说明午餐就餐规则。

左上是“春天午餐目标”，大致内容是：

友好地食用午餐

心情愉快地吃吧

全部吃完不剩饭

遵守就餐的规矩

左下是一张“配餐表”。

右边是一张“7月份配餐新闻”。

每天孩子都能在学校吃上一顿营养师配制的营养合理、搭配得当的午餐，我作为家长非常地安心，也非常地放心。和同学们在一起，孩子不好意思剩饭，也不好意思挑食，从而保证了营养的全面。我为学校这样的午餐拍掌叫好，也从内心感谢这样的配餐制度。

实际上像我们这样来自中国的家庭，平时是不可能做出日式饭菜的。孩子们在学校吃午餐也是他们接触日本饮食文化的一个最好的机会。

（五）家长通知书

每个学年末，孩子都会拿回一张家长通知书。对于家长通知书中国家长肯定也不陌生，不过我们不妨看看日本学生的家长通知书是什么样子的。

家长通知书由班主任老师填写，详细地记载着学生各学科的考试成绩、每一科目的学习情况、参加学校活动的情况、在学校的行为以及老师对这个学生的评语。家长看过后，也要留言，签字盖章。下个学年开学时，再交还老师。通知书覆盖的面可能更广泛一些。

举例，某初中一年级学生的一份学年末家长通知书。共五页，摘录其中两页如下：

第二页为该学生一年三个学期九门必修课的考试成绩。九科为国语（语文）、社会、数学、理科、音乐、美术、保健体育、技术与家庭和外国语。最后每科换算成5分评价。5分评价在升学考试章节将详细介绍。

小贴士

5分评价：

一种将满分100分的考试成绩换算成5分满分的学习水平评价方式。每科的成绩满分5分，九科满分45分。

可别小看这45分，在升学考试中，这个分数作为学校的成绩（内审点）写入学生的“调查书”（档案材料）中，将直接影响学生的升学考试。

下图是该学生九科中的四科，国语（语文）、社会、数学和音乐的三个学期的成绩。每一科考核从高到低有A～E五个成绩，最后再换算成1～5分的评价分数。

8年 2組

学習の記録

教科	必修教科 観点	1学期		2学期		学年末	
国語	国語への関心・意欲・態度	A	4	A	4	A	4
	話す・聞く能力	A		B		B	
	書く能力	A		A		A	
	読む能力	A		A		A	
	言語についての知識・理解・技能	A		B		A	
社会	社会的事象への関心・意欲・態度	A	4	A	4	A	4
	社会的な思考・判断・表現	A		B		B	
	資料活用の技能	A		A		A	
	社会的事象についての知識・理解	B		B		B	
数学	数学への関心・意欲・態度	A	5	A	5	A	5
	数学的な見方や考え方	A		A		A	
	数学的な技能	A		A		A	
	数量や図形などについての知識・理解	A		A		A	

教科	ステップアップ学習Ⅱ・Ⅲ 観点	1学期		2学期		学年末	
音楽S	音楽への関心・意欲・態度	A	A	A	A	A	A
	音楽表現の創意工夫	A		A		A	
	音楽表現の技能	A		A		A	
	鑑賞の能力	A		A		A	

第三页是该学生的出勤表（见下页插图）。出勤表也是一个很重要的学习评价因素，也被记入学生的“调查书”（档案材料）中，对学生的升学考试有很大的影响。

平成 25 年度

学年・組・氏名（ 8年 2組 ）

出欠の記録													
月	4	5	6	7	8	9	10	11	12	1	2	3	計
授業日数	18	20	22	16	0	21	22	22	19	18	21	18	217
出席停止・忌引	0	0	0	0	0	0	0	0	0	0	0	2	2
出席しなければならない日数	18	20	22	16	0	21	22	22	19	18	21	16	215
欠席日数	0	0	0	0	0	0	0	0	0	0	0	0	0
出席日数	18	20	22	16	0	21	22	22	19	18	21	16	215
遅刻	0	0	0	0	0	0	0	0	0	0	0	0	0
早退	0	0	0	0	0	0	0	0	0	0	0	0	0
備考										インフルエンザ（B型）2日			

（六）移动教室

移动教室指小学五年级到初中三年级的年级活动，相当于高中阶段的“修学旅行”。每个学校都有一个固定的课外学习园地。

公立学校会得到地方政府给予的一定经济补助和人力支援。

1. 目的地

参观美术馆、博物馆、历史建筑物、史迹等。前往牧场、植物园、不太高的山地。秋季多去果树园、农田等地收获农作物。

2. 总结报告

回到学校后，每人写一份总结报告。在家长教学参观的日子，以小组为单位进行板报发表。右图为我在教学参观时拍摄下来的板报。学生们幼稚的字体透着“认真”二字。

▲ 移动教室报告

3. 举例

关于移动教室，校方也有详细的规定。

某公立初中一年级，移动教室的规定如下：

日期：两夜三天

目的地：长野县 管平高原

住宿旅馆：住宿旅馆的地址和电话

合同单位：观光株式会社的名字，负责人的名字。

带队教员：校长，老师五名，护士一名。

日程：租赁旅游大巴三辆。

第一天至第三天的行程（省略）。

服装和携带物品：详细规定服装的种类和数量，鞋子、雨具、背包、手绢等。笔记本、学生证、学习资料、实习用具等。零花钱的规定。手表和相机一般以小组为单位，小组内协商，由一个人携带。自己常用物品，如服用的药物等。

费用：明细清单，总费用由家长事先交给老师。

紧急时对应医院：当地指定医院清单。各家庭的医疗保险证复印件交与老师保管备用。

联络事项：当日缺席学生的联络方式。第一天集合地点和时间、返回地点和时间。遇重大事故或灾难发生时，直接和学校联系的方法。集体活动遵守规则、听从教员指挥是学生参加的条件。

插几句

日本的小学生没有考试和留级的顾虑，学校生活算得上丰富多彩，名副其实的快乐教育。教学任务虽然不如我们中国学校的沉重，但是学校和老师对学生们付出的精力一点儿也不少。那些近似义务工作的付出，那些近似婆婆妈妈的规定章程，也许常常被我国的教育工作者所忽略。可做可不做的工作，没有明确的界限，没有明确的分工，但是日本的老师们却做了，涓涓细流汇大海，素质也许就是这样培育出来的。“敬业精神”这个名词很抽象；“对学生的热爱”，程度很难测量，但这两样真真切切地存在于这样细微的行为之中。

第四章
多选择的初中

初中，日文汉字称“中学校”，学制三年，为九年义务教育的后阶段。初中学校有三类，公立、私立和国立。

公立初中没有直升的公立高中，毕业时必须经过严格的升学考试升高中。即便是想去公立的高中学校，也要经过升学考试。

私立的初中学校几乎全是初中和高中连续的六年一贯制教育。一次的私立初中入学考试成功，一个家庭可以安定六年，不再有孩子升学考试的烦恼。但是，这样的家庭必须有能力支付六年不菲的私立学校学费、制服费、修学旅行费等各种费用。私立学校完全按所有人（或团体）的教育方针运营，所以学校种类非常多。

国立的初中学校，虽戴着“国立”的帽子，入学也要经过严格的入学考试。国立学校的学费非常便宜，这是吸引学生的地方。但是国立高中多为职业高中，教学的重点多在指导学生毕业后直接工作。

上小学，绝大多数的家庭会选择公立的义务教育学校。到高中没有了义务教育，多数的家庭会选择去私立高中。只有初中阶段，公立、私立，还有国立，自由选择多，带来的困惑也多。

2005年的调查数据表明，日本全国初中学校共有11 035所，其中公立有10 238所，私立721所，国立76所。在东京都，选择去私立初中的学生比例要更高一些。小儿子所在的公立小学的毕业班，大约有40% 的学生选择了私立初中。

在日本，孩子自由地、选择性地上学，基本上从初中就开始了。所以，我在标题的“初中”之前使用了“多选择”一词，觉得很是贴切。

一、日本国内的初中

因为没有适应日本国内初中学校的繁多种类，我让小儿子在升初中考试中跌了大跟头，几乎挫败了他人生的自信。通过小儿子的亲身经历，我给日本的初中总结出三个特点。

（一）多选择性的初中

记忆时间：2012年4月～2015年3月

我和儿子们再次回到东京时，小儿子上小学五年级。小学五年级，正是家庭考虑初中择校的黄金时机。因为是否让小学五、六年级的孩子参加课外私塾、选择什么类型的私塾，完全因初中择校不同而大不相同。换句话说，就是升初中考试之战是从小学五年级开始的。

当年，我对此浑然不知，想当然地套用大儿子在海外日本人学校时，小学毕业直接升初中的经验，心中早有小儿子小学毕业时也直接升入区政府指定的初中的目标。但，同时又被周围学生备战初中考试的环境所动摇，更被私塾的高明宣传所诱惑，稀里糊涂地、没有准备地就让小儿子参加了两所私立初中的入学考试。换句话说，就是在没有私塾指导的前提下，让儿子参加了私立初中的入学考试。两战两败、全军覆没的结果，让我们母子俩痛哭了一个晚上。

小儿子上公立初中三年的时间里，我逐渐了解了私塾的厉害和重要，也逐渐明白了许多家庭让孩子上私立初中，接受私立学校严格管理的原因。为儿子选择了公立初中，我曾多次隐隐地后悔。

但是，2015年2月，小儿子升高中考试结束并得到了一个非常满意的结果，我反而觉得，当初选择公立学校也许是正确的。所以，我们的孩子在国外上学所做选择是对是错，永远是没有亲身经历就是不知道、就是迷茫，没有亲身经历就不能妄下结论。

（二）公立初中也有长处

因为是义务教育学校，公立初中必须招收全体适龄孩子，不能挑选学生。各种各样、各种档次的学生让公立初中像个大染缸，不能单以学习成绩论好坏，更不能以孩子的聪明与否论高低。一般重视孩子教育的家庭都把公立初中作为不得已的选择，作为私立初中入学考试“全军覆没”后的无奈去处。但是，小儿子的经历让我也体会到了公立初中教育也有许多不起眼的长处。

首先，公立初中学费便宜，能够节约三年上私立初中的昂贵费用。

其次，公立学校为就近指定上学，一般离家近。私立学校虽设立在交通方便的地方，但多数离家远。上公立学校能免去孩子上学放学乘坐电车的劳苦和时间，非常利于一个少年期孩子的身体发育。

再次，如果勉强让孩子去上一个不适合孩子的私立学校，初中和高中六年不短的时光将是孩子人生的一个浪费。

（三）不必勉强上私立

举一个身边的例子证明“不必勉强孩子去上不适合自己的私立学校”。

小学毕业时，我小儿子班上有一个同学，其家长无论如何也不愿意送孩子进区政府指定的公立初中，因为那个家长听到了许多有关指定的公立初中风气不好的传闻。在那个孩子尝试了多次升私立初中考试后，他们最后选择了一所偏差值只有40多（中下档次）的私立初中学校。那个家长说，到了那个私立初中，孩子可以继续进行他喜爱的棒球运动。他们的选择不言而喻地表明了他们的升学方针：宁愿选择一个中下档次的私立学校也不愿意去上公立初中！

初中二年级的第三个学期，那个孩子突然出现在小儿子的公立初中学校。还没有找到朋友的他几次邀请小儿子一起放学，一起玩。据周围妈妈朋友们的信息，那个高高大大的男孩子，在私立初中动手打了老师！这样的行为无法辩解，私立学校有绝对的权利开除他。而公立学校有义务接受那个尚处义务教育年龄段的孩子。最终，他还是回到了当初他的家长让他放弃了的公立初中。

糟糕的还在后面。到了公立初中后，那个孩子只上了一周的学就开始逃学了。这种现象日语称“不登校”。而且一直持续逃学到他即将初中毕业之时。因为同住在一个公寓楼里，我偶尔能在楼下大厅中遇到那个孩子。他很正常地微笑着向我打招呼，就像小学时常来我家里玩那样。

如果当初，那个孩子的家长直接让他上指定的公立初中会是什么样子呢？也许那个孩子很正常地天天上学，很正常地和同学们玩呢。上指定的公立初中还有一个好处是，同一个小学的同学比较多，几乎没有陌生的同学。要升高中时那个孩子的升学方向会是什么样的呢？我有些多管闲事地为他担心着。

这是一个比较极端的例子，但是能够说明道理。在这样一个多选择的国度，没有必要随大流和大家一起追求一样的所谓的高级目标，只要追求的是自己孩子最好的选择，就是正确的。这是我经历了多选择的“折磨”后得出的结论。

二、初中的基本情况

初中和小学一样就学率是100%。毕业去向（日语称为“进路”）主要是升入高中。

（一）初中的教学内容

日本“学校教育法”规定初中的教学科目有以下内容：

基本学科	学科外教学
国语（即语文，包含毛笔写大字）	道德
社会（地理、历史、公民）	综合学习
数学（代数、几何）	特别活动（年级活动、学生会活动、学校活动）
理科 第一类（物理、化学）	宗教（某些私立学校有）

基本学科	学科外教学
理科第二类（生物、地学）	
音乐（包含乐器、合奏乐器）	
美术	
保健体育（体育、保健）	
技术与家庭	
英语	

（二）人员编制

1. 基本同小学一样

初中的教师人员编制基本与小学一样，这里不再赘述。

举一例看看日本公立初中的教职员编制情况。

下表为平成二十二年（2012年）东京都某公立初中的教职员编制。摘自该学校的入学宣传材料。该学校只有初中，共三个年级九个班级。男女学生共263名，教职员工共44名。

	校长	副校长	主干教师	主任教师	主任保健教师	教师	教师（外派）	专务	兼职职员	营养师	主任	学校设施管理员	校医	学校药剂师	兼职讲师	心理咨询师	总计
男	1	0	1	3	0	8	1	1	0	1	1	3	3	1	3	0	27
女	0	1	1	1	1	5	0	0	1	0	1	0	1	0	4	1	17
合计	1	1	2	4	1	13	1	1	1	1	2	3	4	1	7	1	44

2. 初中教师执照

与小学不同，初中教师不是全学科教师，各门学科由持有该学科教师执照的教师负责教学。

初中教师，必须持有日本国家颁发的初中教师执照，担任各个学科（数学、语文、英语等）教学的教师还必须持有相应学科的普通执照。

为了配合这个时期学生的身心发育，初中学校教员除了学生的教育工作外，还要负责校内的安全管理、学生的健康管理等重要工作。此外，教员还要担任生活指导、升学指导、职场指导、俱乐部活动指导等。他们所做的指导工作往往多于学科教学内容。

（三）设施及设备

初中的设施和设备基本与小学的相同，只是在规模上要比小学大一些，这里也不赘述。

举一例说明日本初中学校的设施和设备情况。

下表为东京都某公立初中的设施及设备。表格摘自该学校的宣传材料。该初中有三个年级，共九个班级，男女学生共263名。

种类	普通教室	特别支援教室	特别教室									礼堂兼体育室	管理室											配餐室	游泳池
			理科室	音乐室	美术室	技术课室	家庭课室	视听室	图书室	电脑室	自习室		校长室	职员室	事务室	主任室	保健室	会议室	学生会室	招待室	展览室	资料室	咨询室		
教室数	9	2	2	2	1	2	2	1	1	1	2	1	1	1	1	1	1	1	1	1	1	1	1	1	1

（四）校徽、校歌、校旗、校训

这部分内容小学、初中、高中都是相同的。

1. 校徽

校徽是一个学校的象征和符号。一个学校的历史特征、教育方针都凝聚在校徽之中。

校徽，雕筑在学校大门、主教学楼上，缝制在学生制服、学生帽、书包上，印刷在学生证、学校通知上。

校徽还被制作成图章别针形式，学生佩戴在校服领子、校服毛衣等处。

右图为某私立高中挂在主教学楼上的校徽。该校徽为斜面交叉的一把剑和一支笔，笔在剑的上面。该校徽借用了17世纪法国政治家黎塞留公爵的名言“笔比剑强大”，笔象征着学问，剑象征着武力。该校“以学问论强弱”的教育方针活灵活现在校徽之上。

▲ 校徽

2. 校歌

校歌也是一个学校的象征和符号，用歌词文字的形式更广泛地介绍和描述学校的自然地理、风土人情、校风历史等。学校的每一次大型活动，入学式、毕业式、始业式、修了式、运动会、文化节等，全体师生共同合唱校歌。

学校体育馆讲演台旁边的墙壁上，一般挂有校歌歌词的雕刻牌子。学生站在体育馆不用背歌词，看着歌词雕刻牌也能高声地唱校歌。

校歌和高中棒球也有不解之缘。日本全国高中棒球比赛是日本每一年夏天比较隆重的全国活动之一。位于兵库县的甲子园棒球场则是全国高中棒球比赛的最高圣地。在全国各省轮赛（小组赛）之后，最后八强、四强、冠军队的决出都是在盛夏的甲子园棒球场举行。全国的电视台每晚直播，牵动着全国各年龄层人们的心，不亚于中国人民观看世界杯足球赛的热度。比赛场上以上届比赛冠军队的校歌为背景音乐循环播放，全国人民通过倾听冠军队的校歌而熟悉冠军队的学校、记住了冠军队的校名。冠军队的学校因此而成

▲ 开幕式

为名校，成为全国喜爱棒球的学生们心目中的“圣校”。

插几句

母校的校歌为学生的一生注入灵魂。不久前，我曾遇到一位中年日本男子，闲聊中我和朋友说起了我的儿子毕业的高中，正巧那位男子也是同一所高中的毕业生。说到了母校，那位中年男子竟然挽起袖子高声地唱起了校歌！挽袖子唱校歌，是那所男子高中的集体“标准”动作！这位毕业20多年的毕业生，提到母校首先想起的竟然是校歌，这让我和朋友在吃惊的同时也萌生了羡慕之情！我和朋友在国内都是“苦读圣贤书”之人，无法想象高唱校歌时心情是如何澎湃的！

3. 校旗

校旗也是一个学校的标志。它其实就是一面印有学校校徽的旗子，多在学校集体活动时被插在讲台、运动场上，或被举起挥舞。

右图为某私立高中运动会开幕式上，旗手们高举着校旗列方阵的景象。

▲ 高举校旗列方阵的旗手们

4. 校训

校训，是学校为了便于进行道德教育，选择若干符合本校办学宗旨的醒目词语，作为学校全体人员的奋斗目标。多被展示在学校的大门处、教室的讲台上，以及印在学生的学生手册上。

下页插图为某学校的校训：“独立、博爱。”

译文：独立，培育自身，发挥个性，成为对社会有用的人。

　　　博爱，爱己爱人，有为创造更好的社会而努力的精神。

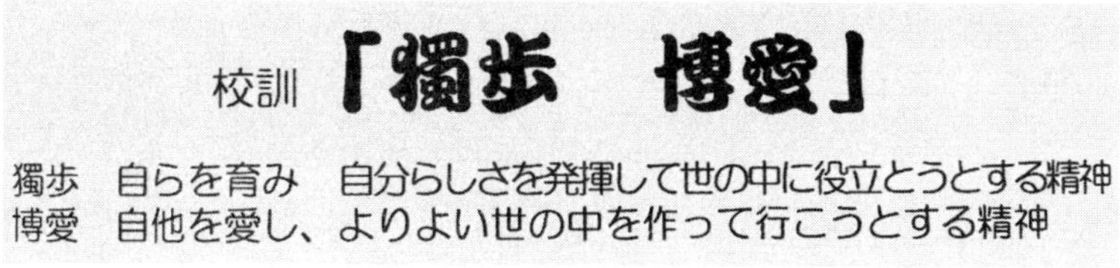
校訓「獨歩　博愛」
獨歩　自らを育み　自分らしさを発揮して世の中に役立とうとする精神
博愛　自他を愛し、よりよい世の中を作って行こうとする精神

▲ 校训

（五）俱乐部活动

俱乐部为教学之外的兴趣爱好小组。基本上是学生们自己组织，与教学、教师没有关系。普遍存在于初中、高中和大学。

初中的学生年龄小，自我组织能力差，学校会给俱乐部分配指导顾问。这个顾问基本上是兼职教师，不是教学老师，不参与教学活动。

俱乐部有运动类的，也有文化类的。虽然与学习、考试成绩无关，但是俱乐部的存在对学生非常重要。学生课外的时间几乎都花费在俱乐部的活动中。一个好的、有名的（在大型比赛中得到名次的）俱乐部，是学校的招牌，是吸引生源的诱饵。一个从拥有出名俱乐部学校毕业的毕业生，无论是升学还是应职，都是能替他加分的重要因素。

初中的俱乐部活动非常盛行，练习和比赛占去学生大多的课外时间和周末时间，与学习、考试矛盾地共存着。这部分内容在“教科书外的教育”一章中将详细介绍。

三、副科教学

前面提到，日本学校的基本教学科目有九门。其中，国语、数学（代数、几何）、英语、理科和社会五门为主科，音乐、美术、保健体育、技术与家庭四门为副科。在中国，对副科的教和学，师生们似乎都不太重视，在这样先入为主的观念下，我对日本的副科教学有点感触，罗列如下：

1. 副科教学不偏，不亚于主科教学

在教学参观的日子里，家长经常能看到手工作品展，这些都是副科教学的成果。这还不算，假期还经常有“做家务，下厨房”的家庭作业。

上学必带的物品中，有下厨房用的围裙和头巾，还有缝纫用具用品，非常齐全。学校有厨房教室供学生们下厨房做饭菜，还有许多缝纫机供每一个学生手工课时使用。缝纫作品一般有背包、围裙，展览之后都各自拿回家。

在小学阶段设置这样的副科教学，有培养学生的动手能力和生活能力之功能，我持赞成和欣赏态度。但是初中阶段，甚至是初三，面临高中考试的毕业年级，这样的副科教学依然照旧，毫不含糊，这就让人有点难以接受了。

记得大儿子初三的时候，暑假带回了“做一份饭菜”的家庭作业。作业的一部分内容是本人制作过程的相片。家长不但不能代替做这份作业，还要帮忙照相。大儿子初三那年我到学校教学参观，竟然还能看到毕业班级的缝纫作品展。“要毕业了啊，要考学了啊，这么不务正业！”我是敢怒不敢言。

2. 副科教学作品展的相片

下图展示了孩子手工缝制的围裙，以及下厨房、缝纫的情形。

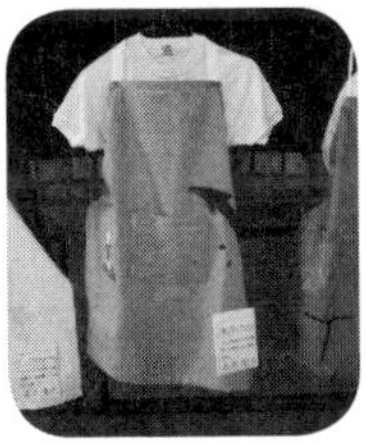

▲　缝纫作品

▲　手工课

▲　料理课

四、初中的成绩考核

初中以上的学校，即使是公立学校的学生也开始有成绩考核，这个成绩考核

是以考试成绩分数为基础的相对评价分数，用一个叫“内审点”的概念来表示。

（一）内审点的概念

内审点是学生“考试成绩分数”和“平常表现分数”综合后的分数。

考试成绩分数是指期中考试和期末考试等大型考试的合并成绩。

平常表现分数是将学习态度、遵守纪律、参加活动等抽象的、无法测量的平时行为表现量化后的分数。

1. 考试成绩分数

大儿子升入初中后，我才慢慢地感觉到了学校的考试。快乐无忧的小学教育几乎让我忘记了考试这件事。

当年，大儿子在海外日本人学校上初一，同时还参加一个叫“老鹰棒球队”的棒球俱乐部的活动。这个棒球队理论上应该是社会上的俱乐部，与学校无关，但这个俱乐部的成员都是学校的学生。每个周末，一天练习棒球，一天参加棒球比赛，无休止地重复循环着。有一天，当我突然看到活动安排表上有一个周末棒球训练休息时，高兴极了，立即安排了一次周末全家近距离旅游。直到有一天，与大儿子同在一个棒球队的一个孩子的家长听到了我的旅游计划后，非常吃惊地说：“要期中考试了，你们还有时间玩啊？”我才知道，原来棒球队停止练习是为了学校的期中考试！

大儿子上学已是第七个年头了，我还是第一次听到“考试”二字。从那个家长的口气中似乎还听出了考试的重要性！后来，我才慢慢地知道，义务教育阶段虽然没有留级，但是初中的考试成绩非常重要，直接影响到学生升高中。

（1）定期考试分数

定期考试，为期中考试、期末考试和学年末考试的总称，因为定期举行而得名，这种考试在高中阶段也是一样的。考试成绩分数一般是这种定期考试成绩的综合，一般是将各次考试成绩按一定的比例相加，很少取平均值。

每一次的考试不排名、不公布名次，但是每一次考试后都有全年级的分数分布图发给每一个学生。学生可以在图中找到自己所在的分数段，推算出自己的名次。

下图为初中一年级T同学第三学期的定期考试成绩单的一部分。

平成２４年度

定期テストの結果

中学校

7年 3学期 期末考査

試験実施教科 9 教科

7年 1組 9番

	国語	数学	外国語	3科計	社会	理科	5科計	音楽	美術	保健体育	技術家庭	合計
得点	92	95	93	280	95	82	457	81	75	84	82	779
平均点	59.8	62.6	68.0	190.4	63.7	56.3	310.5	69.2	65.8	67.5	61.8	574.9

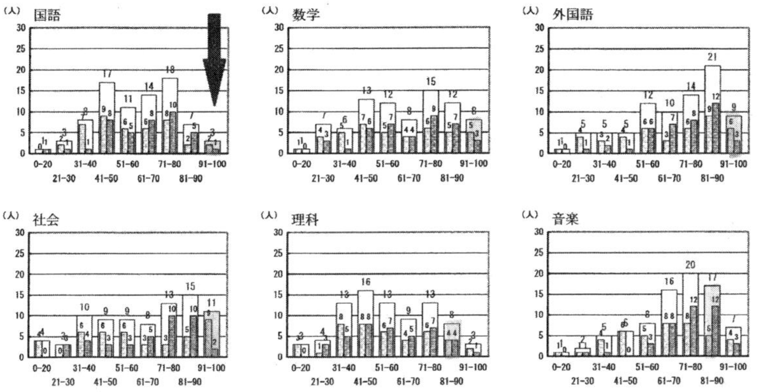

简单说明一下。

考试科目共九门。成绩单上方的表格，为该学生九门课的考试成绩（“得点”一行），以及九门课的全年级平均分数（“平均点”一行）。九门课满分应为900分，T同学九门课总分为779分（最右侧“合计”一列）。下方图表为每门课的全年级分数分布图，横坐标以十分为一个单位，纵坐标以每五人为一个单位。比如，从上方个人成绩表格中可以找到，T同学的国语分数是92分。从下方全年级国语成绩分布图中可以看出，90～100分数段中有三个人，图表中黑色箭头所指处。那么，T同学就可以推测出自己的国语成绩在全年级的前三名。

考试成绩虽然不公布，但是学生拿到这张定期考试成绩单不仅知道自己的分数，还能知道自己的名次。只要打听一下，也可以知道周围同学成绩所处的位置。

这是考试的成绩分数，绝对的数值，这个数字考核成绩在日本叫作“绝对评价（考核）”，存在于少数以学习成绩论优劣，以分数论质量的学校。大多数学校的成绩考核是采用“相对评价（考核）”，最终换算成5分（或10分）评价进行考核。

（2）相对评价

用相对评价的方法考核学习成绩，各学校之间大同小异，有满分5分的5分评价，也有满分10分的10分评价。相对评价是一个中国国内没有的成绩考核概念，这里我拿出一张成绩单来具体说明这个概念。

7年 1組

学習の記録

教科	必修教科						
	観点	1学期		2学期		学年末	
国語	国語への関心・意欲・態度	A	5	A	4	A	5
	話す・聞く能力	A		A		A	
	書く能力	A		A		A	
	読む能力	A		A		A	
	言語についての知識・理解・技能	A		A		A	
社会	社会的事象への関心・意欲・態度	A	5	A	5	A	5
	社会的な思考・判断・表現	A		A		A	
	資料活用の技能	A		B		A	
	社会的事象についての知識・理解	A		A		A	
数学	数学への関心・意欲・態度	A	5	A	5	A	5
	数学的な見方や考え方	A		A		A	
	数学的な技能	A		A		A	
	数量や図形などについての知識・理解	A		A		A	

右图是小儿子初一拿回来的家长通知书中成绩单的一部分，有三门课：国语、社会和数学。请看国语课，国语有五个方面的考核内容（见表中“观点”一列）：从上往下依次为学习态度、听说能力、书写能力、阅读能力和理解能力。学生这五方面的考核成绩从高到低用ABCDE表示，老师综合这五个考核成绩再给出5分满分的（相对）评价。这个5分评价是学生国语的最终成绩。

小儿子的成绩单上三个学期的国语5分评价分别是5、4、5分，再看小儿子国语的五个考核成绩，三个学期都是A（5×3 = 15，共15个A）。读者您看出矛盾的地方了吗？第一学期和学年末，相对评价都是5，这个可以理解，可是第二个学期的相对评价却是4（图中箭头所指处）。同样都是A，怎么相对评价会有5分和4分的不同？这就不好理解了。

我拿着这张成绩单询问前来家访的班主任老师。经老师解释，我明白了学校的5分评价也是相对评价：老师做了“相对比较”的处理，也就是把个人成绩在全年级成绩中进行相对比较处理后做出评价。真是不可思议。老师是如何做相对比较处理的呢？请继续往下看。

关于相对评价的概念，我通过长期接触“偏差值”的概念已经有所了解。没想到5分评价也采用相对评价。相对评价的概念，还会在后面的“偏差值”概念中再次提到。“偏差值”更是一个相对评价考试成绩、相对评价学习质量的重要概念，将在私塾和高考的章节中详细介绍。

（3）相对评价的理论基础

从统计学的角度来看，学生的考试成绩若呈现正态分布，是一个最理想的状态。多数学生的学习成绩处于中间部分，高分和低分成绩的学生都是少数，这就说明教师的讲解得当，收效正常。

本来，一个群体呈何种分布状态是一个自然现象，可是这里的群体（学生）成绩呈现正态分布是人为处理和控制的。

为什么放着简单的绝对成绩评价不用，而做这样繁琐的相对评价呢？那是因为相对评价具有一个绝对评价力所不及的功能：它能在多个群体之间进行相互比较。一次的考试成绩可以在班级之间、学校之间进行群体之间的相互比较，不同试卷的A考试和B考试之间可以进行考试质量的相互比较。使用相对评价的概念，可以把所有学校之间的考试成绩、学习水平、教学质量等进行相互对比、相互评价，甚至可以推广到全国学校之间的质量评价。

❶ 理论基础。这个理论的基础就是想办法让一个群体的考试成绩呈正态分布，所有的人为操作都以此为最终目的。

假设全体参加考试者的成绩遵照正态分布，那么这个群体的分数应该遵循下面的分布规律。请看下页，5分制和10分制的正态分布图，这里只看5分制一行的数字。

得5分者，应占7%，

得4分者，应占24%，

得3分者，应占38%，

得2分者，应占24%，

得1分者，应占7%。

有了这样的分布规律，实际操作就是可能的。按这个假设的相反方向操作：让这个群体的考试分数按这样的比例分布，就能得到正态分布的群体！

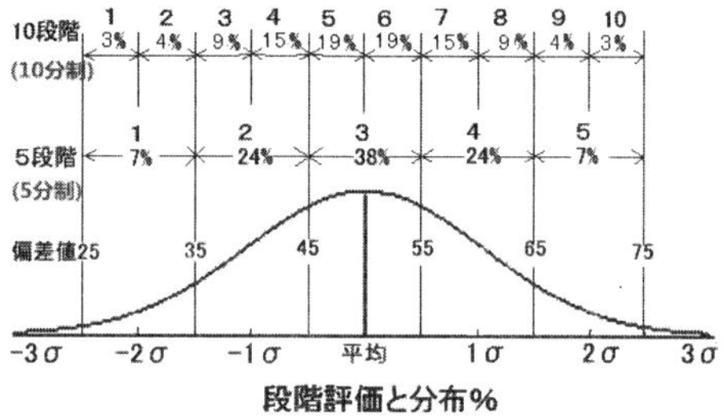

▲ 5分制和10分制的正态分布图

具体操作就是，把考试中得5分的学生数控制在7%、得4分的学生数控制在24%、得3分的学生数控制在38%，依次控制2分和1分的学生数比例。

❷ 举例说明这个人为操作。有个满分100分的考试，T同学得了90分。这个90分，用5分制做相对评价，能否得5分要看这个群体其他学生的成绩。T同学所在的年级共有200名学生参加考试，其中有15名学生成绩高于90分，排在T之前，T为第16名。

按正态分布规律，得5分的应该有7%。那么200名考生中应该有14名（7%×200）得5分。也就是说，为了保证这个群体的正态分布，只能给前14名学生5分。那么，第14名后面的一名和90分的T就得不到5分，只能被划在4分的学生中。

按此思路进行操作，一个5分相对评价的成绩就得到了，一个呈正态分布的群体成绩也得到了。

这样我们就明白了为什么同样是高分（绝对成绩），却得不到高评价（相对评价）了，那是因为这场考试得高分的学生太多了。这就是我小儿子第二个学期拿了五个A却得不到5分评价的原因。

其实，相对评价的道理并不难理解，一场试卷难的考试肯定高分少，相反题目容易的考试肯定高分多。当你拿到了一个100分的考试成绩，肯定要问班上有几个人得100分啊、不及格的有多少人啊。“只有你一个人得100分”和“得100

分的有5个人呢”的不同的周围环境，值得你高兴的肯定是前者吧。其实，我们也已经在用相对评价的概念了，只是我们没有定义这个名词罢了。

2. 平常表现分数

平常表现分数指考试外的分数，是包含上课态度、上交作业、小测验分数等平时表现的综合分数，虽然被量化，但不免有老师的主观成分在其中。

（1）上课态度

上课态度的好坏，不仅仅指是否静静地认真听课，还有对上课内容的“关心”程度，对本学科是否“感兴趣”，对本学科学习的“欲望”等。换言之，课堂中的自我表现非常重要。具体有下面三个评价指标：

❶ 上课时是否积极举手发言。

❷ 定期考试以及小测验后，是否将考试中的错误订正到本子上，并上交老师检查。

❸ 自由课题（可做可不做的课题）是否积极地去完成。

初中的老师非常重视考试之外的这些平常分。我曾听到老师这样鼓励学生上课举手发言：“对于老师的提问，不管会不会先把手举起来。举起来的手不会被猫吃掉的！”给老师留个经常举手的印象，是一件非常重要的事情。

（2）上交作业

日文叫作“提出物”，是指平时的作业、实习报告、需要家长签字的通知等。凡是老师指定在某月某日必须上交的内容都可以算作“提出物”。是否按时上交这个“提出物”、是否在规定的期限内上交，都是内审点评定的内容。小测验得分、单元小测验得分也在平常表现分数之中。

平常表现分数强调的是平时的学习态度和努力去做事情的态度。

（二）内审点左右升高中考试

内审点在升高中考试、升大学考试中的作用很大，这里只想说明升高中考试的情况。升高中考试时，申请考试的学校肯定需要考生提供一份调查书。调查书是考生所在学校开出的相当于学生档案的材料。调查书被装在专用的信封中，信封口盖上图章（称“封口章”，防止考生私自拆开），和其他申请材料一起上交报考学校。调查书中一个最重要的内容就是内审点。

绝大多数的国公立（国立和公立）高中的升学考试由两个部分组成，升学考试的笔试分数和初中三年的内审点，将两部分分数按一定的比例相加，以相加后的综合分数作最终考试成绩。两部分分数按什么样的比例相加，各个学校的标准不同。

1. 内审点左右高中入学考试

举例说明学校的内审点是如何左右升学考试笔试分数的。

某公立高中是一个重视笔试成绩的高中，也就是说，升学考试的笔试分数占的比重大。内审点不同，合格的笔试成绩就不同。

（1）该校升学考试综合分数的计算方法（由校方决定）如下：

❶ 综合分数计算式：

综合分数＝内审点 × 2＋笔试分数（20点 × 5门课）×1.5

内审点：初中成绩5分制评价。共九门课，每门课满分5分。

九门课满分为：5×9＝45分。

笔试分数：升学考试共五门课，每门课满分20分。

五门课满分为：20×5＝100分。

❷ 按照综合分数计算式，该学校升学考试综合分数的满分如下：

综合分数＝45×2＋(20×5)×1.5＝245分

也就是说245分为该学校升学考试的满分成绩。

说明：以上的考试科目，满分成绩均由该学校制定。

（2）推测该学校某年度的合格分数线为217.5分（指综合分数）

该合格分数线为各大型私塾根据该学校历年的升学考试情况，即报名考生人数、合格入学人数等，通过收集数据、分析数据、整理推测而得。不是真正的合格分数线。

推测合格分数线的思路和大学考试“报名最低分数线”相同，详细内容将在

“高考”一章中介绍。

（3）依据推测合格分数线217.5分，可得出下面几种笔试成绩合格情况

❶ 一个内审点为45分的学生，笔试成绩至少要考多少分才能合格？

按该学校综合分数计算式可以算出，笔试成绩（B）为85分以上，可以合格。

计算式：$217.5 = 45 \times 2 + B \times 1.5$

↓

$B = 85$

这种情况的结论是，一个内审点为45分的考生，也就是说初中九门课考试均得5分的考生，参加该学校入学考试，五门考试课总分得85分以上就可以合格。

❷ 以此思路依次计算，一个内审点43分的学生，笔试成绩（B）为88分以上，可以合格。

计算式：$217.5 = 43 \times 2 + B \times 1.5$

↓

$B = 88$

❸ 一个内审点37分的学生，笔试成绩（B）必须得96分才能合格。

计算式：$217.5 = 37 \times 2 + B \times 1.5$

↓

$B = 96$

从上面的三个计算结果可以看出，随着内审点的降低，笔试成绩必须增加才能合格。也就是说在学校的内审点低，笔试需要考高分才能合格。平时在学校得一个高分的内审点，笔试成绩低一些也有合格的可能性。

按照这个思路，读者肯定要问：如果内审点一直低下去的话会是怎样一种情况？

看看内审点34分的情况。按计算式，$[217.5 - (34 \times 2)]/1.5$，$B = 100$。笔试成绩（B）高过满分100是不可能的。这就是私塾老师指导考生选择报考学校的理论基础、基本思路。

对于学校内审点低于34分的学生，私塾老师就会建议一定不要报考这所高中了。在这里的升学考试指导中，任何一步都是有理论基础的。

一般在报名考学之前，学生就能知道自己的内审点分数。内审点不是一个临阵磨枪能够改变的分数，但是升学考试的笔试成绩可以通过考试前的短期努力而提高。考生在选择报考学校时，要么努力学习提高笔试成绩，报考好一些的学校，要么干脆选择适合自己笔试成绩的学校报考。这也是选择报考学校的依据。

（4）内审点越高笔试就越轻松

按照上面例子的分析不难看出，内审点对国公立高中升学考试的影响是直接的。

上面的例子来自一个重视升学笔试成绩的高中。这一点可以从该校的综合分数计算公式中看出，内审点的比例是“×2”，只是两倍。某些国立高中、私立高中内审点的比例会高到“×4.5”，即4.5倍。也就是说，在学校多争1分的内审点就相当于综合分数提高了4.5分！这个数字所占的比重太大了，以提高笔试成绩来竞争这一类学校的话，肯定是胜少败多。学校内审点不高的学生，只能放弃向这种学校挑战。

因此，孩子在初中不仅要考出好成绩，还要注重平常表现分数、积极参加学生会等活动。得到一个较高的内审点，就可以减轻入学笔试的压力。

这样的升学考试方法，普遍存在于国立和公立高中，适合那些平时严以律己，踏踏实实地学习，积极参加学校活动的学生。

2. 笔试成绩决定高中入学考试

那么，内审点不高的学生就没有学上了吗？

不是的。名门私立高中和国立高中的部分学校，以及一部分公立高中，入学考试只有笔试，即升学笔试一纸定输赢。

这样的升学方式与初中阶段的内审点基本没有关系。适合那些智商较高，不够重视平时表现，对学习以外的学生会等活动不感兴趣，不积极参加学校活动，却能在需要的时候考出高分的学生。

3. 私立高中的推荐入学考试

某些私立高中，尤其是名门私立高中的推荐入学考试，仅以考生的调查书和面试结果为合格与否的判定标准，没有升学笔试。

这样的考试方式内审点更加重要，但一般招生人数极少。

插几句

日本的升学考试种类繁多、完全不同，可谓条条大路通罗马。作为家长要代替孩子多了解各个学校的考试行情，同时还要了解自己孩子的学习情况。选择适合自己孩子的升学之路，为自己的孩子选择适合他的最好的学校，也是一门很深的学问。

五、学生制服

初中，无论国立、公立，还是私立，在校学生必须穿校服，即学生制服。

校服有利于他人识别学生所属学校，也有利于校方管理学生，还是学生选择私立学校的原因之一。

校服不仅是指上衣和裤子，衬衣、领带、袜子和鞋子也包含在内。各校对校服都有严格的规定，校服之外的衣物一律不允许穿戴上学。

校服大致有这些种类。

（一）男子校服

1. 立领校服

为男子校服最常见的一种。日本有七成初中、两成高中采用这种校服（见下页插图）。

(1) 式样

▲ 立领校服

立领校服类似中国的中山装，胸前五个扣子，袖口两个扣子，衣里有口袋，可绣上学生的名字。立领，领子前方有钩子或扣子固定。图针式校徽和年级徽（辨别年级的徽章）可以分别别在左右领子上。

多数名门私立学校采用立领校服。立领让穿戴的人不容易低头，所以日本社会上有这样的说法：名门学校的学生永远不会低下头。

(2) 颜色

多为黑色或深蓝色，也有青色、灰色、绿色和黑色条纹。

(3) 材料

以毛料、聚酯纤维或混纺为主流，夏季裤子多为平织布。校服内一般配穿白色衬衣。

▲ 西服校服

2. 西服校服

为一般的西服样式，内配白衬衣，需要佩戴领带。（见右图）

3. 其他

其他还有夹克式等。

（二）女子校服

女生的校服与男生的相比，比较注重设计、颜色、材料等，种类丰富。女子校服也是考生选择学校的重要因素。女生更加喜欢时装，所以校方对女子校服更加重视。

女子校服多为裙子式，但是考虑到防寒，有一成的学校也选用西服裤。

1. 西服校服

为女子校服的主流式样。上身西服，下身裙子，佩戴领带或蝴蝶结。（见右图）

西服装式样，样式之多举不胜举。

▲　西服校服

2.Sailor 服（水手服）

Sailor 是英文，意思是"水手"，Sailor 服类似水手服，以大翻领为特征（见左图）。在日本漫画中这种服装是纯洁少女的象征。为传统的女子校服，非常常见，种类繁多。

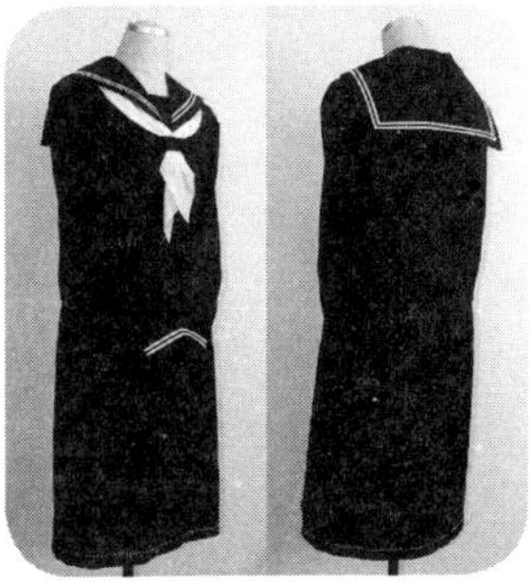

▲　Sailor 服

3. 吊带裙子

为有吊带的裙子，配白衬衣，见右图。

4. 其他

还有连衣裙（见右图）等。

▲　吊带裙

▲　连衣裙

▲　毛衣校服

（三）冬季和夏季校服

学生校服有冬装和夏装之分。11月1日统一更换冬装，6月1日统一更换夏装。

冬季还有毛衣校服，这是一种套在衬衣外面的毛衣，也可视为校服的一种。

男式女式都有，长袖短袖都有。左图

为男女两种式样。

一般学校都有指定制作校服的服装店。配齐一套制服，不是一笔小的费用。所以各个学校的 PTA 会在毕业季节回收毕业学生的旧校服，并在家长活动中贩卖，收入作为 PTA 活动费用。

（四）校帽

为在校生佩戴的帽子，通常指男生使用的帽子。有圆形、角形和装饰型。多数学校佩戴自由。

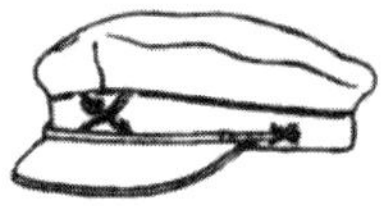

▲ 校帽

（五）有关学生制服的规定

日本的学校对学生上学的服装有着严格的规定。详见下面“学校生活规定”一节。

六、学校生活规定

学生人手一份学生手册，这相当于学生守则。守则对校规校纪规定得非常详细，学生有章可循，学校按章惩罚，非常方便和实用。转录其中的“学校生活规定”如下：

（一）关于服装

这里以东京都公立大崎中学“学校生活规定”中关于学生制服的规定为例说明一下，下页插图为规定的一部分，现翻译如下：

服装是人心灵的表现，平时要正确地穿着服装，作为大崎中学的学生不要有失礼的行为。

请穿着学校规定的标准服装，在规定的位置别上校徽（请参照图示）。

1. 冬装

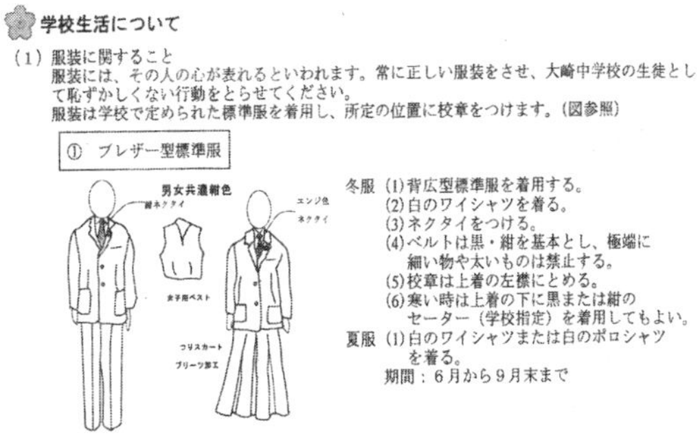
学校生活について

（1）服装に関すること

服装には、その人の心が表れるといわれます。常に正しい服装をさせ、大崎中学校の生徒として恥ずかしくない行動をとらせてください。

服装は学校で定められた標準服を着用し、所定の位置に校章をつけます。（図参照）

① ブレザー型標準服

冬服 (1)背広型標準服を着用する。
(2)白のワイシャツを着る。
(3)ネクタイをつける。
(4)ベルトは黒・紺を基本とし、極端に細い物や太いものは禁止する。
(5)校章は上着の左襟にとめる。
(6)寒い時は上着の下に黒または紺のセーター（学校指定）を着用してもよい。

夏服 (1)白のワイシャツまたは白のポロシャツを着る。
期間：6月から9月末まで

❶ 西装型标准服装，男女均为藏青色。

❷ 白色衬衫。

❸ 男生为深蓝色领带，女生为暗红色领带。

❹ 腰带为黑色或深蓝色，禁止极细或极宽的腰带。

❺ 校徽戴在上衣的左侧。

❻ 寒冷季节外套的里面可以穿学校指定的深蓝毛线背心。

2. 夏装

白色的衬衫或是 Polo 衫。 穿着时间为6月至9月末。

对其他服装校方也有规定，简略介绍如下：

体育服（校外学习可使用），学校指定的上下球衣，T 汗衫和半短裤，必须有名字。

3. 鞋子

❶ 室内鞋：边缘有松紧带，初一为黄色，初二为绿色，初三为米色。

❷ 体育馆用鞋：为学校指定的鞋子（白底有红线，带鞋带）。

❸ 上学时穿的鞋：以白色、深蓝色、黑色为底色的运动鞋为佳，鞋带和鞋子同色。

4. 书包

上学的书包应为学校指定的。需配有装体育服等的包（副书包），以黑色和深蓝色为基调。

（二）关于头发和身边用物

❶ 男女生均不许使用护发和美发材料。

❷ 男生头发长度两侧不过耳朵、刘海不遮眼睛，后面头发不过衣领。

❸ 女生头发的长度以不过肩膀为限度。若头发过肩膀，必须用不起眼的橡皮圈梳拢（金属的发卡太危险，最好不要使用）。

❹ 禁止染发、烫发。禁止使用假发套。

❺ 不允许使用发带或发卡等头发装饰物。

❻ 校服衬衣里面不允许穿有颜色或是有图案的内衣。

❼ 袜子为白色。不许有颜色，不许有图案，不许穿短袜。

（三）关于学校生活

❶ 禁止带食品。

❷ 进入校园后原则上禁止出校门。外出需要得到班主任教师、保健教师（生病时）的批准。必须填写“外出申请表”交与相关教师，得到批准签字后才能离开学校。

❸ 迟到、早退和缺席。迟到和缺席，必须在早上8:00~8:10，由家长打电话与学校联系。早退，必须得到指导教师和保健教师的批准。

❹ 禁止骑自行车上学。

（四）关于上学携带物品

（1）禁止携带贵重物品上学。如果发现，将被教员没收。

（2）不许相互借用金钱和学习用品。

（3）禁止携带与学习没有关系的物品上学。如漫画、杂志、游戏物品、手机、录像器械等。

（五）课程表

下面是一张初中学校一天的上课时间表：

<table>
<tr><th></th><th>星期一</th><th>星期二</th><th>星期三</th><th>星期四</th><th>星期五</th></tr>
<tr><td>读书</td><td colspan="5">8:20 ~ 8:25</td></tr>
<tr><td>早活动</td><td colspan="5">8:25 ~ 8:35</td></tr>
<tr><td>1</td><td colspan="5">8:40 ~ 9:30</td></tr>
<tr><td>2</td><td colspan="5">9:40 ~ 10:30</td></tr>
<tr><td>3</td><td colspan="5">10:40 ~ 11:30</td></tr>
<tr><td>4</td><td colspan="5">11:40 ~ 12:30</td></tr>
<tr><td>中午餐</td><td colspan="5">12:30 ~ 13:00</td></tr>
<tr><td>午休</td><td colspan="5">13:00 ~ 13:20</td></tr>
<tr><td>预备铃</td><td colspan="5">13:20</td></tr>
<tr><td>5</td><td colspan="5">13:25 ~ 14:15</td></tr>
<tr><td>6</td><td colspan="2">14:25 ~ 15:15</td><td></td><td colspan="2">14:25 ~ 15:15</td></tr>
<tr><td>学生会活动 /
打扫卫生</td><td colspan="2">15:15 ~ 15:40</td><td>14:15 ~ 14:40</td><td colspan="2">15:15 ~ 15:40</td></tr>
<tr><td>学生放学</td><td colspan="2">15:45</td><td>14:45</td><td colspan="2"></td></tr>
<tr><td>俱乐部活动</td><td colspan="2">15:45 ~ 18:30</td><td>16:00 ~ 18:30</td><td colspan="2">15:45 ~ 18:30</td></tr>
</table>

仔细看看不难找出下面的特点：

❶ 晨读。这是日本学校的统一课程。每天正式上课前自由读书五分钟。

❷ 放学时间早。具体说是教学结束得早，下午三点多就没有课了。初中如此，高中学校也是如此，下午四点前基本上就没有老师上课了。课后是学生的俱乐部训练活动时间，这个时间将近三个小时，而且是每天都有。可见俱乐部活动在学校占的比例很大。

这些学校规定繁琐、细微，看似苛刻，但正是得益于这些规定，学校生活才能有条不紊地运转。

七、特别支援教育

日本的义务教育学校也是那些肢体不自由，有发育障碍、学习障碍的孩子学习的地方。义务教育学校，有义务支援和帮助这样的孩子接受教育。日语称这样的教育为“特别支援教育”。进行特别支援教育的教室叫作“特别支援教室”。

我小儿子所在的公立初中，特别支援教室有个漂亮的名字——“柏树教室”。柏树是该学校的校树，不仅种在学校的校园中，也写在学校的校歌中。

据小儿子描述，柏树教室学生的校服和正常学生的不一样。他们上学晚，放学早，和正常的孩子基本没有什么接触。小儿子俱乐部的顾问老师，兼任柏树教室的老师。顾问老师是体育学院毕业的，在该初中学校只担任俱乐部的顾问老师，没有正式的教学任务，故而兼任特别支援教室的老师。

我的孩子在日本只经历过三年的公立学校教育，这里叙述的也是我们的体验和经历，基本不涉及私立初中的教育情况。

第五章
非义务的高中

高中，日文称之为“高等学校”，学制三年，属于非义务教育阶段。

日文的高等学校是英文“High School”的直译，我们千万不能顾名思义地把高等学校理解为中国施行高等教育的大学。

2010年2月，我大儿子参加了日本国内的中考，4月从海外日本人学校升学至日本国内的高中，在日本国内上了三年私立高中。适应了日本教育的大儿子一定要这样做，家长没有办法阻挠，只能跟随，还得支持。因为大儿子的考学，已经回中国生活了七年的我又一次来到了日本。

插几句

步入了这样的生活圈子才发现，像我这样的留日中国家庭并不少见。早年留学出国的父母辈在国外奋斗出了模样，但由于思乡恋故土等原因又回到了祖国，可是他们的下一代，因适应了出生国家的环境，或是单独，或是与割舍不下子女情的父母一同留在了异国他乡。中国特殊时代留下的特有的社会现象，两代人的矛盾与困惑不在本书的讨论之中。

日本高中的教育方针有两个，简而言之就是毕业后考大学和找工作。从下面的高中学生分布调查结果可以看出，以考大学为目的的普通科学生占72.3%，还有约28%的高中生选择了毕业后找工作。

日本教育部“平成二十二年度(2010年)学校调查”表明，高中学生的分布如下：

普通科	72.3%
职业学科（职业高中）	19.5%
其他专科学科	3.1%
综合学科	5.1%

一、高中教育的两个目标

日本的高中教育不是义务教育，可上可不上。但在就职找工作越来越难的时代，上高中继续接受教育已是日本孩子为人生铺路的一个重要台阶。

❶ 日本高中的升学率为97%。

❷ 学校教育法规定上高中的最小年龄为15岁，但没有最大年龄限制。也就是说，15岁以上的任何人都可以上高中。

2000年日本的国势调查统计结果表示，日本高中在校生的年龄为15至18岁。日本公立高中设有夜校班，接收成年人，让他们接受高中教育。

日本高中教育的两个目标是普通教育和职业教育。前者是进一步接受基础教育，目的是考大学；后者是接受某个专科领域的职业教育，毕业后就职找工作。

（一）普通教育

普通教育是英文“Universal Education”的直译，是一般的、基础的、非职业的、非专科的、具有普遍性的理论教育。

普通教育没有知识领域的分类，有人文科学、社会科学、自然科学等基础综合科学和应用科学教育。

普通教育的目的就是一个，考大学。普通教育有以下教学课程：国语（语文)、地理历史、公民、数学、理科、保健体育、艺术、外语、家庭、情报及宗教。

（二）专科教育

专科教育，日语称为“专门教育”，是对某个知识领域的深入、深化教育，目的是让学生毕业后能迅速就职。相当于中国的职业高中，因工作种类不同学校的种类不同。

专科教育的教学课程有很多：农业、工业、商业、水产、家庭、护理、情报、福利、理数、体育、音乐、美术、英语、法语、德语、汉语、韩语、职业、商船、宗教等。

二、高中的考试

我大儿子上的是普通教育的高中，文中涉及的内容均为普通教育。

（一）定期考试

定期考试是指期中或期末定期举行的大型考试，是学校为了评价各门课程的教学和学习情况而举行的考试。这种考试和初中的一样。

一个学期中有期中和期末两次定期考试，一个学年有三个学期，一个学年最多六次定期考试。这只是一个理论上的数字，最终能否举行这么多次的定期考试，学校各有政策。考试时间大多为两至三天，一天考两到三门，考试期间放学比平时早。一般从考试前一个星期开始，俱乐部活动等与考试无关的活动都会停止，以便学生多一些复习备考的时间。

定期考试的内容多为本学期学过的内容，学生可以有目的、有范围地进行考前复习，换句话说，只要考前认真复习就能得到好的成绩。

（二）实力考试

实力考试是检测平时学习能力、学习水平的考试。与定期考试不同，考试内容涉及以前学过的所有内容，有本学年学过的内容，也有上一个学年学过的内容。考试没有范围，不可能有目的地复习。所以，在这种考试前多数学生不去学习反而选择放松。考试的结果能够真正地反映一个学生平时的学习能力和掌握的知识数量。这种考试成绩与学生的学习评价无关，不会被记入内审点。

（三）模拟考试

模拟考试，因模拟某大学的入学考试而得名，模拟的目的不同考试名称也就不同。比如考试的目的是为了报考东京大学，考试的形式和内容就尽量模拟东京大学的入学考试，同时也称为“东大模拟考试”。依此类推。

某种意义上说，模拟考试属于实力考试。

普通教育高中的考试明显增多。当然考试成绩还是不公布的，学生们只能从自己的考试成绩单知道自己的名次。如果愿意，打听一下也可以知道其他同学的成绩和名次。

我大儿子读的高中不是附属学校，没有直升的大学。升大学需要参加高考，所以，学生们争夺好成绩的渴望和努力一点儿也不亚于中国的学生。习惯了没有考试的小学和有考试但无奖罚的初中教育的大儿子，在高一的第一场考试中就尝到了考场似战场的滋味。学生的考试成绩不仅排名次，还会公开前一百名的学生名单。前一百名和倒数一百名，前十名和倒数十名，第一名和倒数第一名都被学生们私下冠以专有名词，戴上有名称的“帽子”。不及格的成绩也被学生们按分数多少涂上了不同的颜色，如红色不及格、黄色不及格。如果60分为及格线的话，红色不及格就是50分线，黄色不及格是40分线等。这样的现象完全是重视学习、重视成绩的产物。

以成绩为重的学生们不仅关心自己的分数，也想知道周围同学的成绩。这在中国是很普遍的现象，但是在日本只有极少数的“进学校”(以升学为目的的学校)才有这样的情况。

已经15岁的大儿子初次体验考考考、分分分的学习环境，激动、兴奋、刺激的心情可以想象，平时言语不多的他回家后破天荒地给我们讲学校的事情、考试的故事。儿子就学的初中一同考进这个高中的共有两个学生。第一次拿到成绩通知单后，那个老同学立即跑到儿子的教室找到儿子。他二话不说，直接拿起儿子的成绩单，确认了儿子的成绩后，立即把成绩单放入口中，用牙狠狠地咬住，愤愤地说："初中的时候我的成绩可是比你好！把你这次多出的分数还给我！"初次面对以成绩论好坏的学习环境，那个孩子对分数比儿子更敏感。儿子回家后自豪地抖动着那张还留着那个孩子牙印的成绩单兴奋地讲着自己的"遭遇"！

这才是我习惯了的中国的学校气味，看惯了的同学友情。儿子读了十年的书，终于让我看到了自己经历过的学校的影子。

三、高中毕业同等程度认定考试

这个考试由日本教育部举行，试题同样从高中教育内容中选取。考试合格者同样可以得到高中毕业证书，持此毕业证同样可以报考大学或应聘工作。

任何一位超过16岁没有上过高中的人都有资格报名考试。

此外，需要高中毕业学历者还可以通过夜校高中、通信教育等方式获得毕业证书。

四、高中学校的种类

日本初中和高中学校的种类大同小异，一并在这里介绍。

（一）按建校单位的性质分

按所属性质分国立、公立和私立三种。

1. 国立学校

国立学校，顾名思义是由国家设立的学校，多为国立大学的附属学校。

国立学校的数量不多，但各个教育阶段都有。

国立学校一般在报名考试时要经过一次考生档案材料筛选，可以说是筛选考试资格。对考生上交的申请考试材料，重点是对调查书进行筛选，挑出符合笔试条件的考生再进行真正的入学考试。在国立小学阶段，入学考试（笔试）合格的考生还要再进行一次入学资格的抽签筛选，完全是随机的抽签筛选，抽中者才能入学。这种不以学习能力竞争的考试制度，让我放弃了让大儿子挑战国立小学的机会。

任何阶段的国立学校都是实施教育改革的实习基地，都必须无条件地接受教育部的学生前来实习，无条件地接受新编教材的试验教学。所以国立学校入学的一个大前提就是家长必须热爱和关心教育，理解和无条件地支持教学改革。因为有辅助教育的任务，不仅实习学生的教学次数增多，且并不是总能给予高质量的教学。

国立学校有这样的特点：

❶ 国立大学的附属初中、高中以及中等教育学校，与公立学校实行同样的教育制度。除此之外，还有接收教育部的学生实习、尝试实施新的教育法的使命。

❷ 国立初中学校有入学考试，合格者才能入学。这一点与公立初中学校有别。

❸ 国立学校由国立大学法人运营。国立大学附属初中和高中具有可以自夸的、较高的教育水平。入学考试的难度高，考试内容与有名的私立学校一样，具有培养精英的教育环境和氛围。

❹ 多数国立初中学生毕业时不一定必须升入附属高中，可自由地考入其他升学率更好的高中。

❺ 国立初中学校对上学区域有明确的规定。安定的教育环境，便宜的学费，是非常有魅力的地方。

2. 公立学校

公立学校的建校单位为地方公共团体。东京都建立的学校为都立，北海道建立的学校为道立，某某县建立的学校为县立，依次类推有市立、町立或村立学校。

几乎所有的公立初中学校都没有入学考试，适龄儿童按家庭住址分片，就近到指定的公立初中上学。

公立初中的特征是不因人而异，提供广泛平等的教育。

公立高中虽然有升高中考试，但是入学考试重视调查书（内审点分数），因此，学生平时在学校的表现很重要。

3. 私立学校

广义上讲，国立学校和公立学校以外的教育机构都是私立学校。

（1）私立学校的特点

❶ 私立学校有明确、独特的校风，多数私立学校有100年之久的历史，有较高的升学率。

❷ 私立学校有独立的教育理念和教育方针、独立的教学教材和教学计划，提供只有本学校才具有的教育环境。

❸ 学校收取了学生高昂的学费就必须保证教学设施的充实、教师教学的质量。学校的活动内容、教学内容都应丰富多彩。

❹ 招收教师，各私立学校有各自的招聘制度。

私立初中在日本有700多所，大都集中在经济发达的首都圈和近畿圈。

（2）私立学校的等级

一等学校：是最难考的学校，日语称之为“最难关”私立学校。全国这样的学校屈指可数。

二等学校：专指有名的私立早稻田大学和庆应大学的附属学校，简称为“早庆”私立学校。

小贴士

首都圈：

是指关东地方一都六县：东京都、神奈川县、千叶县、琦玉县、茨城县、枥木县和群马县。

近畿圈：

是本州中西部两府五县：京都府、大阪府、兵库县、滋贺县、奈良县、歌山县和三重县。

三等学校：日语称之为“MARCH”，是五所有名私立大学的附属学校，取校名的第一个字母组合而成。

M：明治大学，A：青山大学，R：立教大学，C：中央大学，H：法政大学。

（二）按性别分

按男女性别分还有男子校、女子校、共学校（男女同校）等。按性别分的学校没有异性的界线，男生或女生都可以无拘无束地积极挖掘和发挥各自性别的特性和特长。学校可以按性别编制适合的教材，实施适合各性别生长发育的教学计划。

首都圈内男子学校有56所，女子学校129所，共学校100所。

公立高中学校基本上都是共学校，私立高中学校以男子校和女子校比较常见。考生可按照自己的性格和目标，自由地选择志愿学校。

有位日本朋友的女儿，考入了一所有名的女子私立高中。据朋友的消息，那所女子学校早读书（晨读）的五分钟，不是读书而是练习缝纫技术。新生入学缝纫技术的目标是在一个单位时间内能够笔直地缝一定数量的针脚。可惜我想不起那个单位时间和针脚的数量了。

这样一点一点地从小事做起，注重磨炼女性特性，培养女性美德的女子学校，为日本社会所认可。从女子学校毕业的学生，在应职中非常有利。因为女子学校是培养女性传统美德，提高女性优良素质的摇篮。许多大型企业愿意招进这样的女毕业生还有另一种目的，就是为企业内部的精英男士招进妻子后备军，让精英男士能够安家安心，更努力

小贴士

早读书：

日本的学校大多有早读书的课程安排。早上学生到学校后有五分钟的集体读书时间。类似早自习一样，学生看自己喜欢的书。“多选择的初中”一章的课程表中可以看到那个学校的具体早读书时间是8:20～8:25。

地为企业效劳。

（三）按升学去向分

考高中时，事先考虑将来高中毕业后走什么样的路，也是一个很重要的选择条件。是参加大学入学考试，还是学习一门专业知识、专门技术毕业后就业？

按学生毕业后的升学去向，高中学校又可分为“进学校”和专门高校。

1.“进学校”

“进学校”没有直接可以升学的上一级学校，毕业生必须去其他的学校。比如，毕业生没有可以直接升入同系列大学的高中，称“进学高中”。

2. 一贯制教育学校

指各阶段的教育可连续实施的学校，即幼儿园、小学，一直到大学连续教育或其中的几个阶段连续教育的学校。学生不用参加升学考试直接升学，俗称“传送带式”“电梯式”学校。初中和高中六年一贯制教育的学校比较多见，少数有幼儿园、小学、初中、高中、大学一贯制教育的学校，这种情况多见于有名的私立大学。

一贯制教育的升学方式也有不同，有在校学生全体可以升学的学校，也有允许在校生考入外部学校的学校，还有虽然是附属学校却需要推荐才能升学的学校。学校不同升学方针也不同，学生在择校时一定要事先确认。

这样的学校赞助金比较可观，尤其是附属幼儿园，入学主要是看家长的赞助金。入学面试时老师对带着孩子前来面试的父母会提出这样的问题：“你们能出多少赞助费？”

初中高中一贯制教育，有的学校中途不招新生入学，学生六年间在同一个环境中接受教育。六年间使用本校独自编成的教材，实施高效的教学指导方针。有的学校高中招收少数新生入学。其中，有的学校初中内部学生和高中入学的新生，在高中三年中一直分开上课。有的学校初中内部学生和高中入学的新生混合一起上课。

种类繁多，不一一赘述。

（四）按教学制度分

全日制：每天上午和下午上课。学制三年。为一般的高中学校。

定时制：只是上午或是下午或是晚上上课，只需出席自己选修的课。学制三年以上。

通信制：自习的学习形式，以书写学习报告为基础，定期去学校上课。学制三年以上。

（五）按学科分

按学科设置分类，有普通高中、综合高中、职业高中和专科高中，种类繁杂。

其实，高中教育丰富多彩的地方多在教科书外的教育内容。对于以考大学为目的的普通教育高中的孩子们来说，学习固然重要。但是记忆一生的当属三年校园生活中运动会、文化节时一起洒下的汗水和泪水，修学旅行时一起度过的日日夜夜。因为高中阶段的任何集体活动都是孩子们自己策划、自己组织、自己参加的。人人工作、人人负责，集体的概念非常强。这种全体参与的集体精神，也许正是我们中国的学校所缺少的。我本人大学读了五年，除了在大教室刻苦学习的记忆外，就是晚上熄灯后室友们没有顾忌地谈天说地。我也参加过集体的军训，那短暂、快乐、羞涩的时光至今还留在我们同学们“发黄了”的记忆中。

下一章将详细介绍日本学校教科书外的教育活动。在阅读之前，读者能先想象一下书本外还能有什么样的教育活动吗？

第六章
教科书外的教育

一个人一生究竟要读多少年的书？不算学前教育也不算大学教育的话，从小学到高中也要十二年。我尽力地回忆自己从小学到高中的上学时光，除了上课还做了些什么、学了些什么。打球！首先想到的要算打球吧。不少的球类运动都是我在那个学生时代接触的，排球、篮球、乒乓球、羽毛球，除了男生专有的足球外，我几乎都接触过，有些打得还不错。如果再让我继续回忆的话，可能就是那快乐的晚自习了，这属于那个特殊时代的一个现象。我的小学到高中是在工厂子弟学校完成的。子弟学校就是工厂职工子女上学的学校，设在工厂的家属住宅区内，每个学生都离家很近，书本都放在学校里。上学和放学几乎是空着手，基本没有背书包的记忆。一日三餐都是回家吃，吃过晚饭再去学校上晚自习。在那个没有电视、缺乏娱乐活动的年代，同学们一起聚在晚自习的教室里，玩得多学得少。同学情、朋友情、邻里情、少男少女情几乎都留在了教室里，那真是个快乐无穷、回忆无穷的好地方。我这样的体验也许只是那个时代的痕迹，现在的孩子们在上课学习之外都做些什么、学些什么，也许读者比我更清楚一些。

比起中国的孩子们，日本的孩子们在学校上课的课程要少得多，放学的时间要早得多。多年来，我对此一直耿耿于怀，如何对付早早放学回家的孩子们一直让我绞尽脑汁。其实，日本的孩子们在下课后的大块时间里并不是放纵自由地玩，尤其是初中和高中。尽管我用了一章的文字介绍初中和高中学校的课外内容，恐怕也不能全面描述他们下课后教科书外的教育活动。

日本的学校，从小学到高中的教学课程都一样，都包括两大部分：

❶ 教学课程（学科课程）：按教育部的教学大纲教授既定的教学课程。

❷ 教学外课程（教科书外课程）：教学科目之外的各种教育活动。教育部的教学大纲没有规定，各学校因地因时自编自教。

教科书外课程大致有三个方面，参见下表：

<table>
<tr><th rowspan="2">学校</th><th colspan="5">教学外课程（教科书外的教育活动）</th></tr>
<tr><th>道德</th><th>综合学习时间</th><th colspan="3">特别活动</th></tr>
<tr><td>小学</td><td rowspan="3">道德</td><td rowspan="3">综合学习时间</td><td rowspan="3">学校活动</td><td>年级活动</td><td>儿童会活动
俱乐部活动</td></tr>
<tr><td>初中</td><td rowspan="2">Home Room 活动</td><td rowspan="2">学生会活动
俱乐部活动</td></tr>
<tr><td>高中</td></tr>
</table>

一、道德教育

道德：包含健康教育、行为善恶判断、价值观以及宗教知识等。道德教学在一学年中有35个教学单位，这个数字应该不算小。

（一）道德教育内容

道德教育有这样的内容：与自己相关、与他人相关、与自然和荣誉相关、与集体和社会相关的内容。

道德教育贯穿在学校的学习生活中，适当的语言、正确的礼节、适时的赞赏和适当的批评等都属于道德教育。

（二）道德教育的教学教材

道德教育没有统一的教材，多为教师提议，学生自己收集资料。

（三）遵守纪律

对于遵守纪律，在日本的学校，包括幼儿园要求都非常严格，尤其是私立学校。考试不及格可以被接受，因为学习有个人能力的差别。但是，违反校规要受到严重处罚，甚至被开除，因为遵守纪律不是个人能力的问题而是个人主观意识的问题。

1. 处罚

在日本，迟到和旷课是一种严重违反校规的行为。一个学年中如果迟到或是旷课次数超过学校规定的上限，将受到开除的处分。除此之外还有不少校规，都明确地记录在学生手册上，如若违反将受到相应的处罚。

2. 奖励

学校奖励的种类也很繁多，正式的、老师制作的非正式的奖状随处可见。

下面列举几种我见到过的奖励。

（1）全勤奖

全勤奖，日文称之为“皆勤赏”（Kai kin syou），为最常见的一种奖励形式。

全勤奖是学校对三年或六年中无缺席、无迟到学生的奖励。不生病、不遇意外事故，连续出勤是一种荣誉。平时注意保持一个不因发烧感冒等疾病而缺席的健康身体，才能有连续出勤的结果，这是一种值得表扬和提倡的行为。

同时，配合和帮助孩子获得全勤奖的家长也能一起得到表扬。有的学校，在发奖品奖状的同时，还在学校大门旁的石碑上雕刻上获全勤奖学生的名字，那可是个又大又隆重的奖。

插几句

我大儿子就学的高中，毕业式上隆重的、占时最长的仪式就是颁奖仪式。对获全勤奖学生的奖励一点儿也不亚于对学习优秀学生的奖励。初中和高中连续六年全勤的学生和学习优秀的学生同样能得到奖状和奖金（奖金为图书购买券）。

PTA 还为获全勤奖学生的家长颁发特殊的奖品，一条特别定制的带有学校校徽的项链。连续六年全勤的为金项链，连续三年全勤的为银项链（见右图，一金一银）。得到项链的家长们在毕业式会场上立即戴在脖子上，为其他家长们所羡慕。

▲ 全勤奖奖品

作为学生，能够通过自己的努力每天不迟到、不早退、不请假，六年全勤，让妈妈得到奖励和奖品，是给支持自己上学的妈妈的最好的报答。

在这里，全勤奖已经升华为超过奖励本身的一种精神！

值得一提的是，获得“学习优秀奖”的学生家长们是得不到 PTA 的任何奖励和奖品的。

大儿子三年高中只有一次体育课迟到。课间休息时，儿子和班上几个同学贪玩，上课铃响后没有及时赶回教室。儿子说正好赶上体育老师心情不好（纯属儿子的借口），给那几个学生全部记上一次迟到。就因为这一次迟到，儿子和那几个同学都没有得到全勤奖！遵守纪律容不得半点儿马虎，更没有一丝留情。

幼儿园、课外班、游泳班等也有这样的全勤奖。可以以一个学年为单位，也可以以一个练习单元为单位，长的一年，短的几天。除全勤奖外，还有很多种类、很多名头的奖励。我尽可能找出家中的各种奖状，扫描在此与读者共享。

（2）其他奖励

我只把奖状的标题翻译如下，省略了内容翻译。

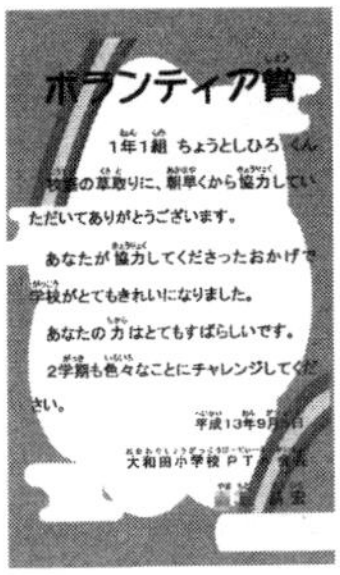

▲　志愿者奖
（早起校园除草）

▲　加油奖
（计算能力提高）

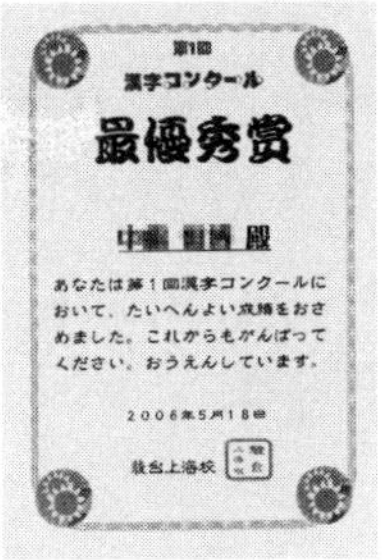

▲　最优秀奖
（汉字比赛）

▲　马拉松跑完证明

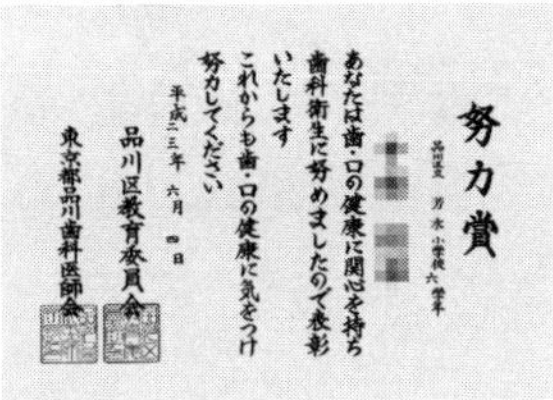

▲　努力奖（牙齿和口腔健康）

▲　参加奖（中日交流会）

（四）学生手册及身份证明

在校学生人手一本学生手册，手掌大小，可随身携带。日文称之为“生徒手账”，生徒是学生的意思，手账是手册。学生手册，要求学生每天上学携带。这也是约束学生遵守学校纪律的一种形式。

1. 学生手册

学生手册含有校歌、学校的历史、学生规则、学生心得、学生会会则、学生会选举法以及利用图书馆和食堂的规定，还有遇交通混乱时的授课问题，遇台风、大雪等自然灾害时的授课问题，关于地震灾害的对策等内容，共35个章节。

另外还有外出申请书，穿奇装异服上学的申请书、骑自行车上学的许可书、学校家庭联系栏、健康保险证复印件、课程表等附表。

2. 身份证明书

为学生证，贴有个人相片，盖有学校的钢印。

在学校之外也可以当身份证使用。(见右图)

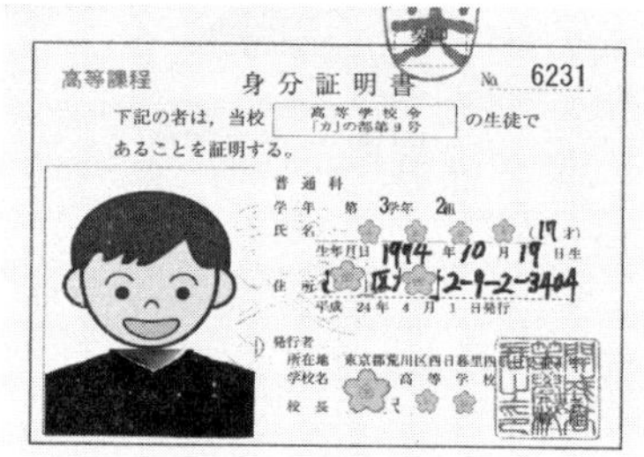

▲ 身份证明书

二、综合学习

综合学习是教科书外教育的又一部分内容，是学生自己思考、自主判断、自行找题、自我解决问题的课程。在千变万化且竞争激烈的时代，这样的教学是提高学生的思考力、判断力、解决问题能力、表达能力的重要途径和手段。

这个教学课程与升学、考学没有关系，因学校的种类、所在地区的不同，教学内容差别会很大。“校外住宿学习”“修学旅行”等学生活动都属于综合学习的教学内容。

对这样一个题目相对自由的教学内容，我无法总结出什么条条框框来，就用一次以家长身份参加的综合学习的经历来粗略地说明一下。

大儿子在海外日本人学校上学时，我曾经作为 PTA 成员参加过综合学习教学的志愿者工作。因为参加了，所以能够悟出个所以然来，下面是我参与过的综合学习的2个课题。

(一) Shanghai Time

“Shanghai Time”是综合教学的一个题目，直译为“上海的时间”，实际是“在上海”。综合学习教学在课程表上是以课题题目命名的，就像语文课、数学课那样，那个学期的“在上海”课就是综合学习的教学课。因为占用了基础学科的教学时间，在日本也有反对意见。

“在上海”的题目是这样被分类的，综合学习 / 课题解决型学习 / 项目基础学习 / 海外日本人学校。这是全校的大课题名称，各个年级还有具体的小课题名称。

❶ 六年级的综合学习题目是“We love Shanghai”。

“We love Shanghai”直译为“我们爱上海”，目的很明确也很具体，就是让在上海上学的学生将来回到日本后能够向周围的人介绍中国、介绍上海，能够很自信地对周围的人说，“中国是个有魅力的国家”“上海有很多了不起的地方”。

❷ 五年级的题目是“体验中国的饮食文化”。

❸ 四年级的题目是“采访上海市民”。

这个“在上海”的课题因为与当地的文化有关，所以需要语言翻译。老师就在 PTA 中招募志愿者，尤其是像我这样的通晓当地语言的中国家长志愿者。我参与的是四年级的课题“采访上海市民”。

学生们走出学校到人多、热闹的市中心采访市民，和市民对话。通过接触、发现和思考，每个学生再决定个人的小题目。自由开放，没有限制。采访完毕回到学校，学生可以通过网络再调查、收集资料，然后书写一篇报告书作为综合学习的教学结果。最后，全年级学生的报告书汇集成册，在一个家长教学参观的日子，每个学生上讲台以演讲方式向家长汇报。

我参加的是四年级的一个小组，学生们自己安排的是到人民广场采访来往市民。按学生们的计划，采访后要拍摄一张人民广场全景相片。登高拍照地点是学生们自己事先查找选定好的。可是，当天到了现场才知道，那个拍照地点是十楼的一个茶馆餐厅的阳台。进入茶馆是需要消费的。学生们犯下这样的小错误，可能是语言和习惯的不同，也可能是四年级的学生还太小。当天，聚在茶馆外却不能进入的小学生们还真是有些慌乱。幸亏我这个志愿者有汉语能力，询问了几个楼中服务人员后，为他们找到了一个可以免费登上的高台观光点，让学生们如愿完成了预期的拍摄计划。后来，我也理所当然地得到了班主任老师的当面感谢。这样的小礼节日本人是不会忽略的。

▲ 综合学习报告册

右图为一本综合学习的报告册子。那是大儿子初中三个学年的综合学习报告册，题目是“体验中国”。

册中记录了三年里学生们一同游览中国名胜、体验中国文化的经历。

（二）Challenge Time

这是我参加的第二个综合学习的题目，“Challenge Time”直译为“挑战时间”，实际是“挑战”。

因为是在国外，教学内容肯定与当地国家的文化相结合。学习中国的文化、体验中国的风俗习惯是综合学习最大的目的。“挑战和尝试中国习俗文化”是初中二年级的综合学习课题。

大儿子升初二的第一个家长会上，老师就开始为综合学习教学征募志愿家长了。“挑战”的大课题下各个班级的小课题有练习武术、欣赏京剧、试做中餐、学习刺绣等，全都是没有中国人的参与和翻译就很难进行的课题。所以，那一年我熟悉的中国妈妈们几乎都出场了。

我报名担任的是刺绣小组的指导员，共有两个中国家长做指导员。我们两个指导员还挺认真的，为了从理论上说明和指导刺绣，我们还跑了一趟上海图书馆去查找资料。当时流行十字绣，为了购买十字绣的针线用具我们也跑过几个传统工艺小市场。

刺绣指导员的任务就是在课堂上向十几个对刺绣有兴趣的学生介绍中国的刺绣，手把手地教他们刺绣，争取在课堂上完成一个刺绣作品。

我们两个指导员商议，将学校校名的缩写“SJS”作为刺绣的作品，同时我们也拿着自己事先绣好的作品让学生们参照。具体的字体、形状、颜色等都由学生们自己自由决定。清一色的女学生们就是手巧，基本上都在那一节课中完成了她们的十字绣作品。

插几句

圆满地完成了任务后，我们两个指导员曾尝试着报销志愿工作支出的费用。但是当我们拿着车票和购买用具材料的明细和发票找到班主任时，却被明确地拒绝了。真厉害！志愿工作，真是不掺假的百分之百的付出！

三、特别活动

特别活动是教科书外教育的一项重大内容，以活动单位不同又可以分为学校活动、年级活动和学生活动三个不同的内容。

（一）学校活动

为全校学生举行和参加的集体活动。按学习指导要领的不同还可以作以下分类。

❶ 礼仪类的：入学式、毕业式、开学式、修了式等。

❷ 艺术与科学类的：文化节、学习发表会、合唱表演等。

❸ 运动体育类的：运动会、游泳大会等。

这里我选出一些规模大、声势大、费时长的大型活动加以介绍。

1. 了不得的运动会

运动会为学校一年一次的、隆重的校园活动之一，是体育竞技与团体表演同行的体育活动。与中国的运动会有很大的不同，个人体育竞技的比赛很少，基本上是以年级、班级为单位的团体竞赛和表演。

（1）运动会的一般情况

❶ 举办时间：秋季运动会比较多见，春季举办得少。

❷比赛形式：一般是全校学生分为两个大组，红组和白组。运动会结束时只有一个比赛结果：红组或白组优胜。红组和白组是这样分的：每个班级的学生对半分成红组和白组；一个年级各班的红组和白组会合，形成年级的红组和白组；全校各年级的红组和白组再会合，全校就有了两个大组：红组和白组。

每个竞技比赛项目是以班级或年级为单位的两个组对抗比赛，比赛结果实行积分制，最后按积分高低决出全校优胜组是红组还是白组。优胜组会得到锦旗，优胜锦旗年年传给优胜组。

这样的运动会形式、分组方法，保证了每个学生都能参加运动会。

❸比赛项目：以团体对抗、团体表演的形式居多，如团体操、团体舞、团体竞赛等。

a. 团体对抗项目

有拔河、扔沙包、推倒棒子、骑马战、集体跳绳、民间舞蹈、团体操、传大球、两人三脚跑等。右侧四张插图为四项团体对抗赛：

▲ 跳大绳

▲ 飙风比赛

▲ 23人两条腿跑步

▲ 传大球

跳大绳

飙风比赛（两个人持一根长棍，从全体学生脚下扫过）

23人两条腿跑步（又称蜈蚣竞赛，全体学生的左腿绑在一起，右腿绑在一起）

传大球

b. 个人竞技项目

长短跑、接力跑、障碍跑。

c. 啦啦队对抗赛

各个年级都有啦啦队，运动会开幕啦啦队的声援阵势盛大。

❹ 家长声援。家长声援也是运动会的一个亮点，特别是小学阶段，运动会前后家长和孩子们一样兴奋，孩子们忙运动会，家长们忙声援。

a. 占位子

运动会当天很早很早，多半是凌晨时分，就有家长排在运动会场外等待运动会场大门的打开，目的就是为了占一个好一些的位子，既能全角度观看比赛又便于照相和摄像的。

b. 摄像照相

运动会当天几乎每个家庭都会带上照相机或摄像机，为的是记录下自家孩子最漂亮、最风光的瞬间。摄像和照相一般都是父亲的工作，对平时很少参加孩子教育活动的父亲来说，每年运动会中的摄像、照相以及运动会后的编辑和整理工作，是他们大显身手的一次好机会。

c. 中午便当盒饭

运动会的当天几乎每家妈妈都要起早做好全家人的中午便当盒饭。运动会的午饭休息时间，学生和自家人围在一起乐融融地吃着便当，这也是运动会的一个盛大场面。做一套颜色搭配好、荤素齐全，甚至造型漂亮的便当盒饭也是妈妈们大显身手的一次好机会。

❺ 载录一篇我参观运动会的日记：

高一运动会

2010-05-11(Tue)

上个周日（5月9日）是母亲节，也是大儿子学校开运动会的日子。据说，这所学校故意把运动会安排在母亲节，就是为了让学生们记住并且感谢母亲尽心尽力地支持自己上学的恩情。

在日本，对孩子的养育和教育一般都是母亲的付出要远远多于父亲。在学校，老师对孩子们“感谢母亲生我养我”的教育相对要多一些。这个学校将一年一次的大型的、隆重的运动会安排在母亲节这一天，就是提醒孩子们要表达对母亲的感谢。无论比赛输赢，能亲睹孩子的奋斗与努力，这本身就是件让母亲高兴的事情。

今天是大儿子上高中的第一个运动会。听说高中的运动会没有家长参加，也不用家长做盒饭，我还为此偷着乐了好些日子。可是事实上，因为运动会，上周和这周他本人连轴转，一点儿也没有休息，当然也带动了妈妈跟着连轴转，没有好好休息过。

一周六天上学，学校生活已经是漫长的了，这个周日因为运动会我四点半就起床了，就是为了让他早出门能赶上首班电车，能赶上运动会开始前的早集合。真不知道那些住得离学校远的学生这一天早上该怎么办？不会因为运动会在学校附近住旅馆吧？（事实上真有这样的学生和家庭。）

大儿子的比赛项目在下午，我要参加的PTA碰头会也在下午，所以我和老二下午赶到了学校。

运动会在该学校的体育场举行，体育场不算大，但市中心的学校能够在自己的学校举行运动会已经算不错的了。大儿子的学校是初中高中一贯制男子学校，有六个年级共2 000多名学生，再加上观战的家长和社会人员，那个不大的运动场挤得满满当当。

5月初夏的太阳当头，挤来挤去的观战人群，运动场不时地传来血气方刚的男学生们的“吼叫”声，真是热上加热。围着运动场转了几圈明白了根本不可能看到大儿子的身影，我和老二很快就撤退了。

晚上，大儿子没有按运动会结束的时间回家，我们还担心了一场。大儿子回来后说，运动会七点半才结束，比时间表上的时间晚了许多。原来是这样！

本来，运动会后的周一学校是换休的，可是他上午要去收拾现场，结果又去了学校。下午我还要带他去看眼科，因为运动会练习时被别人撞了眼睛。一天的换休也付之流水。

今天周二，他终于开始正常上课，正常上学、放学了。

（2）我感受最深的一次高三运动会

随着儿子年级的升高，我接触运动会的次数也在增多，对运动会的了解自然也在增多。运动会不仅是竞赛比胜负，运动会孕育出来的那种团结奋斗的集体精神，也越来越触动我，越来越感动着我。

每年5月的第二个周日是日本全民的母亲节，也是儿子学校的运动会“节”。运动会由学生们自己的“运动会准备委员会”“运动会审议会”和“运动会裁判团”等组织运营和主持，以高三为中心用一年的时间筹划运作，再由高年级带领和指导低年级进行各项比赛项目训练，就这样一环套一环、一步跟一步地运转起来。这个学校，学生齐力参与举办的运动会和这个学校的东京大学升学率一样名声在外。

运动会所有大大小小的事情都是学生们自己去做，教师不参与，家长不参加。教师只是在运动会的当天作为观战者出现，即便是校长也要遵照学生组织者的安排，在指定的时间里到开幕式和闭幕式上发言、讲话。

插几句

这样完全由学生组织和参与的学校活动在中国的学校基本看不到。而且如果学校让我们的孩子们自己组织运营什么活动的话，也许我们的家长首先会站出来抗议：“老师们都去干什么了？我们缴的学费都上哪儿去了？”确实，日本的老师在这个方面算是轻松了，但是他们在其他的方面做出了许多我们的老师不会做的细微工作，这一点读者完全可以在本书中随处读到。

在日本，学生们不仅在运动会中可以指挥老师，在下面介绍的修学旅行中也能指挥老师。教师和学生就这样相互平衡，泰然相处。

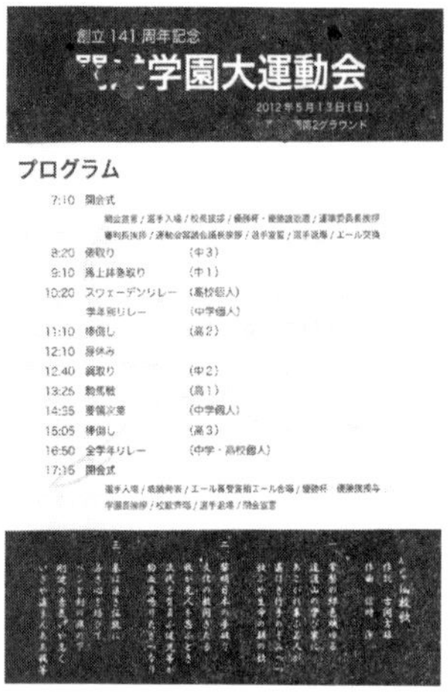

▲ 运动会节目单

看看学生们自己记录的组织运动会的流水作业，也许能让我们抽象的想象变得现实一些。

❶ 运动会分组。按前面提到的运动会全校分红白两组的思路，这个学校的运动会全校分八个组，以八种颜色命名。每个年级正好八个班，一个班一个组：紫、白、青、绿、橙、黄、赤和黑组。全校共有六个年级，六个年级的八个组纵向会合，这样全校就是八个大组，八个大的集体。

❷ 运动会项目。一个年级一个比赛项目，年级内的八个组横向对抗比赛，采用积分制。全部的比赛项目都是力量型的、竞争型的，体现了男子学校的刚强。

上图为运动会节目单。节目单为学生们自己编制、自己印刷。在运动会当日发给每一位前来观看运动会的人。节目单上有当日运动会的比赛安排，还详细介绍了各个比赛项目的比赛规则。

❸ 每班有下面的职位，均由学生负责：总管理一人、声援团长一人、助理管理六人、会计两人、旗手两人。

此外还有学年管理、宣传画板(Arch)小组、啦啦队声援(Yell)小组、个人项目跑步代表、比赛项目指导小组、贵重物品管理人、卫生员等。

一个班50人，人人有职位，一人兼多职位。

❹ 运动会准备流程。准备工作是从上一届运动会结束后开始的。

这里摘录2012年白组准备运动会的部分流程：

2011年

5月11日，第67代白组第一次全体会议，决定选举委员会。

5月30日至6月4日，在全年级修学旅行期间，举行选举委员会的说明会。

6月13日，选举开始。无记名投票，按得票数确定团长。制定小组规则，并选出各种职位。

9月15日，确定指导低年级小组。

9月22日，继续选举。一部分已选定的责任者开始活动。

10月2日，最后确定指导低年级的人。

10月12日，全部的选举工作完成。

10月29日，运动会伦理委员会开会，一周一次。

↓

2012年

4月6日，开学式，升入高三。

5月6日，运动会当日的安排。

高三，学校最高年级的学生们就是这样花费一年的时间（课外时间）准备、主持、运营了一个学校的运动会。

当然，运动会当日的指导和参与，更是汗水和泪水、体力和脑力的结晶。团队的力量、集体的精神是成功的保证。

❺ 运动会后的总结和历史的传递。运动会结束后，编写和制作运动会的总结册子也是一件重要的工作。通过这样的方式，一个运动会本身的工作和运动会的集体精神能够一年一年代代相传。

右图为三本运动会册子：

右：运动会前准备工作的册子（第66届白组）

左：运动会结束后的总结册子（第65届黄组后记）

后：运动会历史（140年）研究报告书

▲ 运动会册子

❻ 家长（主要是妈妈）的声援。进入高二第三个学期，每个班级的学生按“指导低年级小组”分组活动。家长们也自然地跟着孩子们这样的分

组活动。畅谈会中家长们相遇，谈论的话题就一个：运动会！

由于是男子学校，孩子在家的一个共同特征就是和家长的沟通很少。“孩子回家什么也不说。”几乎是每一个家长的口头禅。有了运动会这样的话题，也为家长们相互交换情况提供了方便。

高三的第一个学期，家长们开始为声援运动会而兴奋着。运动会团长的家长自然地成为家长小组的团长。团长努力创造机会，聚集成员在一起讨论运动会。大家见面兴奋地叙说自己的孩子在家如何如何地行动，不安地倾听别人说别人孩子的行动，从别人的话语中解开自己孩子的不解行为。孩子们相同的或不同的行为都会引来家长们的笑声。通过这样的交流，运动会在家长们的头脑中也渐渐清晰起来。

我儿子是白组，在运动会上穿白运动衣，挥白色校旗。白组的家长们也尽量穿着白色的衣服以求优胜（也许说成“以求吉祥”更加合适）。大家一起到祈祷胜利灵验的寺庙去参拜，在寺庙虔诚地用圣水洗手，每个人向寺庙的功德箱中投入香火钱（硬币），并一起拍手合掌祈祷、感动神灵。

运动会结束的当日晚上，不顾疲劳的家长们还要再次晚宴聚餐，为运动会的结束干杯！

儿子高三运动会当天，我早上7点出家门奔赴运动场。第一次也是最后一次从头到尾观看了一个完整的运动会。除了为儿子所在的白组加油的个人行为之外，还有 PTA 的维持秩序等值班活动。晚上再参加家长的“庆功宴”，回到家已过了22点。

（3）介绍一项运动会项目：骑马战

读到这里，读者也许仍然对这种以团体竞技比赛为主的运动会感到茫然，我用详细介绍一个比赛项目的方法，以求读者加深印象。

骑马战是高一年级的竞赛项目。

❶ 战马的组成：由五人组合（见下页图）。五人的分工如下：

骑马人：是骑在马上方的人，负责与对手的骑马人格斗，完成将对方骑马人推倒并让骑马人接触地面的任务。这个位子需要运动神经灵活的人。

▲ 战马组合图

中心柱：是在战马前方的人，负责与对手的战马争抢，打破对手的战马组合，或将对手的战马推出比赛圈子（领域）。这个位子需要体格强、力量大的人。

侧边人：两人，为战马左右之人，帮助骑马人向前与对方骑马人格斗。另外，侧边人双肩套有很大的海绵垫，还有防止自家战马倒地的任务。在自家骑马人即将被推倒的时刻，侧边人用套在肩膀上的海绵垫连接组成“垫子”垫在骑马人身下，不让骑马人的上身接触到地面。所以，侧边人的重要任务是不让两人的肩膀分离。要求冷静、判断力好的人。

组“垫子”是骑马战中不败的最重要的战术，下面介绍。

马尾：是跟在战马后面的人。目的是保持战马安定。特别要防止侧边人的“肩膀分离”。要求冷静、观测能力和判断能力好的人。

❷竞赛说明：比赛时间为两分三十秒，延长战的时间为两分钟。两分三十秒比赛结束时，胜马数量多的小组为优胜小组。比赛在画好的比赛圈子中进行。

胜马：满足下面任何一个条件的战马就是胜马，即胜利之马，胜马可以继续参加比赛。

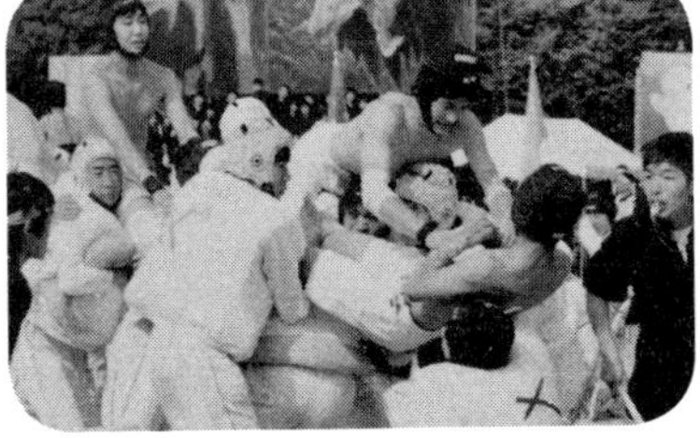

▲ 骑马战

a. 将对方的战马推倒并让骑马人的上身接触地面，为胜马。

b. 把对方的战马从比赛圈中推出去，击毙对方一匹战马，也为胜马。

c. 战马两侧的侧边人使用组“垫子”战术，让骑马人倒在“垫子”上而不是地面上，并在倒下后的十秒之内也不接触地面。这样，战马虽然倒地但可以复活，也算胜马。

败马：满足下面任何一个条件的战马都是败马，即失败之马。败马必须退出比赛。

a. 骑马人的身体（上半身）只要接触地面，不论面积大小都算败马。骑马人比赛时上身赤裸，以上身是否沾有地面的灰土来判断是否接触地面。

b. 战马被推出比赛圈，算败马。

c. 战马的五个构成人员中，任何一人有违规行为，被终止比赛，算败马。

❸ 比赛规则。中心柱一人，侧边两人和马尾一人，这四人身穿保护服，骑马人上半身赤裸。中心柱和马尾两人佩戴有小组颜色的头盔，以头盔颜色区别战马。侧边两人保护服的肩膀下塞有大块海绵，为组“垫子”用。

下图为运动会节目单中介绍骑马战页面的一部分。每一个参观者只要对照这个说明就可以随时了解骑马战的比赛规则和得分方法。像这样，全学校的每个比赛项目都可以在运动会节目单中看到相应的说明。

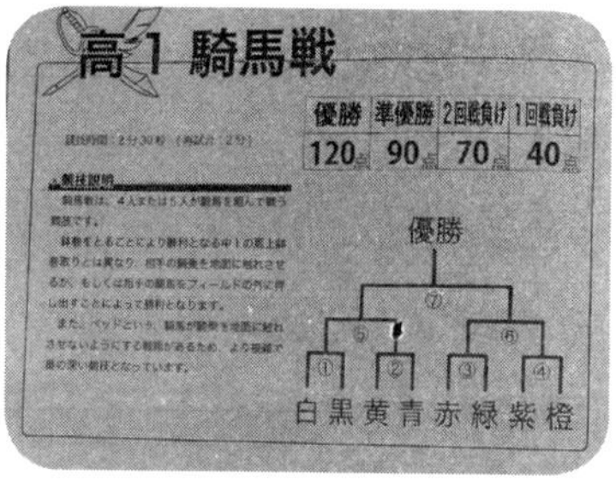

▲ 骑马战说明

骑马战是高中一年级全年级的比赛项目，一个年级八个组对抗，进行淘汰赛。三次淘汰赛就可以决出优胜组。每次淘汰赛优胜组和失败组的得分不同（见左图），分别累加在全校自己颜色的组中。

❹ 得分规则。参见骑马战介绍说明图，小组对抗赛按说明中①～⑦的顺序一局一局地进行比赛。各局优胜小组得分如下：

优胜组	第二名	第二回合失败组	第一回合失败组
120分	90分	70分	40分

按这样的得分规则，将各组每一战局的分数相加。

▲　运动会比赛成绩

右图为运动会期间八个组总得分公布榜（随时更新）：紫色组得440分，名列榜首。白组344分，位于第二。

2. 运动会精神

（1）运动会的收获

这样的运动会已经远远不是一场决出胜负的竞技比赛了，通过携手奋斗、全体参与而收获的是一种精神，是影响一个学生一生的精神。

运动会的准备也不是单纯的工作，而是一个集体运作的过程。同学之间通过一起奋斗结下的友情是深厚的、长远的。那些洒在运动场上的汗水、流淌在脸上的泪水，学生们永远挥之不去。笑过、哭过、怒过，也许还恨过，所有的感情最后一定会化成友谊、情义，永远留在记忆中。

运动会中每个小组都为自己队伍的优胜而祈祷，每个成员都为优胜而竭力付出，直到运动会结束，虽然大家心里都明白优胜组只有一个。努力的重要性远远大于最后胜负的结果。

（2）败者谢罪

看到“谢罪”二字可能会吓到不少的读者：高中生啊，还是孩子啊！怎么会和谢罪联系到一起？我也是这样想的！在中国受过多年正规教育的我对道歉教育的记忆似乎很少，更何况是谢罪。看到日本高中生谢罪的场面真让我吃惊，心情复杂得口不能言……

高三毕业年级的家长有优先观看座位，因此我们夫妻也是第一次坐在近处观看运动会。大儿子所在的白组出征了，推倒棒子的竞赛开始了，我们情不自禁地和身边的毕业年级的家长们一起加油呐喊起来。第一局淘汰赛儿子所在的小组就败下了阵，我们加油的力量还没有完全用完，孩子们就回来啦！出乎我意料的是，败阵的孩子们没有立即离开运动场地，而是列队在白组的主会台前，排在白组家长的观看台前，整齐地跪了下去！

▲ 战败谢罪

这是个什么场景？大儿子读书12年，我看孩子们的运动会也有12年，这样的场面还是第一次看见！败者谢罪！这个只有在战争电影中才有的画面，现在活生生的就在眼前！

这个谢罪的场面久久不散，甚至有组员号啕大哭，最后在其他组员的劝说和拉扯下才肯退场。

上图为败队整齐地跪在自己的主会场前谢罪的场面。蓝天下跪在操场里的战败组员几乎全体赤膊。再看在谢罪队伍的后面，远处也排列站立着赤膊的队员，那是为胜利欢呼的胜利小组组员。

剃光头，也是谢罪的一种表现形式。运动会后，失败组的学生们陆续剃成光头，用实际行动表示谢罪。有同学把剃头的工具带到学校，在课间休息的时候相互剃头。运动会后的几天内，光头的学生在校园中处处可见。这也是男子学校特有的风景。

优胜只有一个，失败的却有多个。孩子们从小就能体验到失败的切肤之痛一定是一件受益终身的好事！

3. 自我宣传的文化节

文化节，日文汉字为“文化祭”，是向社会宣传自己学校的盛大活动，每年一次，一般在9月至11月某三连休的周末举行。文化节是在学生们自己的“文化节委员会”的主持运营下，把各学科的学习研究成果向社会发表的一项学校活动。

举办文化节之日学校对外开放，让社会各界人士通过欣赏和参与，了解校风和认识学校。举办文化节的季节也是高考、中考考生们复习备考和选择报考学校的最后时节，欢迎名校考生来参加文化节，是学校自我宣传的一个最好时机。

各个学校的文化节都有一个响亮的、与学校的名字和历史相关的名称，且年年相传。

文化节的宣传多以俱乐部或班级为单位举行。

文化型的俱乐部多以表演的形式发表学习研究成果，主要有展览会、演讲会、音乐会、表演、舞蹈、戏剧等活动形式。运动型的俱乐部邀请其他学校的俱乐部在运动场或体育馆进行友好比赛。班级教室设计成展览室、猜谜答题室、名人演讲室、音乐家表演室等。

文化节的日子人来人往，非常有过节的感觉。一个稍稍有些名气的高中，文化节的日子能够迎来数千人甚至超过一万人的来访。

4. 玩学兼并的修学旅行

修学旅行也是学校的隆重活动之一，是师生一起出校门研修的旅行。

（1）小学和初中

小学多去距学校较近的地区参观旅游圣地。

初中多为远距离旅游，日本北部的学校去日本东部，东部的学校去西部，西部的学校去东部旅行的情况较多。

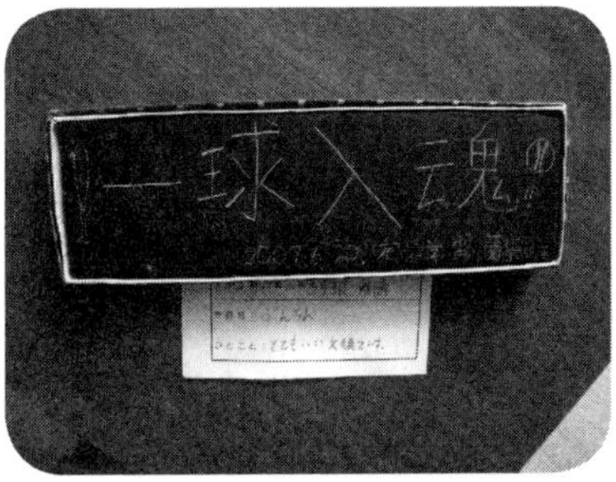

▲　修学旅行作品

（2）高中

高中的修学旅行不同于小学、初中，全过程都是学生们自己策划运营，旅行的目的地是在征求了全体学生的意见后决定的。跟队的老师只是学生的一分子，一切听从学生会“修学旅行委员会”的指挥和安排。

无论公立还是私立，旅行地多以东京和近畿地区为主流。1990年后，除日本国内，夏威夷、美国西海岸、英国、韩国、中国等也成为修学旅行的目的地。

修学旅行不是单纯的旅行，是以学习、参观、研究为目的的旅行。

下图中三本有关修学旅行的总结册子可以让我们大致了解高中生为修学旅行所做的工作。

左：修学旅行行程导游手册

右：修学旅行研究报告集，题目为“翠峦”

后：修学旅行事前调查报告书

▲ 修学旅行总结册

（3）我见到的修学旅行

❶ 海外日本人学校 SJS 的修学旅行。

小学五年级：上海绿地公园三天两夜

小学六年级：北京四天三夜

初中一年级：杭州和绍兴地区三天两夜

初中二年级：南京和苏州地区三天两夜

初中三年级：西安、敦煌、莫高窟四天三夜

❷ 我的记忆。

儿子修学旅行

2011-06-02（Thu）

深夜，突然响起的手机铃声在寂静中格外的响亮。

是高一的大儿子从修学旅行地发回来的邮件：今夜可能不睡觉了。我知道那肯定是玩游戏玩疯了，真想给他回信说不睡觉是不可以的。在家，我总是努力让儿子们就寝不过半夜十二点。可是现在转念又想，今夜是儿子修学旅行的第三天，按行程安排明天的活动是四点起床登山。半大小伙子们在一起玩游戏还能睡觉吗？设身处地地想一想也许应该为儿子开心才对。不用上课了、没有老师了、没有家长了，这样的自由一年才有一次，任他去吧！

大儿子高一，第一次参加日本国内学校的修学旅行。五天四夜的九州之旅，全年级四百名学生分成四个小组，选择参加四个目的地的旅行。儿子选择了一条路程相对艰难的路线，去一个叫作“屋久岛”的世界遗产之地。儿子说：“是男子汉就要到屋久岛！”

学校的修学旅行都是学生们自己筹划运营的。目的地选择在哪里、全年级分几条路线、利用什么交通工具、每天住在哪里等，都是学生会“修学旅行委员会”在收集了全体学生的意见之后进行计划安排的。最后把年级的老师们均匀地分在各个小组，出发时带上老师就可以了。

这让我佩服，让我称赞。

5. 隆重的入学式

入学式是为新生入学举行的庆典活动。对一个家庭来说，孩子上学也是一件重大的事情。所以，入学式对学校、对家庭而言都是隆重、正式的活动。

小贴士

屋久岛：

位于鹿儿岛县大隅半岛60km的海上，面积504平方公里，近乎圆形。景色丰富、美丽，几乎没有人为的污染。1993年成功申请为世界遗产。

❶ 时间：4月份新学年开学的第一天。

❷ 场所：一般在学校的室内体育馆举行。

❸ 参加者：入学新生、新生家人、学校相关教师及学校所在地区的街道代表来宾等。

❹ 服装：学生穿校服或制服，家长穿正式服装或和服。

小学没有校服，但是一年级的新生在这一天也要西装革履，对于身体正在发育的小学一年级学生来说，入学式的西服可能就穿一次。只穿一次的儿童西服实在是一笔不小的经济“浪费”。

❺ 内容：新生入场、学生代表发言、来宾发言、齐唱校歌等。最后新生和老师、家长合影留念等。

入学仪式一般举行一个上午。入学仪式结束后新生回到各自的教室开会。家长留在体育馆开 PTA 总会，当场选出各个职位 PTA 委员。

6. 挥泪的毕业式

毕业式是为完成学校指定的全部教学课程的学生举行的庆典仪式，也叫“颁发毕业证书仪式”（见下页图）。

毕业式在3月的下旬举行。举行的地点、参加的人员、着装要求以及仪式的流程，基本上和入学式相同。毕业式以校长为每一位毕业生颁发毕业证书为主要内容。

▲ 毕业式

▲ 颁发毕业证书

除了庄严和严肃外，对毕业式我还多感受到了一份激动、一份感动。

（1）颁发证书

颁发毕业证书是毕业式的主要内容。左下图为校长给学生颁发毕业证书的瞬间。

一个学校的毕业生有数百名，不是一个小数目。校长站在讲台上为每一个毕业生颁发毕业证书，不是一段短的时间。一个不少一个不漏，一个不赶一个不快，师生们不紧不慢地、认认真真地完成每一个细小的动作，循环重复着每一个毕业生的毕业证书颁发仪式。

被叫到名字的毕业生从台下自己的座位走上舞台，正步走到校长的桌子前，静听校长宣布名字和证书内容。然后毕业生向前一步，接过证书，行礼，退一步，转身慢步走下台，从全年级的座位后面绕回到自己的座位上。

没有学生走碎步，也没有学生快赶步，大家都迈着一样的正步，走完长长的接受证书之路。这场面让在座的家长屏息注视。

据我孩子说，为了颁发仪式上这个领取毕业证书的过程，事前毕业生们都练习过许多许多次。

（2）送别

送别是毕业生在学校的最后一天离开学校前的最后一刻和在校师生们告别的场面。

所有的仪式结束以后，毕业生们走出教室、走出教学楼，集体面对教师、面对在校的学生、面对教学楼、面对校园和操场，齐声致谢词，齐声高喊“再见”。

校园中，在校学生们和教师们列队连手组成一个鲜花通道（见右图），毕业生们在欢送人群的注目中，穿过鲜花通道，带着教师的祝福，带着学校的记忆，走出校门，走向人生的第二道门。

▲ 毕业送别花道

（3）毕业和樱花

每年3月底是东京樱花开放的季节，也是毕业送别的季节，更是辞旧迎新的季节。从幼儿园到小学、初中、高中、大学，都在这个季节举行毕业式。任何一个校园都有一棵或数棵樱花树，任何一个校园都在这毕业的季节洒满樱花。一旦经历了日本学校的毕业季节，就能明白日本人为什么对樱花如此地痴情！

在这个季节里，毕业班学生、毕业班老师、毕业生的家长都在准备一件事，那就是“毕业”。毕业庆祝会、毕业式、谢恩会等仪式甚多。毕业班更是很早就沉浸在倒计时的气氛中，各种总结、各种回忆。从教室的装饰到各种文字和学生的活动，无不洋溢着毕业的气氛。

为了让参加毕业式、谢恩会的人员感动，写各种讲演稿的人只有一个目的，那就是让听者感动得流泪！似乎感动的最好表现就是流泪！

（4）我的记忆

小儿毕业

2012-03-19(Mon)

还有两天，3月22日，小儿子就要小学毕业了！

学校的毕业班早就开始倒计时了。几天前，小儿子就在家里唠叨：“还有几天我就不是小学生了！”这肯定是在学校里老师和学生们常说的话。

这边的学校毕业气氛太浓，教室的倒计时大挂历早就挂了起来。小学六年的回忆录、一周一次的年级新闻、几天一版的班级新闻无不和毕业内容有关。

毕业生准备毕业庆祝会的表演节目，学校准备毕业式，家长准备谢恩会，营造的都是要毕业了、要分别了的气氛。老师忙，学生忙，家长也在忙，都是忙一个毕业。

3月6日刚开完了毕业庆祝会。

毕业庆祝会是PTA“家长毕业对策小组”组织的一个盛大的庆祝会。会上邀请在校的老师、毕业生、毕业班过去六年的班主任老师们、区域的街道主任、自治会会长等嘉宾参加。

会上有学生表演、家长合唱、各界代表发言，更有老师回忆一年大事的幻灯片。感人的场景、动人的节目、让人心热的歌声，一浪推一浪让在场的人一次又一次地抹眼泪。

22日将有毕业式发放毕业证书，当晚还有家长感谢老师的谢恩会晚宴。春假中，3月28日还有毕业生们和老师一起去游乐园的毕业旅行。

今天放学，小儿子硬是将几个朋友带回家来玩，以“这是最后一次机会了”为由，先斩后奏地把同学带了回来，也带回了老师送给每一个学生的礼物——一张刻有六年回忆的光盘。那张光盘据说是老师在家利用自己的时间自己编辑并刻录的。

一个小学毕业已如此的隆重，今后的人生，一段一段的毕业多着呢，还会怎样隆重呢？

（5）家长（主要是妈妈）得到的礼物

小儿子3月6日的小学毕业庆祝会上，每位家长的座位上都有三件来自自己孩子的礼品，见右图。这是毕业生自己制作的送给家长的礼物，从左到右分别是：

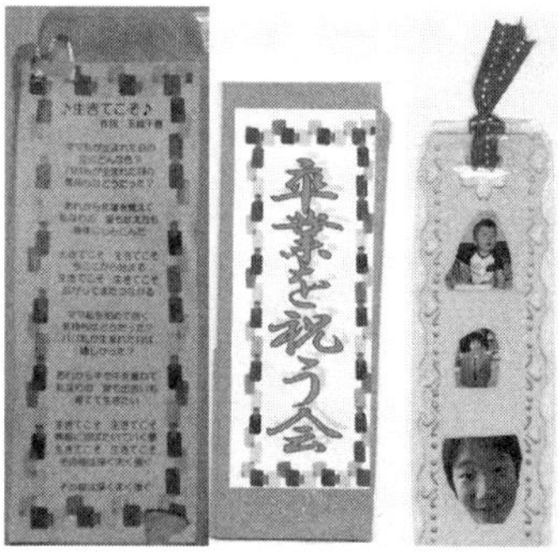

▲ 毕业庆祝会礼品

第一个是歌单，上面有毕业庆祝会上毕业生们唱给妈妈们的歌的歌词，大意是感谢母亲的养育之恩，比较感人，我翻译部分歌词如下：

只要活着

妈妈，我出生的那天，
天空是什么颜色？
妈妈，我出生的那天，
您的心情如何？
…… …… …… ……
只要活着，只要活着，
梦想展翅无限飞，
只要活着，只要活着，
那个根又深又粗又壮。

第二件，毕业庆祝会的字样。

第三件，孩子出生以来三个时间段的相片（为各个家庭事前准备）。

插几句

"感谢生我！感谢养我！"这样隆重的感谢都是向母亲表达的，基本不提父亲以及祖母辈。

7. 其他学校活动

（1）学习发表会和合唱演奏会

这样的活动由教师计划和组织，主要以年级为单位，在体育馆举行。内容包括表演剧、合唱、乐器演奏等等，多数情况不对家长公开。

右图为初中的演讲大会。

▲ 演讲会

（2）开学式

每个学期开学第一天举行的仪式。以校长讲话为主要内容。开学式的当天一般不上课，仪式结束之后学生要打扫教室卫生。

（3）修了式

在幼儿园中提到过修了式。修了式是在每个学年结束的最后一天举行的仪式。仪式之后学生回到班级，班主任颁发家长通知书，把一个学期收集的提出物（上交物品、考试卷子、手工作品等）还给学生。

（4）早会（晨会，早集合）

一般是每周的第一天，星期一的早上上课之前在校园举行的活动。

全校的学生在校园或体育馆集合。校长讲话，学生会干事和各委员宣布联络事项。同时也会有演奏部、俱乐部表演节目，以及表彰活动等。

这样的早会，家长可以自由旁观，可惜我一次也没有参观过。

（二）年级活动

年级活动是指一个年级的集体活动，高中阶段的年级活动有一个别的称呼，叫“Home Room”。

1. 小学、初中的年级活动

年级活动 (Class Activity) 是学生下课后在活动室进行的活动，内容为决定学生会干部在年级内的工作分工，选出负责各种活动的人员，组织全年级学生的集体活动等。

2. 高中的 Home Room

年级活动在高中时称“Home Room”，简称“HR”。班主任老师面对学生，发布各种通知及联络事项都在这个时间内解决。因为平时班主任老师除了自己上课的时间外很少出现在同学们的面前，所以，一周一次的 HR 是班主任和学生之间联络沟通的主要途径。

大儿子高一那一年，我曾担任过班级的 PTA 委员。在计划和安排家长畅谈会时，凡是需要和班主任联系沟通的事项，都是在一周一次的 HR 那一天，通过 PTA 委员的孩子和老师沟通的。

（三）学生活动

学生活动就是学生会活动，是指学生们自己组织、发动和运营的活动。在教师的适当指导下，讨论和解决各种问题。

我也曾努力回忆学生时代学生会组织的活动，大多是在记忆的某一个角落，非常淡薄。看看日本校园中学生会组织的庞大阵容，也许对我们国家正在校园中的学生们有一些启发和借鉴。

1. 学生会的组织

小学的学生会称为“儿童会”。由“儿童会集会”“代表委员会”与各种委员会组成，实际上起指导带头作用的是“代表委员会”。“代表委员会”由儿童会干部、各种委员会的代表构成，共同协议和解决各种问题。

初中、高中的学生会，日语称之为“生徒会”（生徒是学生的意思）。运动会、文化节、修学旅行等各种学生们自己的活动都是在学生会相应委员会的领导下进行的。

下图（表）为小学、初中和高中的学生会大致的组织图。

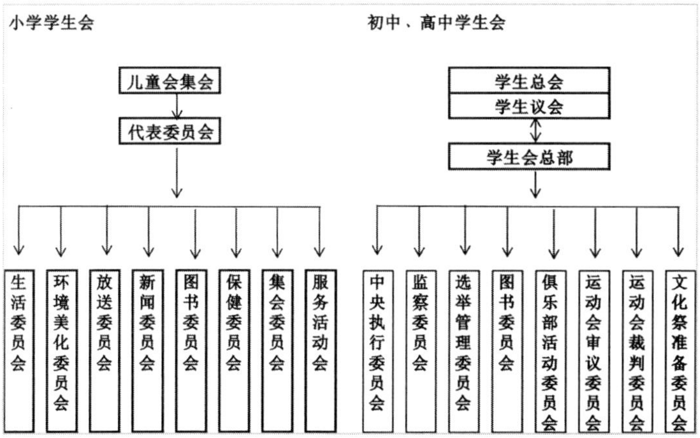

2. 做学生会的干部

担任儿童会，特别是初中的学生会干部对升学（升高中）考试很有利。

所有都立高中的升学考试，考生必须提交的调查书（档案材料）中有一项“各类活动记录”必须填写。

“各类活动记录”包括下面的内容：

❶ 道德好坏，在特别活动、学校内外的活动中是否有显著成绩。

❷ 参加活动是否具有积极的态度和意识。

❸ 初中期间是否有连续三年参加的活动。

❹ 是否有特别值得一提的活动，比如在全国比赛中获得名次的活动。

右图是小儿子担任图书委员时校长签发的委任状。

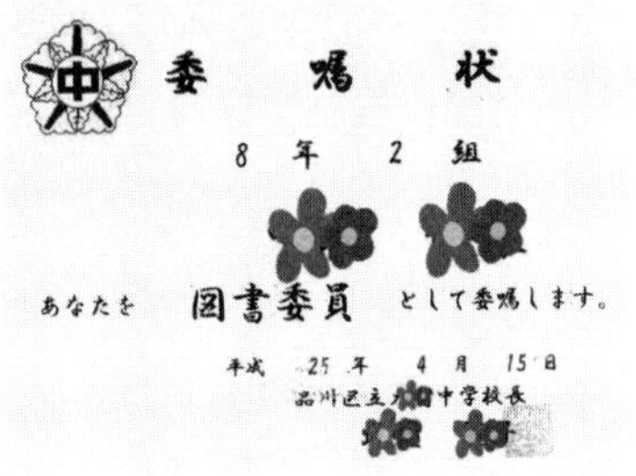
委嘱状

8年　2組

あなたを　図書委員　として委嘱します。

平成25年4月15日

品川区立　中学校長

▲ 委任状

3. 俱乐部活动

学生活动还有一个非常重要的部分就是俱乐部活动。俱乐部是英文“Club”的直译，是具有共同兴趣爱好的同学在课后时间里一起集中练习训练和活动的团体。

小贴士

归宅部：

有一个特殊的俱乐部叫“归宅部”，就是回家部。是对什么俱乐部都不参加的学生的揶揄称呼。据说某些公立学校拒绝招收“归宅部”的学生，没有参加俱乐部活动的学生被视为另类人物。

小学俱乐部活动是必须参加的。初中和高中的俱乐部活动属于课外活动。

俱乐部对学校、对学生都是很重要的。学生在学校有了所属的俱乐部就像有了自己归属的位子。学生在学校内外都是以俱乐部的成员为集体而活动的，很少以班级为集体。一个有名的俱乐部能为学校增添荣誉，带来名气。学生在报考学校的时候，是否有自己喜欢的俱乐部也是一个重要的择校指标。

有调查表明：2007年度初中和高中有90.8%的学生参加了俱乐部，其中运动类俱乐部73.6%，文化类俱乐部17.2%。

（1）运动类俱乐部

指以运动对抗比赛论输赢的俱乐部。

运动类俱乐部大致有下述种类：棒球部、网球部、橄榄球部、足球部、田径部、曲棍球部、射箭部、高尔夫球部、弓箭部、马术部、篮球部、羽毛球部、体操部、排球部、乒乓球部、柔道部、剑道部、登山部、滑雪部、游泳部。

（2）文化类俱乐部

指那些重视文化和表演的学术、艺术类俱乐部。

文化类俱乐部主要有下述种类：人文科学研究部、生物研究部、化学研究部、物理研究部、数学研究部、铜管乐团、乐器部、文艺部、将棋部、美术部、书道部、铁道研究部、English Speeking Society部、新闻部、古典音乐会、表演部、辩论部、照相部、无线部、电影研究部。

（3）总务部

与学校全体活动有关，如广播部、吹奏部、运动部的啦啦队。

4. 对俱乐部的评价

（1）如此盛大的俱乐部活动，在家长们那里有赞成的声音，也有反对的意见

❶ 正面评价。俱乐部活动一般在初中比较盛行，对此有人持赞成意见。小学生是最听教师话的人群，高中生是可以通过观察周围来控制和调整自己行为的人群，只有初中的学生是不好管理的人群。让这样的人群在早晨上学前、放学后和周末集中起来去做一件喜欢的事情，消耗体力从而没有精力再去做调皮捣蛋的事情，便于学校的教育和管理。

❷ 反面评价。但是也有反对的意见。俱乐部活动占据了大量的课外时间，消耗了大量的体力，孩子没有时间学习和做作业，直接影响到学习的质量。对

于公立初中的学生来说，既要迎战高中升学考试又要参加私塾的学习，更是雪上加霜。

俱乐部活动过热和学习之间的对立，在日本是一个不可忽视的矛盾现象。

（2）俱乐部活动是学校的灵魂

撇开是否影响学习质量的一面，大多初中学校都会稳定地培养一个能为学校争光的俱乐部。一个在各大赛中频频得奖，被更多的人乃至全国人民知道的俱乐部，会给校方带来荣誉、带来知名度。为了保护和维持这个名誉，学校的其他俱乐部都要为这个俱乐部的练习训练让路。与此同时，无论路途多远，无论是否在指定的就学范围内，为了参加有名俱乐部而远道入学的学生很常见。

我小儿子就学的公立初中学校的女子排球俱乐部非常有名，历年来多次在区、东京都，甚至是全国的排球大赛中获得名次。在区内居住的喜欢排球的女学生近水楼台先得月就不用说了，东京都的其他区也有不少女生远道而来投奔女子排球俱乐部。

小儿子曾经数过自己班级的女生，说将近一半的女生都是排球俱乐部的。班上还有一名从邻县前来上学的女生，由于路途太远，干脆让父亲陪读。父女俩在学校附近租房住，为的就是能够让女儿参加女子排球俱乐部。

（3）硬式网球俱乐部活动

举例，某公立初中学校的俱乐部活动情况。

该学校只有初中三个年级，拥有棒球部、足球部、软式网球部、硬式网球部、排球部、柔道部、田径部、羽毛球部、音乐部、美术部、家庭部、书道部和英语部等俱乐部。

其中，硬式网球部的活动是这样的。

活动场所：校园。

活动日：周一、三、四、日。

该俱乐部的练习量属于中等。棒球部、足球部和女子排球部等每周练习六天，甚至还有早晨上学前的晨练。

顾问老师：本校特别支援教室的老师兼顾问教师。

一年参赛：东京都大赛（个人赛、团体赛），品川区大会（团体赛），第一区新人大赛，东京都新人大赛（个人赛、团体赛）。

插几句

我的笔墨无法完全描绘出学生在学校度过的快乐、充实的时光。义务教育的公立学校不用说，就是进学高中（考大学的高中）的学生在学习之外也有丰富多彩的收获和充实难忘的回忆。

我大儿子就学的高中可以无愧于关东地区乃至日本全国最有名的进学高中，但是在记者询问学生为什么选择这所学校时，大多数学生的回答是为了能够参加这个学校一年一度的运动会！这个男子学校的运动会以男孩儿的血气方刚、男孩儿的熊争虎斗而名声在外。除了学习、考试、成绩的较量，一起奋斗流汗流泪的集体活动也是孩子们学校生活中心灵与精神上的收获！

第七章 日本国外的教育

记得大儿子上幼儿园时，园长曾经对我说过这样的话："日本没有文盲！不管是多么偏僻的地方，只要那里有孩子在，国家就会为这个孩子配备老师。"多年的经历让我确信，这话一点儿也不假。不仅仅是日本国内，在日本国外也是如此，只要有日本人，只要有他们的孩子在，就会有老师为孩子们上课。

持续有日本人居住的外国城市，都会有日语补习校或日本人学校存在，日语补习校和日本人学校的区别就是在校学生数的多少。其目的是让生活在国外的日本人记得回国，让他们的孩子在回国时能够顺利地转学插班和自然升学，跟上国内学校的教学进度。

同样是国外小留学生，日本的孩子们因为有日本政府（教育部）的参与，更有驻国外日本企业的资金赞助，所以有着与其他国家孩子完全不一样的经历和归宿。

一、日本海外教育种类

（一）海外学校

1. 海外日本人学校

这类学校是为生活在国外的日本人子女接受与国内同等义务教育而设立的机构。

（1）全世界日本人学校多达87所

2008年的调查结果显示：日本人学校在亚洲比较集中，日语补习校在北美比较多。

处于义务教育年龄段的日本孩子			
北美	20 218人	56.8% 上当地学校，同时参加日语补习校	
亚洲	21 954人	63.2% 在日本人学校	4.1% 在日语补习校

（2）所属和性质

这样的学校是由当地的日本人会或日本商工会运营，属于全日制学校，每天教授六小时的课程，也是为日本教育部（文部科学省）认可的学校。

因为以接受义务教育为目的，所以日本人学校只有小学和初中，而没有高中。虽然也有私立学校独自运营的海外高中，但不在日本人学校范围之内，也不是教育部认可的学校。

（3）教师和教材

日本人学校是对应义务教育的机构，具有很明确的公立性质。日本教育部以三年为期限，从东京都、北海道、大阪府和京都府及各县招收教师，派遣到国外教授与日本国内同等的教学课程。

日本人学校是衔接学生回到日本后接受日本国内教育和以升学考试为目的的学校，采用日本使用率最高的教科书为课本。

日本人学校比日本国内的公立学校多10% 到20% 的授课学时，教学内容增加了当地国家的语言、地理及历史教学等课程。

另外，日本人学校和当地学校之间有交流会、交换留学、家庭留学（Home state）、社会见学、学校开放等相关活动，接触当地社会和文化的机会多。这是日本国内学校力所不能及的特点。

2. 日语补习校

日语补习校为生活在国外的日本人子女周末学习日语的地方。

日语补习校是为保持学生日语能力，以衔接回日本后的继续教育为目的的学校。通常设置在没有日本人学校的城市，一般一周一次，周六上课，孩子们平时到当地学校上学（学习当地语言），周六到日语补习校（学习日语）。

（二）海外幼儿园

日本人特别多的城市会有日本人学校和日语补习校，为了配合日本人学校的教育，日本国外幼儿园也应需而生，并且有逐年增多的趋势。

办园一般都是个人行为，多为日本国内退休的资深幼儿园园长私人运营。教师均从日本国内招收聘用，均为有幼儿园教师资格和资历的老师。运营的经费完全从学生的入园费用而来。一个儿童的入园费用和月费用大约是日本国内的四倍。高额的保育费用收入是幼儿园教师的工资和一切运营支出的保证。保育内容基本上与日本国内幼儿园一样。

借助我小儿子的经历介绍一下日本海外幼儿园的情况。

记忆时间：2003年11月～2005年3月

地点：中国S市日本海外DS幼儿园

DS幼儿园建立在日本人入住较多的西郊别墅区。无论是别墅区内的环境，还是幼儿园的条件都要好于日本国内。

1. 优点

与当地文化相关的保育内容比较多。比如，中午饭为中餐，有中文或英文的外语课。

2. 缺点

考虑到安全和语言问题，孩子们幼儿园外的活动比较少，大班的一日住宿保育只能在幼儿园内实施。因为幼儿园设置在大型别墅小区内，住宿条件好，比外出保育要省事、省心、安全。

保育费用高昂，是日本国内的三到五倍。好在多数家庭都能从父亲的公司得到一定比例的补助。

3. 一年中保育内容

因为工作，我在小儿子两年零五个月的幼儿园生活中没有太多的陪伴。感谢幼儿园老师每年制作一本纪念册（回忆纪念册），让我随时能细细地重温、感受小儿子在幼儿园中度过的那段我看不到的时光。

我扫描了幼儿园一年中部分保育活动的照片，望读者也能身临其境地感受。

▲ 7月七夕会

▲ 12月圣诞节

▲ 1月新年做年糕

▲ 2月3日驱鬼节

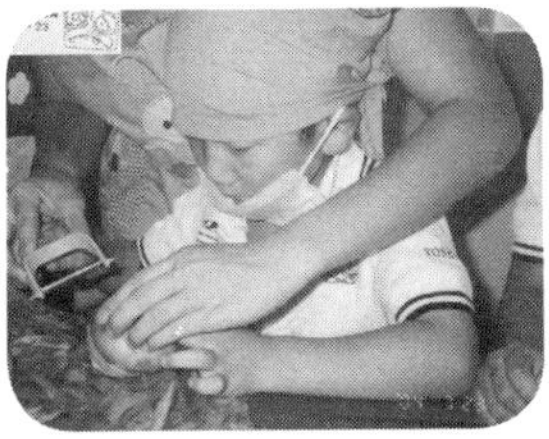

▲ 住宿保育（做咖喱饭）

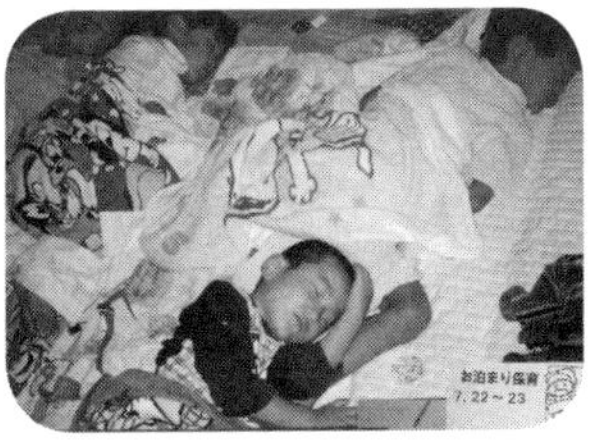

▲ 住宿保育（夜晚睡姿）

（三）海外私塾

在有日本人学校的城市，为配合学校的孩子们回日本国内参加初中、高中和大学的升学考试，私塾应需而生。日本国内的各有名私塾在海外设立分校，这就是海外私塾。

与教育宽松的学校相比，私塾更像是中国式的学校。除了上课学习，老师别的都不管；除了考试分数，老师别的都不问。我随儿子正式接触私塾是从海外私塾开始的，所以按时间顺序，先介绍日本海外私塾的情况。日本国内的私塾情况将在“升学考试”一章重点介绍。

对日本海外私塾，我有两点深刻的感触。

1. 学费昂贵

海外私塾虽然是日本国内私塾的分校，但是学费却比日本国内贵许多。

这是因为与私塾相关的设施费、维护费、人力费等一切费用都是从学生的学费而来的，而且海外私塾教职员工的工资也比日本国内同行的要高。这一点和日本海外幼儿园很相似。

学校外教育机构征收如此高昂的费用，却仍然能够生存，并有市场，除了有顾客需求的因素外，最重要的原因就是顾客能够支付得起！在海外驻在（工作）的父亲的收入也是远远高于日本国内同行的。这是一个连锁循环，只要各个环节能够合理地连接上，连锁的事情就能循环。在日本，像这样的连锁循环非常多，不受政府政策制约，不被任何势力干预。以我不太内行的推测，这也许就是私立机构能够生存的基本条件吧。

2. 私塾送考

学生上私塾的最终目的还是升学考试。海外私塾支援学生回日本参加升学考试，除了与日本国内私塾一样要加强学生的学习之外，还有如何送学生回日本参加考试的额外任务。回日本参加考试的事情似乎与私塾的教学无关，但是这个关键的问题不解决的话，恐怕会直接影响私塾招生，只扫门前雪的经营方式永远不能通往兴旺的事业之路。

这里只介绍我陪同儿子接受过的私塾的一项特殊服务“考前突击班”的情况。

3. 考前突击班

（1）时间和地点

这个班的教学是在1月底到2月中旬将近一个月的时间，在海外私塾的日本国内总校，东京的市中心内授课。

学生以参加私塾的考前突击班为由向日本人学校请长假是一件不合理的事

情。但是，私塾老师有对策，他们会教学生家长如何去做，而校方也睁一只眼闭一只眼地放行。

❶ 学生自己创造时间。日本初中、高中，包括大学入学考试的季节都在1月中旬到2月底。海外的考生在选择报考学校上的思路和做法基本和日本国内考生们相同。每一个考生都会报考一个以上的学校，而各学校的考试日期不同，加上正式考试前需要几天来适应日本的环境，所以考生只要向学校提交合理的考试日程表就可以请长假了。选个入学考试日期在1月底的学校，再选个考试日期在2月中旬的学校，这样就可以堂而皇之地参加私塾为期一个月的考前突击班了。

❷ 私塾给学生创造时间。为了能安排一个较长的考试日程，私塾也会筛选一个考试日期早的、有优惠入学条件的学校来劝诱学生报名。一般大型私塾都会有向某高中“内部推荐”的制度，在私塾的平时考试中成绩好的学生可以优先享受这个制度。这样的联手，私塾和招生学校能够双方得利。海外私塾以这样的条件做诱饵，给学生创造了一个1月底入学考试的机会，劝诱更多的学生参加考前突击班。

实际上，我就是一个“中”私塾劝诱计划的家长。大儿子接受了“内部推荐”的条件，报了一所1月20日入学考试的高中。这所高中除了“内部推荐”还有更诱人的条件，那就是入学考试成绩名列前茅的学生还可以得到相当于全部学费金额的奖学金。其实大儿子真正想去的学校2月10日才开始考试。如果没有私塾的劝诱，像我们这样的外国人家庭是无论如何也不会把这样的优惠条件当作诱饵的。就这样，大儿子走上了私塾给安排的轨道，把考试日程从1月底安排到了2月初，顺利地向学校请了一个月的考试假。

（2）形式和内容

参加考前突击班是自愿的，私塾当然会使出浑身解数安排周全：除了协助家长选择考试早的学校外，还向家长介绍距东京私塾总校最近的商务旅馆，并且提供教师全程陪伴等服务。

考前突击班是封闭式学习，早上九点半到晚上八点半学生被关在教室里上课学习。午餐可出校门自由购买，晚餐集体订购盒饭在教室里食用。

学习内容为反复做报考学校的历年入学考试题。白天做试卷，晚上听老师讲解。大儿子升入初三之后，我就常听私塾的教师强调：请学生不要擅自做高中学校的历年入学考试题。我在这里找到了原因。

（3）告别私塾

参加考前突击班的每一位学生报考学校不同，考试日期不同，日程安排也不同。但在每一位学生离开海外私塾的最后一天，都会收到全体教师的祝福、鼓励和留言板。

关于留言板，日文称为“色纸”，在第二章中已有详细介绍。

每一位教师的鼓励、留言都在那个留言板上。教师根据每个学生的特点给予提醒与鼓励，十分的温馨和动人。

（4）出征声援

凡是有学生参加考试的当天早上，都会有私塾教师到考生的住处为考生送行，为考生送上一句“加油”的鼓励。如果某场考试考生人数多的话，会有数名教师赶到考场，在考场门外为每一位考生送上

小贴士

私塾考场助威：

在日本，只要是考场就有私塾老师为自己学生出征而声援的场面。在考场外考生们必经之路上，各个私塾的教师们戴上各自的袖标，举着小旗，整齐地排在路边，为自己的学生送上问候和鼓励。同时这也是私塾自我宣传的好机会。为了能突出重点，老师们也要提前占位子。

值得一提的是，考场助威的只是私塾的老师，没有学校的老师。

▲ 私塾助威

“加油”和握手的鼓励。

那是我第一次陪儿子参加升学考试。考场外面的教师声援队伍庞大，鼓励的、加油的喊声此起彼伏，在这个公众场合极其安静的国度中可谓少见。

在将近一个月的封闭复习时间内，会有学生陆陆续续地参加考试，接二连三地接到合格证，然后带着师生们的祝福提前返回日本人学校，继续毕业前的学校学习。

（5）全程陪伴

私塾的送行服务全面周到。对于没有家长陪伴的学生，私塾提供各种各样的服务，可谓是面面俱到。

a. 教师陪伴考生集中坐一架飞机飞往东京，带领考生集体下住旅馆。

b. 教师每天早上负责敲门叫醒学生，督促学生吃早饭，按时到教室上课。

c. 有考试的日子，教师还可以陪伴考生到考场。

当然每一项服务都有清晰明确的收费标准。只要金钱到位，即便是没有家长的陪伴，考生也能够安心地参加考前突击班，顺利地通过考试。

二、中国S市日本人学校

记忆时间：2003年8月～2010年3月

我的两个孩子在这个海外日本人学校度过了将近七年的时光。因为是在我的祖国，我也得以育儿和工作两不误，说是我陪伴儿子成长最辉煌的时期都不过分。

（一）学校的一般情况

申请入学一般是在日本国内进行的。家长须提前去日本国内的“海外子女教育振兴财团”办理入学手续，领取教材。

日本人学校的在校学生基本上都是随着父亲工作的变动而变动的，所以随时有入学和转学离开的学生，流动性很大。

一年的学费包括入学金、设施费、授课费（教学费）、学校杂费、PTA 会费等，比日本国内的义务教育费用高一些。但是，学生的学费大多由学生父亲所在单位支付，父亲所在单位还有义务向学校支付一定数额的赞助费，多方面的支援保证了孩子的义务教育。

（二）上学和放学

上学和放学，日文称之为“通学”。本来，上学和放学是一件简单得不值一提的事情，可是在日本人学校，接送孩子上学和放学却是每一个家庭非常重要的事情。

理由就是两个字：“安全。”上学，家长把孩子安全地送进学校，这是家长的责任。放学，老师将学生安全地交还到家长手中，这是学校的责任。孩子在学校期间，由学校负责安全，学生不得擅自走出校门，这是规则。

在这样铁一般的规则下，我在自己的孩子们上学和放学的过程中，看到了不少感动的场面。

1. 接送上学

日本人做事就是认真、细致，接送孩子上学和放学也能分成三种方式。

（1）个人上学

日语称“个人通学”，顾名思义，是指那些一个人上学的孩子。

每个新学年开学，学校会发给家长许多材料填写，其中有一样是上学证，日语称“通学证”（见右图）。这是家长接送孩子上学和放学的证明，也是进出学校的通行证。家长必须明确填上接送孩子人选的名字、关系和联络方式，要盖上学校的公章后才能生效使用。

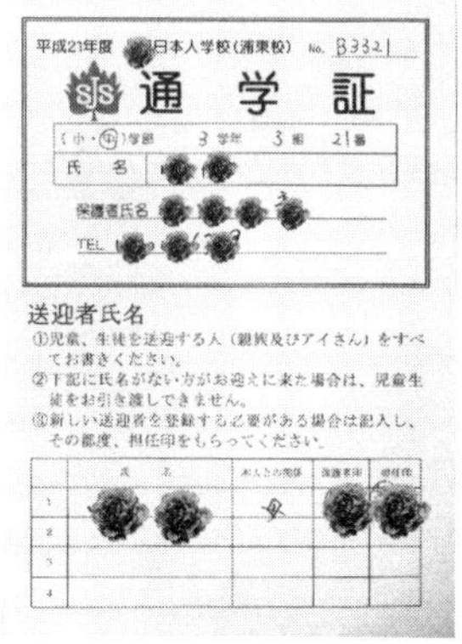
平成21年度 [redacted]日本人学校（浦東校） No. B3321

通学証

（小・中）学部 3 学年 3 組 21 番

氏名 [redacted]

保護者氏名 [redacted]

TEL [redacted]

送迎者氏名

①児童、生徒を送迎する人（親族及びアイさん）をすべてお書きください。

②下記に氏名がない方がお迎えに来た場合は、児童生徒をお引き渡しできません。

③新しい送迎者を登録する必要がある場合は記入し、その都度、担任印をもらってください。

	氏名	本人との関係	保護者印	担任印
1	[redacted]	父	[redacted]	[redacted]
2				
3				
4				

▲ 通学证

一个人上学的孩子的家长只有携带通学证，才能从老师的手中接回自己的孩子。

（2）集体上学

家住附近的孩子们可以申请集体上学。多是那些离学校近的，居住在相同公寓中的孩子们。每天由一个家长负责接送，家长们轮流值班。

（3）校车上学

是指那些乘坐巴士上学的孩子。

这里的校车，和中国学校校车的性质完全不一样。说是校车，其实完全是PTA行为，与学校无关。校车以公寓为单位，居住在同一个公寓区的孩子才能使用。日本人居住的公寓区比较集中，保证了运营的可行性。

同一个公寓的PTA家长们向公寓的物业租赁巴士和司机，家长们自行组织、自己运营、自我负责接送孩子们上学和放学。乘坐校车的孩子的家长们每一天轮流值班跟车，负责全车学生的安全。乘坐校车是日本人学校的学生最主要的上学和放学方式，而这种现象在日本国内基本上是看不到的。

2. 放学的盛大场面

上学，我自己经历了18年。小学到高中的子弟学校离家太近了，以至于背书包的记忆几乎没有。大学和硕士住在校内的学生宿舍，日复一日地重复着三点一线（教室、食堂和宿舍）的生活。对于上学和放学的理解基本上就是名词文字意义，根本就没有过程的记忆，更没办法用语言来描述。

可是，我孩子们的上学和放学，不仅让我感受到了过程，还从中体会到了惊奇。由于我有过负责跟校车接送的值班经历，可以直接地感受到学校对安全的重视不只是在口头上；可以直接地看到家长们对别家孩子的责任心和待自家孩子一样，不是虚心假意的；更可以直接地悟出老师们对学生的热爱是表现在每一件细小的工作上的。

让我们来看看放学的盛大场面，尤其是浩浩荡荡的校车队伍。

放学了，各班值班的老师和学生们一起到校园，按上述三种接送孩子的方式和学生们一起各就各位，等待着家长的到来。对个人放学和集体放学的孩子，见

▲ 放学

到拿着通学证的家长，老师在学生名字上做好记号，说声“再见”，就完成了接送过程。如遇家长不能按时出现，学生将被老师带回教员办公室，老师联系家长，请家长尽快到学校来接孩子。左图为放学的场面，摘自孩子们的毕业纪念册。

校车接送区设在校园门口附近，待发的校车按公寓远近依次从校园外排到校园内。因为乘坐校车上学和放学的孩子占多数，所以校车的数量也非常多。不知内情的人很有可能会将这里误认为是长途汽车站。日本人集中居住的大型公寓区，最多的时候配有十辆大、中型校车。

3. 关于校车

安全绝对是头等大事。日本人从有校车的第一天起就定有规章制度，一套大家共同参与、商讨、制定、通过并执行的制度。“为了自己的孩子！”，就是这样一个简单的信念，不攀不比，不推卸责任，从本人做起，这样认真的态度是孩子们能够安全上下学的保证。为了自己的孩子！我认为这个简单的道理真是值得我们好好地学习和借鉴。

（1）制度

校车，原则上是代替家长接送孩子的交通工具。以我居住过的小区为例，从有自组自营校车的第一天开始，就有了规章制度。条条款款，成文成册，年年相传。随着年代的更新，制度条文可以随时更改、添加或删除。当然，任何一项条文的变动都要得到全体人员的赞同才能实施。

制定规章制度，也是日本人做任何事情的一种风格：任何一个集体，不论多少，不论公私，只要有一个以上的日本人一起活动，肯定就会集体商议规章制度，整理成册，大家照办，年年相传。同时，这个集体肯定会有志愿者出头当干部，组织大家，牵头办事。这样的干部大家轮流担任，没有强制，却也理所当然。

有了规章制度做准绳，无论是什么样的集体，无论干什么事情，都能有序地运转起来。

（2）组织

以公寓为单位，各公寓都有为校车而组成的家长会（类似 PTA），到学校 PTA 的“交通安全委员会”登记，得到批准后正式运营。家长会由乘坐巴士学生的家长组成，成员必须参加一年一次的总会，并缴纳会费，否则家长的孩子将无资格乘坐校车，这是一个铁的规则，也是这个非官方组织能够运营的基本保障。

学校 PTA“交通安全委员会”统一管理全校的全部校车，包括校车的停车位子、发车时间顺序、乘坐校车的学生名单管理、安排值班老师负责发车前的巡逻等等。在这里，老师们要听从 PTA“交通安全委员会”的安排。

（3）运营

各公寓的巴士家长会以自愿或抽签的方式，选出数名干部。干部负责管理组织一年的活动，每年更换。这样的活动都是志愿的，不管愿意不愿意，轮到了大家都会认真地做。目的就是为了自己孩子的安全。

（4）形式

从公寓物业租赁巴士和司机，向每个乘坐校车的孩子家庭收取一定的费用。

（5）跟车

乘坐校车的孩子家长有义务轮流值班跟车。跟车家长负责确认乘车孩子，维护巴士行走中的安全等。我居住的公寓，家中有一个孩子坐车，家长一个月跟车一次；两个孩子坐车，家长一个月跟车两次。这样的安排，公平无异议。

有了这样细致的、较全面的规章制度，有了每一个参与者的协助和努力，相信任何一件事，都能有条不紊地运作起来。

（6）老师送行

放学时，个人上学和集体上学的学生，随时跟随家长和值班家长离开学校，基本不会在校园长时间停留。而乘坐校车放学的孩子则需要等待，等到所有的学生都上了车，跟车家长向值班老师报告本车的学生全部到位，值班老师确认所有的车辆都坐齐了学生，最后学校门卫吹起出发的哨声，第一辆校车才开始出发！瞬间，几十辆校车一起轰鸣，按顺序一辆接一辆，缓缓地离开学校。校门口和校门外的路边依次站满了老师，老师们一同向车内的学生挥手说“再见”。

下图为启程的校车队伍和送行的老师队伍。

▲ 放学送行

那几年我的孩子们上学和放学都是乘坐校车的。没有了每天的接送任务，我平时很少去学校。在我第一次被安排到值班跟车任务的时候，才亲眼看到这壮观的放学场面。

我第一次看到坐在校车里的孩子们；第一次看到每一个跟车家长认真点名的身影；第一次看到值班老师在校车间奔跑的背影；第一次看到依次轰鸣启程的校车队伍；第一次坐在校车中看到送行的老师队伍，心里温热的感觉至今难忘！老师们那一张张笑脸，用力挥动的双手，坐在车中一览无余。老师们高喊“再见了”的声音，即便是在门窗紧闭的车中也能清晰地听到！偶尔车外的老师认出了车内自己的学生，还会高呼学生的名字，挥动着双手冲向那个学生！坐在车中的我，几次按下也想挥手告别的冲动，心中却一遍一遍地默诵着“再见啦，老师！”这样的话。

如果不是有负责跟车的经历和亲身坐在校车中的体验，也许就无法感受到从老师们的笑脸和挥动的双手中传来的那股暖流，那是一种温暖、一种热爱、一种呵护、一种……我甚至找不到合适的词句来形容这种美好。

送行的老师们，你们几乎天天都要站立在路边，天天都要冲着车中的孩子们微笑。在挥动双手的同时，老师，你们在想些什么呢？

（三）学校的午餐

日本人学校无论是小学还是初中，孩子们的午餐一律是自带的盒饭。不仅如此，孩子们的饮水也要从家里自带。据说是学校出于卫生安全方面的考虑，不愿意把饮食安全问题带到学校来，让各自的家庭负责各自孩子的饮食安全。

海外日本人学校的校长和教师一样，大多都是三年任期，这也许就是学校把这样的安全问题移交给各自家庭的真正理由吧。

▲ 在教室里吃盒饭

右图为孩子们中午在教室吃盒饭的样子。

我也是在那些年慢慢地练习、习惯，并学会了做日本盒饭。载录一篇我多年后关于带盒饭的日记。

十年盒饭

2012-12-18（Tue）

2012年12月7日（周五）读高三的大儿子放学回家说，下个星期开始期末考试，要考一周，所以明天开始就不用带盒饭了。掐指一算，那一天应该是我最后一次为大儿子做盒饭。再掐指一算，从他小学三年级转到上海上学，到如今儿子高三即将毕业，将近十年的时间里我一直没有停止过为儿子做中午盒饭的“工作”！一直盼望着不用为儿子上学做盒饭的那一天，没想到这样的日子竟然悄无声息地到来了，我也竟然有些不知所措！最后一次，我没有来得及为儿子做上一个特别的、值得纪念的盒饭，着实有点儿遗憾！

大儿子的高中学校有食堂，但是他入学后吃了不到一个星期的食堂就被要求带盒饭。带盒饭上学的话，中午就可以在自己的学习桌上用餐。因为学校没有微波炉等加热设备，凡是需要加热才能吃的热炒菜是不能带的，有汁的菜也不能带。

曾几何时，我为做什么盒饭而在菜市场中徘徊不定。

曾几何时，我为放凉了也能吃的盒饭而掏空了脑袋。

曾几何时，我为又做早饭又做盒饭而在星星中早起站在厨房中。

为学校的教学远足做盒饭，已经不是稀奇的事情了。学校外的私塾，也需要带晚餐盒饭。每个学年的盛大运动会，也要做上全家人的盒饭。升高中考试，午间休息不允许离开考场，中午也要自带盒饭。

记得大儿子升高中考试的时候，我给他带的是自己设计制作的“胜利”盒饭。就是在白米饭上，将紫菜（黑色）、鸡蛋皮（黄色）、梅子（暗红色）切条排出日语的片假名“胜利”二字，即“カツ”。比起汉字的“胜利”二字，日语的这两个字简单，笔画少，比较容易排列拼凑。当然，日本自有传统的“胜利盒饭”一说，那是指油炸猪排盖浇饭。因为油炸猪排的日语发音为“カツ”，“カツ”与日语“胜利”的发音相同。在考试的前一天给考生吃油炸猪排盖浇饭，是日本的一个传统习惯。“カツ”即“胜利”，图个音同，讨个吉利。但，像这样的“カツ”盒饭，也许就我一家。

十年漫长，光是饭盒就更新换代过几次。单层小饭盒配叉子勺子，是儿子幼儿时期用的（哦，那是十年前的事情）。双层饭盒带筷子，是儿子小学时候用的（也是十年前的事情）。圆筒多层，具有保温功能的饭盒，是儿子们在上海上学时用的。最近三年儿子用自己选购的双层700ml容量的成年男性用饭盒，是儿子成年的象征。

▲ 胜利盒饭

十年磨人，我做的盒饭花样渐渐地多了起来，例如：有荤素配、有营养、有颜色。

十年炼钢，我再也不用为了第二天的盒饭而头一天晚上就站在厨房了。购物时分点儿脑子到做盒饭的用料上，早上起来看着冰箱的材料现配盒饭也来得及。

十年练功，我从捏的饭团子不成团，儿子吃的时候不能用手拿，只好用勺子吃的初期尴尬阶段，经过了一个必须使用模具“捏”饭团子的中间阶段，发展到了现在直接用手捏饭团子的高级阶段——根据需要随意捏成不同大小、不同形状的饭团子。不敢吹牛我做的盒饭如何如何的好，至少从营养、卫生、搭配、眼观等各个方面讲都能够拿得出手。

如果不是写这篇文字，我从来没有数过自己竟然为儿子上学做了十年的盒饭！真是不数不知道，一数吓一跳！感叹光阴似箭流逝之快，叹息自己为育儿不知不觉之付出。当下儿子离巢高飞的日子就在眼前，期待自己的新人生也就在眼前……

（四）放学后兴趣学习

与日本国内比较，海外日本人学校学生们的课外兴趣班更丰富多样，球类、棋类、书法类、音乐类、艺术类、文化类、语言类。有当地国家的课外学习班，也有日本人组织的课外学习班。

介绍一个自发的民间活动团体。

自发的民间活动团体，实际上就是兴趣小组一类，是俱乐部的一种。有人牵头，有人组织，兴趣爱好相同的人聚集在一起活动，靠大家的会费来运营。

大儿子小学五年级到初二，曾参加过一个日本民间棒球队。我简单介绍如下：

1. 老鹰棒球队

这是一个由爱好棒球的少年儿童组成的少年棒球队。

❶ 运营：家长们组织，邀请外部棒球教练。座右铭是“全体棒球”。

❷ 活动内容：棒球练习、公开比赛、练习比赛、父子比赛。

❸ 活动时间：周六和周日。

❹队员：小学和初中在校学生。

❺会费：70元/月。另加设施费（球场利用费），接送巴士费。

❻服装自备：棒球服、帽子、T汗衫。

❼管理：家长管理。主要的工作有租赁球场、安排练习、确保安全；练习中一旦有孩子受伤立即做紧急处理；棒球用具的确认、安排、分配和保管，指导孩子们将棒球道具带回家；出席和缺席的孩子的管理和确认，其他辅助工作和杂事。

2. 我的经历

小学期间只有周六练习棒球，大儿子基本没有参加过比赛。除了接送孩子，父亲还须陪伴在球场，做些力所能及的事情。

升初中后，周六练习，周日比赛。每位家长（妈妈）必须参加家长委员会，参加定期的家长会议，并轮流担任家长会的干部。大儿子初中二年级时，在每位家长都轮流当过一遍干部之后，我这个外国人加门外汉家长，也做了一次家长会干部。

家长会干部的工作为制作每周练习和比赛的时间表、场地利用表，练习场地的联系、预约和交费，接送巴士的管理和运营，会费的收取和管理，安排练习和比赛时球场值班家长名单，以及一次畅谈会（聚餐）的预约和举办。

一年中最后一天训练结束后，队员和家长（父母）在饭店一起吃饭畅谈。按照习惯，干部们要事先到饭店试吃一次，主要是把当天的菜单定好。

我感受最深的是全体人员对棒球的热爱：

（1）队员热爱棒球

队员对棒球的热爱体现在队员对棒球的态度上。周末在球场认真练习，平时在家自觉做基础练习。棒球手套和其他用具都被精心地擦得光光亮亮的。一旦课外学习班与棒球练习有冲突，肯定

▲ 老鹰棒球队训练

是首选棒球练习。

（2）**家长热爱棒球**

队员的父亲大多有过打棒球的经历，愿意积极陪伴孩子们周末的练习。多数的母亲都有过棒球啦啦队的经历，孩子们的棒球练习和比赛她们都是积极地准备，热情地鼓励呐喊。

由这样的热爱棒球的人员组成的队伍，虽然是民间活动，也能越办越好。

（五）毕业去向

日本人学校是配合日本国内的义务教育而设的，因而只设有小学和初中，高中必须自找出路，初中毕业的学生大致有下面三个去向。

1. 归国

考入日本国内的高中是半数以上毕业学生的去向。日本国内多数高中的入学考试设有“归国生考试”的优待政策，优待规则虽然因学校而不同，但是优待归国学生的方针是一致的。

2. 当地国际学校

S 市的国际学校和当地大学附属国际高中部也是一个去向。对于当地的校方来说，日本人学校的学生是一个很好的生源，因为高昂的学费永远是学校收入的重要来源，也是学校追求的目标之一。

3. 其他国家的日本高中

据我所知，在法国、瑞士、新加坡、美国等国家有一些日本私立高中。这些学校为日本海外私立机构，一般都是因历史上的某些特殊原因，由某位日本有名人士建立并保留至今的学校。得到日本教育部（文部科学省）的认可，公开招收日本人学生。

这些学校多为重视当地国家的语言学习，以某些专业，如美术、绘画、设计学习等为主要学习内容，相当于职业高中性质的学校。

4. 日本人学校的升高中说明会

S 市的日本人学校对初三学生的家长的升学指导之一就是举办高中学校说明会。每个学年的第二学期开始，学校定期举行多次高中学校说明会。邀请上述三类高中学校的老师来校，介绍各自的学校。召集初三的学生家长参加，目的是为毕业生多一些毕业去向选择。

三、归国子女

归国子女，是指那些随家长经历了长期海外生活后回归日本国内的学龄儿童。

（一）归国子女的经历多种多样

1. 居住时间多样

伴随父母海外赴任而居住海外，短的一至两年，长的五至十年。有出生在海外的孩子，有婴幼儿期移居海外的孩子，也有小学、初中或高中等期间转学海外的孩子。

2. 居住国家多样

有的一直住在一个国家，有的有多个国家居住经历。

3. 所在学校多样

有在当地学校上学的孩子，也有在日本人学校上学的孩子，更有在国际学校上学的孩子。

归国子女在外国的文化环境中长大，体验了异国的文化，得到了“国际的感觉”。他们对外国环境、外国文化没有偏见，只有接触到的感觉。他们不同程度地掌握了居住国家的语言。归国子女最大的特点就是在其价值观尚未成熟的幼小之时，不带偏见地身临其境地接触到外国文化，与那些价值观成熟后，因羡慕外国依自己的希望到外国读书的留学生有根本的区别。

（二）归国子女升学考试

1. 归国生考试

归国生考试就是对归国子女有优待条件的入学考试。日本国内设有归国生入学考试的学校很多，初中考试、高中考试和大学考试都有。

归国生考试形式和内容多种多样，各个学校各自为政。报名申请、考试时间、考试科目都不同于一般入学考试，不同学校的方针不同，操作不同。

归国生考试日期比一般的入学考试早一些。即使是和一般的入学考试同一天、同一考试内容，归国生考试也是单独批改试卷，单设合格标准，并有单独招生名额。

2. 举例说明归国生考试

东京都私立SS是中高一贯制学校、男女共学校，偏差值65左右，属于名门学校之列。

（1）一般入学考试

时间：2月3日

考生报名条件：小学六年级毕业生

考试科目：国语、数学、理科、社会共四门，满分300分。

（2）归国生入学考试

时间：1月17日

考生报名条件：在海外生活两年以上，或归国后两年之内。需提交海外学校的在学证明和学习成绩单。

考试科目：国语、数学两门课，外加一门选择科目：英语考试和英语面试（英语国家归国学生）或者日语作文和日语面试（非英语国家归国学生）。

归国子女招生名额为11名。

实际报考人数1 100名。

合格发榜人数40名（有流动到其他学校的合格考生）。

插几句

我陪着儿子们在海外日本人学校就读数年，一个最深的感受就是日本国家对孩子们的教育的重视。日本人即使在国外都不让一个孩子成为文盲。国家的教育政策制定到位，各层政策的执行者也执行到位。支持孩子们接受教育不仅仅是国家教育部门的任务，在海外的日本人企业也全方位、无条件地援助员工子女接受教育。到海外日本人学校办理入学手续的孩子，其父亲还必须向学校交付自己在职单位的相关资料，学校根据父亲所在单位的规模大小和盈利状况，名正言顺地向这个企业索要合理的赞助金额(而不是向个人索要)。企业一般也是无条件地接受，按要求执行。这也是在海外的日本人学校能够正常运行的最大保证。

第八章 教育费用

任何国家的教育都需要有经费的保证，本章略述日本教育费用的情况。先看看日本一个孩子从幼儿园到高中毕业，完成一个完整的大学前教育，一个家庭需要支出的费用。

一、幼儿园到高中的学习费用

日本文部科学省2008年度（平成二十年）的“儿童学习费用调查”结果如下：

2008年度（平成二十年）的年度学习费用总金额（单位：日元）

幼稚園～高校：学習費の総額

区分	幼稚園		小学校		中学校		高等学校(全日制)	
	公立	私立	公立	私立	公立	私立	公立	私立
学習費総額	229,624	541,226	307,723	1,392,740	480,481	1,236,259	516,186	980,851
学校教育費	131,678	369,786	56,019	792,604	138,042	946,594	356,937	782,953
学校給食費	14,932	27,577	41,536	35,836	37,430	590	—	—
学校外活動費	83,014	143,863	210,168	564,300	305,009	289,075	159,249	197,898

※平成20年度「子どもの学習費調査」（文部科学省、平成22年1月27日公表）
※平成20年度の年額（単位：円）

注释：表中日文汉字基本与中文表意相同，其中，“中学校”为初中，“高等学校”为高中，“学校给食费”为学校午餐费用，“子どもの学习费调查”为孩子学习费用调查。

从表中可以看出：

❶ 学习总费用，私立学校的平均费用均高于同一阶段的公立学校。

❷ 学习总费用包括学校教育费（学费）、学校午餐费和学校外活动费。

❸ 学校午餐费用，大部分的私立初中和全部高中学校都有学校食堂，或因有学生自带盒饭，所以这部分的金额不在统计中。

❹ 从幼儿园到高中，私立学校的全部费用是公立学校的数倍。

二、学校教育费用明细

对学习总费用再进行细分，有下述的支出明细表：

教育部2006年度“儿童学习费用调查”结果（单位：日元/年）

学校教育费明细	小学		初中		高中	
	公立	私立	公立	私立	公立	私立
学费	0	396 119	0	410 918	112 296	323 652
修学旅行、远足、参观学习费用	6 422	32 684	25 317	65 462	32 519	53 723
交给学校的杂费	8 912	217 502	15 611	250 391	48 165	216 343
图书、学习用品、实习材料费用	18 640	29 487	24 682	38 525	36 568	37 414
课外活动费	2 550	9 790	26 497	49 354	34 648	41 869
上学交通费	15 969	84 617	36 819	135 916	74 804	105 884
其他	4 162	9 800	4 257	7 327	4 922	6 404

从表中可以看出：

❶ 公立小学和公立初中没有学费支出。

❷ 私立学校的学习费用中交付的学杂费是一笔大的支出。

三、义务教育费用

（一）日本宪法规定，实施义务教育的费用由国库负担

这个制度的目的是保障国民都能接受一定程度的教育，保证教育机会人人平等，人人都能接受同等水平的教育。

1. 日本学校教育法规定

❶ 市、町、村有义务设置小学和初中学校，让本区域内的学龄儿童都能上学。

❷ 都、道、府、县有义务设置特别支援学校，让本区域内学龄儿童中有视觉障碍、听觉障碍、智力障碍及身体残疾的儿童都能上学。

❸ 市、町、村有义务负担本市、本町、本村公立学校教职员工的工资，确保优秀教职员工的安定，不外流。为了在整体的区域内配置适当的教员，都、道、府、县有义务负担教员的全额费用。

2. 义务教育学校

日本学校教育法规定：小学、中等教育（初中和高中统称为中等教育）的前期课程（指初中）、特别支援学校（盲人学校、聋人学校、养护学校）的小学部和初中部为义务教育学校。

（二）国库负担的内容

1. 教职员的工资

教职员（校长、教头、教师、保健教师、营养教师、助理教师、保健助理教师、寄宿学校指导员、讲师、学校营养职员、事务职员）的工资及奖金，国家每年度向各个都、道、府、县支付实际金额的三分之一，另三分之二由都（东京都）、道（北海道）、府（大阪府）、县各自的财政支付，而这部分的经费以地方税收为保证。

2. 学校的设施费

义务教育学校为解决教室数量不足而新建校舍、增建室内运动场等所需经费，由国家支付二分之一，剩余二分之一由都（东京都）、道（北海道）、府（大阪

府)、县的财政支付。

3. 教学用教科书

义务教育学校学生使用的教科书，由国家购入指定的教材再无偿地发放到各义务教育学校。换言之，教科书费用由国家支付。

四、其他教育费用

1. 制服费

此项为各家庭支付的费用。初中或高中的制服费，三年一般为七万到九万日元。没有制服的高中，普通服装费的支出也差不多是这个数字。另外，加上参加各种仪式（婚丧嫁娶）时必须准备的正式服装费用，可能还会高于有制服学校的费用。

2. 私立高中的捐款

有的私立高中征集赞助费或发放学校债券。

赞助费，基本以十万日元为一个单位，可任意购买若干单位，不是义务，但有不少的家庭协助缴纳。一般不协助的家庭也不会有不利的影响。

学校债券，是债权投资，与赞助费不同。毕业时会返还家庭，或是拿来代替购入纪念品的费用，也有的学校索性把学校债券自动转成赞助费。

3. 奖学金

奖学金是发放给优等生的，优等生是指学习成绩名列前茅的优秀学生。学校给予这样的优秀学生全部减免或部分减免入学金和学费，相当于发放了奖学金。

优等生的资格，入学考试成绩优秀的学生，在学校考试成绩优秀的学生都可以得到。

优等生制度，是学校为了吸引更多的学生而采用的优待政策，完全凭成绩论高低。

我经历过的优等生制度：琦玉县私立 SH 中高一贯制学校，高中入学考试设立了优等生制度，在高中入学考试中成绩优秀的学生都可以得到优等生待遇。

优等生和所有的合格考生一样，需要事先缴纳一切入学相关费用。在办理了入学手续，4月份开学时正式入学后，学校再以发放奖学金的形式将缴纳的学费退还学生。

如果没有正式入学的话，优等生待遇就打了水漂。

4. 家庭收入和教育优劣

我曾经在电车上看到一个宣传广告，说：一个孩子的教育优劣和家庭的经济收入成正比。换言之，家庭收入高，孩子就有条件接受更好的教育，有机会竞争更好的人生路。这样良性循环的道理应该是全球通用的。

这一章的内容和数字就是一个好的证明，任何一条通往优良教育之路都是用金钱铺垫而成的。

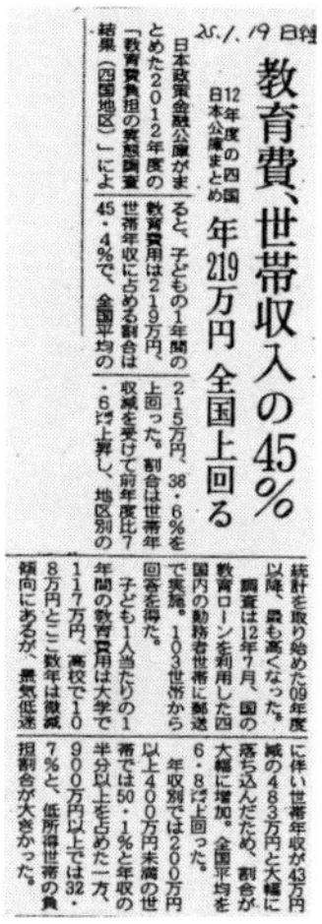
25.1.19 日経

教育費、世帯収入の45%

12年度の四国 日本公庫まとめ

年219万円 全国上回る

日本政策金融公庫がまとめた2012年度の「教育費負担の実態調査結果（四国地区）」によると、子どもの1年間の教育費用は219万円、世帯年収に占める割合は45・4%で、全国平均の215万円、38・6%を上回った。割合は世帯年収減を受けて前年度比7・6ポイント上昇し、地区別の統計を取り始めた09年度以降、最も高くなった。

調査は12年7月、国の教育ローンを利用した四国内の勤務者世帯に郵送で実施。103世帯から回答を得た。

子ども1人当たりの1年間の教育費用は大学で117万円、高校で108万円とここ数年は微減傾向にあるが、景気低迷に伴い世帯年収が43万円減の483万円と大幅に落ち込んだため、割合が大幅に増加。全国平均を6・8ポイント上回った。

年収別では200万円以上400万円未満の世帯では50・1%と年収の半分以上を占めた一方、900万円以上では32・7%と、低所得世帯の負担割合が大きかった。

▲ 日经新闻片段

右图为平成二十五年一月九日（2013年）“日经新闻”的片段内容。我只想提一下标题：“教育费用占一个家庭收入的45%。”从这个数字可以看出，在日本，一个家庭几乎把全家约一半的收入投进了教育！这样的比例与我们高呼“上不起学”的国情不相上下。

就我本人的经历也能得到同样的结论，每当别的家长表扬我家孩子如何如何的优秀时，我都会回答一句话：“我家孩子的今天是用钱铺出来的！”因为，我家孩子们的教育费用支出一直是我家的一大笔消费，对此我一直有记明细算总账的念头，可惜这个念头一直没能付诸行动。

插几句

在我们太多地羡慕外国快乐宽松教育、渴望外国先进丰富的教育环境的同时，我们更应该认识到在美丽的光环之下隐藏的庞大费用支出。如果我们的家庭能再多支付一点，不再吝啬教育费用的支出，加上我们的国家正在不断增大的对教育人力和物力的投资，我坚信用不了多久，我们的教育水平也能站在世界之巅。

第九章 PTA

一、PTA 是什么

PTA 是英文“Parent-Teacher Association”的第一个字母的缩写，字面意思就是家长和教师的协会，但是实际上 PTA 更像是单纯的家长组织，是以老师为桥梁协助学校教育活动的家长组织。

PTA 是会员制，入会本应该自由的，但是实际上每个家长都必须加入，从孩子入学的那一天起，家长就自动成为 PTA 会员。PTA 会员须缴纳一定的会费，保证组织的活动得以运营。

中国的学校基本上没有这样的家长组织，孩子一旦迈进了学校的门，就等于交给了学校，交给了老师。除非孩子在学校闯了祸，发生了问题，否则家长基本上不去学校，这样就很少有机会和老师交流。把孩子交给学校，可能有些家长会觉得自己一身轻，但是孩子每一天在学校的时间比在家里的时间长。相信大多数家长还是希望了解：自己的孩子在学校里是个什么样子？孩子上课时的样子怎样？课间休息的样子怎样？如果有了 PTA，孩子们在学校内的一切行为也许就不会再是个谜了。

二、PTA 的活动内容

PTA 的工作本是无报酬的志愿者工作，所以各学校 PTA 的活动内容没有一定的标准。我列举一些在这里，不敢说能包罗万象。

（一）支持学校的活动

家长畅谈会的运营和主持（我经历过的几乎都是这样的活动）；学校院子的清扫和除草，教室窗帘的清洗；协助举办运动会及马拉松大会等学校活动。

（二）PTA 校内独自活动

1. 主办各种活动

年级畅谈会、班级畅谈会；讲习会、讲演会、参观会、学习会；学校午餐品尝会等。

2. 保护学生安全

保护学生上学和放学的安全（多见于小学）：学校周围的安全巡逻；上学和放学交通路口的站岗等。

3.PTA 组织活动

PTA 总会；制作和发行 PTA 新闻、广告；PTA 总部干部会；各专门委员会干部选举等。

（三）PTA 校外独自活动

参加都（东京都）、道（北海道）、府（大阪府）、县 PTA 联合会；市内各 PTA 之间的交流；参加 PTA 研修会；参加邻近小学、初中学校的入学式、毕业式、纪念庆典等。

三、PTA 干部和委员的介绍

（一）PTA 总部干部

❶ 会长：PTA 的代表一名（一般多由父亲担当）。

❷ 副会长：两到三名。

❸ 书记：两到三名。

❹ 会计：两到三名 。

❺ 会计监督：两名。

（二）各部门委员

❶ 各年级委员：年级内 PTA 委员，为总部和一般会员之间的联络桥梁。

❷ 广告部委员：负责 PTA 新闻报的制作，每年发行三回。

❸ 教育部委员：负责组织讲演会、讲习会，规划和举行教学参观。

❹ 地区部委员：负责校内安全巡逻、上学路线交通路口的站岗。

❺ 选举部委员：监督 PTA 干部的选出是否公正，负责选出下一届的干部和委员。

插几句

对于我来说，这些 PTA 的工作真是婆婆妈妈，是不值一提的丁点儿小事。我刚开始接触 PTA 工作时就是这样想的！日本的家长都在瞎忙些什么？就这些鸡毛蒜皮的事儿？在参与之中，我从这些小事中慢慢地悟出了大道理。

“养”一个孩子，家长在家不就是日复一日地重复着那些繁琐的、细微的、提不到台面上的琐事吗？“养”一个孩子，家长的快乐感、幸福感、成就感不就是在孩子的成长过程中一点一滴地实现的吗？老师和家长在学校内外能做的也是这些小事情的重复，孩子的成长就是在这样的重复过程中实现的。

不敢说 PTA 这样的琐碎工作就是百分之百的正确，但是我敢说，这样为孩子们点点滴滴、认认真真付出的家长总比那些把业余时间消耗在麻将桌上、棋牌室里、电视机前的沙发上，喝着茶侃大山、推杯问盏夜不归家却喊着没有时间管孩子的家长更值得敬佩！

四、PTA 选举

PTA 是义务工作，每一位家长都不愿意做是人之常情，但是这样的志愿工作没有人做又不行，所以每一年的 PTA 选举就成了一件非常“隆重”又非常“难堪”的会议。加之 PTA 成员几乎是清一色的妈妈，三个女人一台戏，女人扎堆儿的地方肯定清静不了。

PTA 总部干部及各部门委员的位子每一年都是固定的，选出方法也大同小异。有上一届选举委员的努力挖掘，也有选举投票、自我推荐、他人推荐、抽签选举等等。无论使用什么方法，在最终凑齐所有职位的人选前决不能终止选举。

我见过的选举方式有两种：朋友之间相互商量一起举手的毛遂自荐和以最终手段——抽签进行的抽签选举。

（一）毛遂自荐

在 PTA 选举大会或是班级选举委员会议上，上一届干部或委员先要做一番游说和劝诱，先问是否有人毛遂自荐？这时，也许会有几个要好的、说得来的朋友私下商量，“反正是躲不过去的，还不如早做了早轻松，朋友一起好做事儿”。于是几个人一起举手拍板定位子。

运气好的时候，在这个阶段就能完成所有位子的选举任务，剩下的家长们在松了一口气的同时，会衷心地给予毛遂自荐的家长们热烈的掌声，不断地重复着“非常感谢！”“请加油！”。万事大吉，皆大欢喜！

（二）抽签选举

PTA 干部和班级委员的选举也有相应的规章制度。

1. 先行规定

❶ 有兄弟姐妹同在学校的情况，家长先参加大孩子的班级委员选举。

❷ 大孩子的班级没有被抽中的时候，再参加小孩子的班级委员抽选。有几

个孩子就有几次机会。

❸ 抽签选举时被抽中者无条件地当选干部或委员。一旦被抽中，再也没有人会听抽中者的任何理由和委屈。所以，抽签一定要公平公正。

❹ 任何 PTA 位子一定要选出若干候补名额。在一年的工作中，如果有中途辞退者（本人生病或孩子转学），候补干部自动提上来。海外日本人学校的学生家庭流动性大，这样的候补干部尤其重要。

2. 免除抽签

当然也有可以免除参加选举的情况。

各个学校都有一些可以不做 PTA 工作的明文规定，除了做过 PTA 是一个铁打的免除条件外，其他的条件都是非常苛刻的。如本人生病、怀孕生育、近期要搬家、家中有婴儿、家中有需要照顾的病人等。这些条件都要经过全体会员的认可，或是提出相关证明才能通过。

在海外日本人学校，由于学生数很多，免除抽签的条件比较宽松。全职工作、有幼小孩子、在别的家长组织中（比如公寓巴士家长会）当上了干部、两年内做过 PTA 工作等都可以作为免除抽签的条件，甚至日语有困难者（外国妈妈）也可以作为免除抽签的条件。

3. 抽签选举种类

抽签的方法一般由上一届 PTA 委员商议确定。我见过的抽签方法有这些：

❶ 全体人员在一起抽签。这个时候缺席的家长也得参与抽签，事先征得缺席者的同意（当事者不同意也得同意），由主持者（多为上届委员）代替他抽签。

❷ 把分别写有全体人员的名字的纸条放在一处，由主持者抽签，抽到谁就是谁。

❸ 抓大头（日语称之为“Amidakuji”）。这种方法比较常用，是我在国内从未见过的，自认为是比较好的抽签方法。简单介绍如下。

（1）定义

抓大头抽签又叫“阿弥陀抽签”，得名于阿弥陀如来。方法是在若干平行线条的端头写上“中签”或“不中”的字样并盖住藏起，再由抽签人各自画线进行抽签游戏。

（2）准备

参考下方的图解解释说明抽签过程。

❶ 在纸上按参加人数画线条（竖着的平行线），几个人参加抽签画几条平行线。

❷ 让每个抽签者在平行线之间任意画横线（呈梯子状）。为了公平，主持者和参加者均可自由地画横线。画在哪里，画几条线均为自由。

❸ 掩盖中间部分。任何人也看不见中间的横线部分。

❹ 平行线的上端为参加者的名字，下端为抽签的结果。

下面的图解说明中，上端 a、b、c、d、e、f 分别为六位抽签者的名字。可以用猜拳的方式决定写名字的先后顺序。先写的人可以任意选自己喜欢的位子，最后的人只好用剩下的位子。

下端在 1、2、3、4、5、6 线端处由组织者任意地写上抽签结果。图中 2 为中签位。

（3）开始抽签

❶ 准备工作完毕，打开中间的遮盖部分露出抽签结果，开始抽签。

❷ 每个人从自己的名字出发，沿线向下方走。一直向下方走，遇到横线必须拐弯，最后走到下端的数字为止。就这样，走到中签位子 2 的人就抽到了签。

图解说明中的结果是参加者 c 抽到了签。各图下方的中文为英文说明的译文。

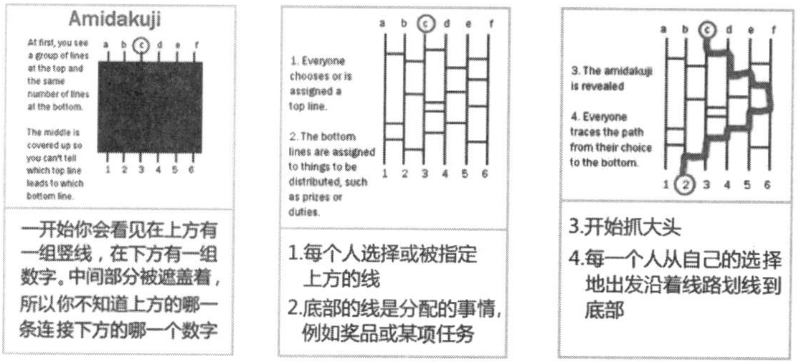

▲ 抓大头抽签

这个抽签方法不错，只要理解了做起来不难。读者在需要的时候不妨试着用一用。

五、PTA 花絮

（一）对 PTA 褒贬不一

日本家长对 PTA 的看法褒贬不一，各方争执不下。下面的内容完全是我收集到的，没有加入我个人的评论。无论负面意见有多少，PTA 的存在是必需的，“为了自己孩子的教育！”，家长们也需要有一些无偿的付出。

1.PTA 本是“Association”

“Association”，按定义是指任意的民间团体，赞同活动的人提出申请，得到批准才能成为会员。但是学校的 PTA，是在孩子入学的同时家长自动被加入的。不问家长的意愿，多少有些强迫的味道，理论上是不符合“Association”的定义的。

2.PTA 不是学校的“媳妇”

既然 PTA 是家长和教师的协会，那么理论上家长和教师应该是平等的关系。但是，实际上多数学校的 PTA 是在学校下面“接活儿”的组织，是听从学校命令的机构。PTA 在决定做什么事之前，多数情况要询问和征求学校的意见。PTA 就像学校的“媳妇”，而不像合作者。本来，PTA 是一个不属于教育委员会、不属于教育部的独立组织，所以在学校及教育委员会的指示和命令下工作是不正确的。

（二）志愿和必须的矛盾

对于家长，也就是妈妈来说，PTA 是志愿的工作、分外的事情。虽然心里不愿意做，但是没人做又不行，这个道理谁都明白。这样志愿和必需的矛盾平时只能留在心里，一旦遇到真格的选举这种矛盾才淋漓尽致地表现出来。

1. 拒绝战术

除了抽选会的争斗，暗处还流传着如何体面地拒绝当选 PTA 的“拒绝战术”。说不存在的理由又怕将来被戳穿后失去朋友，说出太多自己家人生病之类的个人隐私又怕面子上过不去，但是又想拒绝。我从未听到过关于“拒绝战术”的秘密话，倒是在网络上看到过这样的“拒绝战术”的介绍内容。

2. 瞄准轻松的职位

不好拒绝又实在躲不过去，那么，相对轻松又容易做的工作，就成了大家瞄准的对象。在选举会上，经常能看到一个好工作被好几个人争夺的景象。

3. 和朋友一起做

找朋友或是对脾气的人商量一起做，尽量在低年级的时候做一次，避免在毕业年级忙碌的时候又不得不做的“不幸”。

六、我亲历的 PTA

我曾做过四届 PTA 委员，其中三届是班级委员，最后一届是总部干部。开始由于语言障碍，加之从未见过 PTA，只是懵懵懂懂地跟着大家行动。既然是 PTA 委员，就没有人会照顾你是外国人。人人平等，事事分担。

百战成勇士，四次（四年）的身体力行，我不仅明白了明面上的协议和规定，也悟出了不少水面下的小玄机。不同的学校、不同的地区之间，似乎永远没有重样的工作。

现将我的经历按时间先后顺序简单地记录在这里，与读者分享。

（一）初二举手毛遂自荐

记忆时间：2008 年 4 月 ~ 2009 年 3 月

地点：海外日本人学校

1. 选举

海外日本人学校学生数较多，PTA 干部和委员的选举是在体育馆举行的。

（1）参加人员

初中部三个年级的学生超过500名，每个学生的家长都必须参加这个盛大的活动。如果因特殊情况不能出席的话，必须填写大会前发布的缺席申请书，缺席申请书中必须选择“委托某某家长表决”，或是“服从学校的各项决议”。

（2）层层选举

PTA 总部的干部大致是事先选好的（应该是上一届干部离任前选好的），PTA 总会上，在征求与会人员是否有人举手自我推荐之后，直接公布 PTA 总部干部的名单，然后大家鼓掌通过。表面上很轻松地选出了 PTA 总部干部，也许前一年选举委员们背后的努力，不为我所知道。

PTA 总会选举后，分年级分班级继续选举班级 PTA 委员，这基本上是与每一个家长息息相关的“鬼门关”。

我当年参加选举的是两名班级委员。由上一届的班级 PTA 委员主持，教师不参加。

（3）选举方式

班级所有的家长都必须参加选举。缺席者由主持者代为参加抽选。遇到没有上交服从抽选结果书面材料的缺席者，负责选举的委员当场给缺席者打电话，让缺席者同意“服从抽选的结果”。换言之，缺席者如果被抽到了，必须无条件地接受。

选举一定要公平公正，宁可拖延时间也不能省略任何一个程序。

（4）两名班级委员

在没有人主动举手自我推荐的前提下，我犹豫地发了言：“如果大家不介意我这个外国妈妈的话，我可以试试……”从未做过 PTA 工作的我多少有些胆怯。没等我发言的尾音全部落地，全体人员的掌声就响了起来。没有人会在意那么多没用的形容词和省略号。

还剩一名，按正常步骤进入抽签选举，用抓大头抽签法选中了一名日本妈妈。一场“战争”宣告结束。

2. 工作

那是我第一次真正参加 PTA 工作，一切都是新鲜的。因为是在中国，我这样的当地委员还真派上了大用场。

（1）第一份工作

开学不久就有了第一份工作，分发学生体育服。

由于在海外，学校没有统一的体育服，PTA 统一定制的运动服就成了学生默认的体育服。虽然购买自由，但是几乎全体学生都定购了。从收集定购申请表、订货、收款到分发到学生的手中，一系列的工作都是 PTA 操作、运营和完成的。

分发体育服的工作是在学校的武道馆（类似体育馆的大型活动室）里进行的。年级全体 PTA 委员集中在武道馆，将到货的体育服按每个学生的预定单子分类，再按班级分箱，搬送到每个班级，再经教师发到学生手上。第一份工作纯手工活，人多手快，一个上午便完工了。

（2）第一次畅谈会

PTA 委员的一个最主要的工作就是组织班级家长们开畅谈会，意在促进家长之间相互了解和认识，交流学校信息。畅谈会只有家长们参加（清一色的母亲），没有教师。

❶ 形式。畅谈会就是吃中午饭，在饭桌上畅谈。大事小事杂事，孩子老师学校，还有当地的人和当地的事。

❷ 试吃。畅谈会的场所由组织者们自费寻找饭馆，并点菜试吃。为了一顿饭也要试吃？我第一次经历。当时，年级 PTA 委员们为了一顿饭，试吃了两次！日本人过分认真的态度让我着实吃惊。第一次畅谈会是两个班一起开的，一个班大概有20人，两个班共40人。一个班两个委员，两个班共四个委员。也就是说四个人组织40个人的聚餐，这也不是一件简单的事情。

❸ 不成文的规则。

a. 规则之一：

每个参加者均分费用，不能太贵，点菜必须是份儿饭或人头份。这在没有分餐习惯的中国餐馆，操作起来有一定的难度。

b. 规则之二：

组织者必须先估测参加者的人数，选择饭店的规模。事先将菜单定好，费用定下，然后制作“畅谈会通知”发给全班家长。通知中要写明时间、地点、菜单和个人费用。然后收集回执，确认参加人数，之后才向饭店下最后的订单。如果当天有临时取消者的话，在菜单的人头份数和费用上将会有一些小小的混乱。

c. 规则之三：

当天由谁主持、由谁收费等细节都要事先分工，如制作参会者名片，如何让每一个家长做自我介绍，吃饭中怎样穿插一个主话题活跃气氛等也要事先商量。在我的眼中都是些鸡毛蒜皮的小事情，日本妈妈们却认真地想、仔细地准备着，唯恐有想不周全的地方。

正是有了这样的不成文的规则，一次聚餐准备就成了一件又耗时、又耗精力、又费金钱的麻烦事情。

（3）协助综合学习

第六章提到过，综合学习是教科书外教育的内容之一。因为是在日本国外，综合学习教学多安排为接触当地文化，在中国的综合学习教学尤其关注中国的传统文化，如武术、杂技、刺绣等。

我当 PTA 委员的那一年，初二年级的综合学习教学是观赏杂技，邀请上海某杂技团到学校表演杂技。这样，与杂技团联系、商议费用（杂技表演是收费的）、签定合同、安排日程、布置表演场地（体育馆）以及主持当天在学校的表演等，都是 PTA 年级委员们的任务。虽然是学校的教学课程，但是教师基本不参与组织活动。

地处中国的特殊条件，使 PTA 中国家长委员的存在必不可少。实际上，我（唯一的一位中国妈妈）在杂技团和 PTA 之间做了大量的翻译和协调工作，深深地体会到了日本人做事细致、认真的风格。

举一例小事来看看日本家长们的做事风格。

杂技表演当天，PTA 委员的最后一项安排是在演出结束后给杂技团每个小演员一份小礼物。当然这样的安排是经大家商量后的纯粹为了表达 PTA 的感谢之意，不做也无可厚非。

演出结束时正值中午，给小演员每人送上一个热包子做礼物可谓是恰到好处。按大家的商议，热包子在学校附近的“芭比馒头”店购买。为了让小演员正好能在表演结束之时吃上热乎乎的包子，PTA 委员安排了两位家长当天上午专门去店铺现买刚出笼的包子，这两位家长因为这个工作将看不到杂技演出。

因为担心掐着点儿去可能不会立即买到数量较多的热包子，做事谨慎的日本人让我提前一天专门去店铺做了预约订购的准备工作。其实，根本就没有预约习惯的店长把预约订购之事从左耳听进，立即就又从右耳冒了出去。当天，按预约时间赶到店铺的两位家长，听说预约之事被店长忘记了，立即慌乱起来。语言不通的日本家长只好向我这个“翻译委员”电话求援。当然，语言通了事情就解决了。

又因为担心刚出锅的热包子，如果直接装入塑料袋子里的话，可能会被热蒸气熏软了不好吃。PTA 委员还事先对如何包装每一个包子，如何从店里搬运到学校，都做了认真的讨论和准备。

现在，我已经习惯了这些做事“婆婆妈妈”、过于认真的日本家长，虽然还是不能从心里唱赞歌，但是至少不会再像以前那样投去鄙视的眼光了。

那一年 PTA 任满之时，初二年级 PTA 委员们送给我一个鲜花篮子，以表达对我这个特殊委员的谢意。在日本生活久了，您肯定能随时随地地感受到这种“感

▲ 鲜花篮子

谢之心”的跳动。

上页图为我收到的鲜花篮子。

(二)高一见机举手

记忆时间：2010年4月～2011年3月

地点：东京都某私立男子高中

1. 选举

大儿子高一班级PTA委员的选举是在新学年开学后的第一个家长会上，在班级的教室中，由班主任主持的。那是班主任和家长第一次面对面，家长轮流自我介绍是会议的第一件事情。

自我介绍之后老师宣布，班级50名学生需要选出四名PTA班级委员。老师的话音未落，即刻有三位家长举手。“到底是高中学校，与小学、初中就是不一样！”我当时是这样想的。

还剩一名，没人举手了。老师不得已，开始游说。老师说，本校PTA委员的工作非常简单，只有主持三次畅谈会的任务。畅谈会就在教室举行，没有太多的麻烦事等等。在老师循环游说了几圈仍没有人举手的情况下，我把手举了起来。

四名PTA班级委员决定了，老师松了口气，坐在讲台的凳子上，开始了正式的会议。

2. 工作

高中阶段，学校的重大活动，如运动会和文化节都是学生们自己策划、自己安排、自己运营的，教师不参与、家长不参与。PTA委员的工作真的如老师所说，简单轻松。

PTA委员的工作就是组织和安排三次教师和家长的畅谈会。畅谈会的日期由教师决定，委员们的工作又简单了一层。畅谈会上，各任课教师将轮流来班级向家长们汇报自己担任学科的教学情况，委员们的工作又简单了一层。

PTA委员要做的只有下面的工作：

a. 撰写畅谈会通知，通过“老师→学生”的途径发给家长，再通过“学生→老师”的途径收出席缺席回执。

b. 按参加的家长人数购买当天的饮料和小点心。

c. 畅谈会当天安排座位，发放饮料和小点心，收取会费，根据老师来访时间和顺序安排当天的日程，主持会议。

d. 畅谈会结束后，结算核对费用。

这样的工作一年三次，没有什么难做的事情，只是琐碎杂乱一些。只要认真有热情，肯牺牲自己的私人时间，任何人都能胜任。

3. 选举趣事

以下是大儿子高中学校的 PTA 选举传闻和我经历的趣事。

（1）教师的家长缘

高一升高二时重新分班，高二班级的学生重新组合，高二的 PTA 班级委员选举只好仍由班主任主持。主持选举 PTA 委员工作是老师们的额外任务。据传闻，有的班主任老师主持 PTA 委员选举年年顺利，甚至有举手自荐的家长人数多于需要名额的情况。相反，有的班主任似乎没有这样的家长缘，无论怎样游说，年年无人举手自荐。

依前面所述，我经历的高一班主任主持的 PTA 选举，已算是顺利的了。但我经历的高二班主任，就是那种不幸的老师。据家长传闻，该教师年年 PTA 选举卡壳。我经历了一回，果然“名不虚传”。

（2）无家长缘的教师

高二新学年的第一次家长会上，班主任教师自知之明地说道：“我先把该说的事情说完，然后再选 PTA 委员吧。”

事情讲完后，该教师苦笑着说：“我最怕选举 PTA 时大家的长时间沉默了。”果然，无论他怎么游说，得到的都是在场家长的沉默。不得已，教师只好说：“也许我不在场的话，选举要容易些。那我还有别的工作（肯定是借口）就先离开教室了。请被选上的委员们填写这张名单表格，最后交给我就好了。”教师将班级委员名单表格贴在黑板上，独自离开了教室。

（3）家长自救

班主任离开后，那里成了一个无主持人的、沉默的教室。许久，终于有一位看不下去的家长站了出来，开始了她的劝说："我的孩子初中三年，一直在这个老师的班上。我也曾当过这个老师的班级委员。老师以前年轻（30岁的单身男老师），不怎么会和我们这些中年家长妈妈们打交道，现在好多了。其实每次畅谈会这个老师都是主动安排预约的，我们委员只要发发通知就行了，多轻松啊！"她还强调："明年高三，孩子们的学习也紧张了，那时除了四名班级委员外还要选出多名毕业对策委员，那个时候再当选就不方便了。"

慢慢地，有家长站起来寻找朋友一起商议。最后，几个好朋友一起做，选满了所有的位子，免去了抽签的麻烦。

（三）小学六年级被迫当选

记忆时间：2011年4月～2012年3月

地点：东京某区立小学

1. 小学的选举制度

小儿子小学的PTA选举制度为积分制。

把PTA的工作按难易、繁重程度制定分数。比如PTA会长为6分，班级委员为2分等。从小学一年级到六年级，做过一次PTA工作就得到相应的分数，再做第二次的话分数累加。每年PTA委员选举时，从积分少的家长开始选举。这样的制度，公平、平等，谁也别想躲过。

对于多个孩子同时在校的家长，每个孩子的积分单算，一个孩子是一个孩子的，不得相加，一碗水端平。

2. 六年级选举特殊

（1）毕业班的特殊性

我参与的六年级PTA委员选举是在班级教室，由五年级的PTA委员主持的，没有教师参加。

因为是毕业班，PTA委员的位子比较多，除了正常的班级委员外，还有毕业对策小组6人、谢恩会干事2人。大多数家长的孩子都是连续五年在校，有较高的积分。0积分的人很少，加上五年级转学来的几位新家长（我属于此类），共17人参加14个PTA位子的选举。

（2）选举战争

日本学校的家长会，几乎是清一色的妈妈。女性之间的“明争暗斗”没有国界，无须我多言。

那次选举的当天，有几个家长因为工作关系缺席，并且都是0积分的家长。其中有位家长捎话过来：A职位的工作坚决不做，如果必须做的话，希望做B职位的工作。

当时听到这样的传话，我就被这个未曾谋面的家长震慑住了。心里一直犯嘀咕，万一不幸和这位厉害家长共同“工作”的话，那该如何是好？

B职位轻松易做，是受大家喜爱的位子。当天报名申请B职位的家长远远超过了需要的人数。会中甚至有人举手发言，指责某种选举方法不对，竭力表明自己不能做某某职位。平时不轻易说“Yes”或“No”的日本人，在那个选举时刻表现反常，发言毫不掩饰，权利一分不让。

可怜的主持会议的五年级PTA委员，谁都不敢得罪，不敢擅自决定任何事情，干坐在讲台前，谦虚地听着大家相互发言、针锋相对，不敢也不能表态。

有积分的家长不必参加选举，但也得坐着、等着、看着，不得回家。选不出需要的人数来，谁也别想离开！结果，选举持续了两个多小时，终于在天黑了许久后才得以结束。本来应该是接孩子回家做晚饭的妈妈们，最后是闻着人家灶台的饭菜香味离开了学校。

那是我经历过的一次最费劲、最费时、最痛苦的PTA选举。

（3）被迫当选

在选举前几日，各家庭都收到了“自我申报”的调查书。大致内容是自报

PTA积分、自我推荐或是申辩免除理由等。我是第一次接触这样的调查书，就随意写上了“因为语言困难申请免除”。（我还以为是海外日本人学校呢！）

没想到在选举当天，主持会议的委员刚刚读出了我的“免除申请”后，立刻招来了多位家长的起立发言。她们都讲述了什么样的反对理由，我根本就没有听清，赶紧一缩脖子，高喊：“我撤回申请，参加选举！”

其实早在选举的前一天晚上，我们一个公寓里同样是五年级转学来的四位家长就私下召开了一个选举前小会议，集体商议在选举的当天大家一起见机行事。于是我就随着她们加入了毕业对策小组。毕业对策小组有六个委员，算得上是个小队伍了，我得以滥竽充数地做了一回“南郭先生”。

3. 毕业对策小组工作

毕业对策小组的任务就是组织安排一次毕业庆祝会，以及毕业纪念册的定制印刷。

毕业庆祝会是在毕业前，2月初的一天举行。庆祝会只有一个下午，准备工作却是从对策小组成立的那一天，也就是提前一年就开始了。

❶ 首先是与上一届毕业班的毕业对策小组进行交接工作。上一届的毕业对策小组成员都已离开了学校，是为了交接工作特意回学校的。

交接内容有准备工作应该怎样进行、庆祝会前一天和当天应该怎样组织、怎样和老师联系等细节。传给我们的材料有文字相片材料，也有经验之谈。文字和相片材料装满了几个A4大册子，供大家参考，这也是年年传下来的历史材料。

▲ 毕业庆祝会

❷ 在近一年的准备时间里，对策小组6人再加谢恩会小组两人，共8个人，开过6次碰头会。讨论的内容包括：策划庆祝会前一天和当天的会场布置，订购装饰品、礼物、鲜花、胸花、点心、饮料，租赁取暖煤油炉，准备发言稿，播放音乐，

书写标语大字，向当天的来宾寄发邀请函，安排当天的座位表等等。

❸ 毕业庆祝会前一天和当天的上午，在这一天半的时间里布置会场，如拼桌子、装饰墙壁、铺桌布等。上页图为会场布置实景。

毕业庆祝会结束后，在学生和家长的帮助下，撤掉会场的全部物件，恢复成体育馆原来的样子。

❹ 毕业纪念册的外包印刷工作。毕业纪念册的编辑制作工作，由 PTA“毕业纪念册制作小组”来完成。而我这个小组的工作只是送外印刷。

（四）受邀当选 PTA 干部

记忆时间：2013年4月～2014年3月

地点：东京某区立初中

小儿子初二开学，一位家长朋友邀请我一起做 PTA 工作。她选了一个自认为轻松好做的位子：PTA 总部的校外部委员。工作内容是校外安全巡逻、上学路线交通口的站岗、组织与地区交流活动的演讲会等学校与外部的连接工作，是真正的“校外”工作。

在开学后的全校 PTA 总会上，我们两人举手“争”来了两个位子。这个位子共需要三人，早有一位家长在开总会之前就毛遂自荐“争”去了一个。

看来是个轻松容易的好位子！

这回我干的可是 PTA 总部的干部。初中共三个年级，每个年级两名干部，共六名干部，五位妈妈一位爸爸。选举结束后，那位爸爸只参加了第一次的碰头会就销声匿迹了，一年之中再也没有露面。可能光杆司令的工作还是不太好做吧。

而五位女士都非常能干，一年中共做了这么多的工作：

❶ 学校运动会当日，学校周围的安全巡逻。

❷ 筹划主持了三回“地域健全育成协议会”。邀请地区警察来学校开办智能手机对少年的危害、大麻等有害物的危害和实物识别等演讲会，并自定邀请对

象，自制邀请函。受邀人员中除学校的家长外，还必须邀请学校所在地街道委员会人员及邻近相关学校的校长来做听众。

这样的演讲会，一个学年共举行了三次。

❸ 夏季，本地区和邻近地区“神社节”（类似纳凉晚会）当日的安全巡逻。

做了 PTA 总部的工作后我才知道，区政府对 PTA 活动是有补助金援助的。PTA 活动的费用，只要在可以报销的条文范围内，都是可以向 PTA 总部会计委员申请报销的。其中有一笔补助金是援助畅谈反省会的，不是实报实销，只是一小笔援助金。为了消费这笔政府援助金，第三次演讲会成功结束之后，五位 PTA 委员开了一次庆功畅谈会——聚餐。酒过三巡后，女性委员们在半醉半醒中慢慢地打开了话匣子，笑谈她们年轻时代各自的疯狂故事。她们的处世哲学，她们对人、对情、对家、对孩子的观念，都听得我一愣一愣的。那几位可都是上世纪70年代出生的70后啊！上世纪70年代的日本社会就已经那么开放、那么自由了啊！我还是第一次耳闻！如果不是做公立学校的 PTA，可能在我自然的活动圈子里怎么也不会接触到这个层次的人！坐在眉飞色舞的她们中间，听着她们毫无隐瞒的风流韵事，我这个书呆子简直就是一个不折不扣的“外星人”！

第十章
升学考试

升学考试，日语称为“受验（Juken）”。小学升私立初中、初中升高中、高中升大学都要通过升学考试。换句话说，只有义务教育小学升义务教育初中这个门槛儿不需要考试，其他各阶段的升学都需要升学考试合格。

至今，我陪两个儿子经历了一次升初中考试，两次升高中考试（中考），一次升大学考试（高考）。其中两次升高中考试的升学目的不一样，考入的高中种类也不一样，一个是进学高中，没有直升大学，毕业以考大学为目的的高中；一个是附属高中，有上级大学，不需考试直接升入上级大学的高中。

两个孩子，在同样的家庭环境中长大，却在升学考试中选择了不同种类的学校，不同的奋斗目标。在日本的社会中，拥有这样不同选择的兄弟姐妹的家庭很是常见。对于千千万万不同家庭环境中长大的孩子们来说，个性各不相同，升学方向不同，人生选择的道路就不同，这是很自然的现象。多选择的人生入口让每一个人都能实现自己的梦想！

对日本的升学考试，我有三点粗略的感触。

（1）正如前面内容所介绍的，我个人认为日本的教育体制是一个矛盾的体制。一方面是快乐、宽松的义务教育。讲究的是平等教育、综合发展，培养的是人，教育的是如何做人。学习没有好坏、做人没有高低。另一方面，学生又要面对严格的升学考试。私立初中、公立高中、私立高中、公立大学以及私立大学的升学考试竞争都非常激烈。一个名牌大学的学历为社会所公认，是一个人一生的金冠。

（2）升学本身不是一件难事儿，但是进好学校，进名牌学校却是一件非常艰苦的事情。考生本人需要付出刻苦的努力，家庭需要付出金钱的代价，二者若缺其一，进名牌学校将是一件难于上青天的事情。某些有名的私立大学附属教育机构，从幼儿园开始就有入学考试，甚至需要家长带孩子去面对老师的“三者面试”。不想输在起跑线上的育儿方针只是藏在了快乐义务教育的光环之下，其实和中国教育现状没有什么区别。

（3）日本教育体制的矛盾性产生了一个必然的产物，那就是私塾。私塾不在教育部管辖之内却比学校规模还大，离开私塾没有办法谈日本的升学考试。这是因为日本义务教育的教学内容与升学考试相差甚远。只凭借学校的义务教育去参加升学考试几乎是不可能的。私塾是应升学考试之需求而生，因升学考试而壮大的学校外教育机构。本章将同时介绍升学考试和私塾的相关内容。

一、升学考试

（一）升学考试的几个名词

提到升学考试，不得不先交代几个与考试相关的概念和名词。这些都是中国基本见不到的名称概念，搞明白了它们就不难掌握日本升学考试庞大的体系了。

1. 偏差值

偏差值在升学考试中是一个很重要的概念，离开这个概念几乎无法说明日本的升学考试。这个概念几乎只在学校外的教育机构私塾中出现。我就是在大儿子小学五年级开始上正规私塾后，才突然遇到偏差值这个概念的。在私塾中，除了偏差值之外还有围绕着偏差值而延伸分析出来的许多推测数字、分析图形和预测表格。当时看着那些浩如烟海的数字、图形、表格，我真的是一头雾水。在日后反复多次的、躲也躲不掉的碰面中，我才不知不觉地明白了偏差值的意思和重要性。

在日本，像我们这样的中国家庭有很多，陪伴孩子上学并渴望送孩子进入名牌大学的中国家长也很多，天天陪着孩子听偏差值，最终也搞不懂其真正价值的中国家长肯定更多。所以我更希望这样的中国家长能够阅读下面的内容，和我一起探讨这个具有相对评价价值的概念。

（1）偏差值的概念

在初中的成绩考核一节中，曾经提到过内审点的概念和相对评价的概念。偏差值也是一个与之内涵相同的概念。

偏差值是表示某个个体（数值）在母体中的位置，这个数值与母体的平均值的差就是偏差值。在设定母体的平均值为50的前提下，某一个个体在平均值之上多少或是之下多少，表示这种上下偏差的数字即为偏差值。

偏差值是一个相对的数值。同样一个考试分数（绝对分数）因为所属母体的不同，其偏差值就有可能不同，其相对的意义和相对的价值也就不同。偏差值反映的是一个个体在一个母体中的实际水平，与绝对分数相比有相互评价和相互比较的价值。

偏差值的概念在日本以外的国家比较少见，但是在日本却是一个非常有意义的，左右初中、高中、大学考试的重要概念。

用偏差值来说明一个学生的学习水平，远比用考试分数要有相对评价意义。偏差值也是显示一个学校教育质量的指标之一，是大众评价一个学校教育水平好坏的依据。

（2）偏差值的计算

求算偏差值，首先要确定母体的平均值和标准偏差值。

偏差值一般的计算方法是这样的：

在一个接近正态分布的母体中（见右图），将某个个体（得分）按“平均值为50，标准偏差值为10”的分布规律进行换算得到的差数，即为该个体（得分）的偏差值。

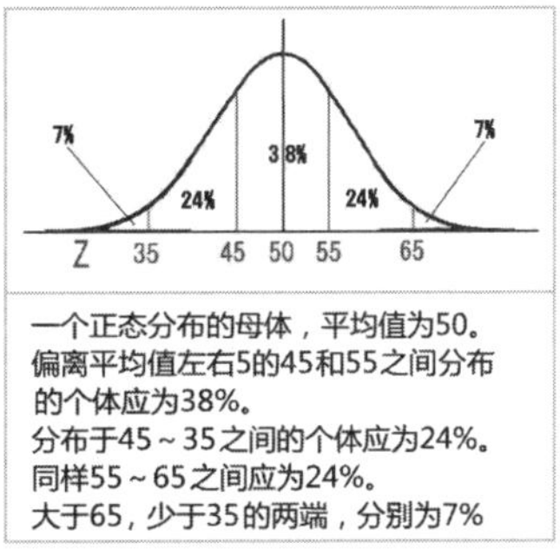

▲　偏差值说明图

偏差值的具体计算公式如下：

偏差值 = (得分 − 平均分) ÷ 标准偏差 × 10 + 50

举例说明偏差值的相对评价：

比较同样的100分，在两个不同的考试群体（母体）中的实际价值。

假设条件：A、B 两个考试均为100人参加，即母体都为100人。

❶ 考试 A，100名考生的成绩如下：

42,	45,	47,	49,	50,	51,	52,	53,	54,	55,
55,	56,	56,	57,	58,	58,	59,	59,	59,	60,
60,	61,	61,	62,	62,	62,	63,	63,	63,	64,
64,	64,	65,	65,	65,	66,	66,	66,	67,	67,
67,	68,	68,	68,	68,	69,	69,	69,	70,	70,
70,	71,	71,	71,	72,	72,	72,	72,	73,	73,
73,	74,	74,	74,	75,	75,	75,	76,	76,	76,
77,	77,	77,	78,	78,	78,	79,	79,	80,	80,
81,	81,	81,	82,	82,	83,	84,	84,	85,	85,
86,	87,	88,	89,	90,	91,	93,	95,	98,	100

a. 计算 A 考试的平均（分）：全部考生（100名）的分数相加除以100（人）。

即，(42 + 45 + 47 + ⋯ + 95 + 98 + 100) ÷ 100 = 70.3

A 考试的平均分为70.3。

b. 计算 A 考试的标准偏差：这是一个统计学上的概念，将每个分数与平均分的差乘以2，相加，再除以100。

即，{(42−70.3) × 2+(45−70.3) × 2+(47−70.3) × 2+⋯+(95−70.3) × 2+(98−70.3) × 2+(100−70.3) × 2} ÷ 100 = 11.91

A 考试的标准偏差为11.91。

c. 计算100分在 A 考试中的偏差值：偏差值 = (得分 − 平均分) ÷ 标准偏差 × 10 + 50

可得，(100−70.3) ÷ 11.91 × 10 + 50 = 74.937

则考试 A 中，100分的偏差值约为75。

❷ 考试 B，假设 100 名考生的成绩如下：

按照考试 A 的计算方法，可以依次得出：

10,	13,	16,	17,	19,	20,	21,	22,	23,	23,
24,	25,	25,	26,	27,	27,	28,	28,	29,	29,
30,	30,	30,	31,	31,	32,	32,	32,	33,	33,
34,	34,	34,	35,	35,	35,	36,	36,	36,	37,
37,	37,	38,	38,	38,	39,	39,	39,	40,	40,
40,	41,	41,	41,	42,	42,	42,	43,	43,	43,
44,	44,	44,	45,	45,	45,	46,	46,	46,	47,
47,	48,	48,	48,	49,	49,	50,	50,	50,	51,
51,	52,	52,	53,	53,	54,	55,	55,	56,	57,
57,	58,	59,	60,	61,	63,	64,	67,	70,	100

a.B 考试的平均（分）为 40.55

b.B 考试的标准偏差为 13.84

c.100 分在 B 考试中的偏差值：$(100-40.55) \div 13.84 \times 10 + 50 = 92.955$

则考试 B 中，100 分的偏差值约为 93。

❸ 比较 A、B 考试：

同样是 100 分，在 B 考试中的偏差值（93）远远高于 A 考试中的偏差值（75）。B 考试的 100 分偏差值高，其价值和质量就高于 A 考试中的 100 分。这样，两个不同群体中的 100 分就可以做相对的比较了。

其实，仔细看一下 A、B 考试群体的得分分布，不难看出 A 考试群体的分数整体高于 B 考试群体。平均分的数字也表明了这一点，A 考试的平均分约为 70 分，而 B 考试的平均分只有 40 分。进一步得出 A 考试的题目比较简单，B 考试的题目比较难。那么同样的分数，在题目比较难的 B 考试中的偏差值就高、质量就高、价值就高。

（3）偏差值的意义

偏差值的概念，可以让不同母体之间的个体进行相互的比较，这是其他的概念（绝对的分数成绩）所不能做到的。

再回看偏差值的计算公式，便可发现个体与母体平均值的差数是影响偏差值的主要因素。这就是说，平均值越高偏差值就越低。一个平均分数很高的群体，其100分的价值就不是那么大了。

总而言之，偏差值就是把这样一个相对比较的理论进行数字化的概念。

在日本，偏差值的概念大致是这样被利用的：

a. 学校之间的排名。有名的学校、难考的学校均为偏差值高的学校。

b. 学生自我学习水平的估测。可以用偏差值和同一个人群或另一个人群的其他个体相比。

c. 判断考生在志愿学校（报考学校）考试合格的可能性为多少。

2. 合格率

合格率也叫“招生倍率”。对这个名词我们应该不陌生，其实就是合格人数占入学考试人数（整个母体）的比例，是用来表示一个学校入学考试难易程度的概念。合格率数字越大，表明该学校的入学考试越难。这个概念可以用下面的公式来计算：

合格率＝参加考试人数 ÷ 合格人数

举一个例子，2012年度某私立初中学校的招生情况：

报名人数（日文称之为“出愿者”）：1 179名（这个数字在计算中用不到）

考试人数（日文称之为“受验者”）：1 143名

日本入学考试中参加考试的人数一般比报名的人数要少一些。

合格人数：394名

合格率：2.9

计算公式：1 143 ÷ 394 = 2.9，即2.9名考生中合格1名。

（二）初中入学考试

初中入学考试，在日本多指由私立初中和高中六年一贯制的学校举行的入学考试，下文统一简称这样的学校为“中高一贯制校”。

1. 初中入学考试的特点

（1）选择报考学校比考试本身重要

初中入学考试多集中在2月初的几天之内，与高中入学考试相比，同时报考多个学校的机会不是很多，所以选择报考学校是一个家庭很重要的事情。义务教育的小学没有升学指导，所以离开私塾的指导，择校报考将困难重重。

择校，家长与孩子有许多需综合考量的要素，下面特举两例。

❶ 校风、性别、校服，公立还是私立都是选择学校的参考要素。

校风是自由的还是严格的？共学校（男女同校）还是男子校（或女子校）？公立（义务）学校还是私立中高一贯制学校？这些都是一个小学毕业生家庭择校时需研究的重要课题。

❷ 孩子身体发育也是一个不可忽略的要素。

小学毕业生一般十一二岁，正处在身体发育旺盛的时期，不考虑孩子的身体发育情况也是不现实的事情。

我曾遇到过因为自家的孩子正是长个子的旺盛时期，贪吃贪睡的身体无法适应备战考学那长时间学习的需要，因此不得不放弃私立初中入学考试的机会，直接升入不用考试的公立初中学校的家庭。那个家长说，三年后再挑战高中入学考试也不迟。

（2）入学考试有规律

初中入学考试一般都是笔试（Paper Test），也就是一般入学考试，也称“学力考试”。区别于其他的推荐考试或面试考试。

初中考试很少听到推荐入学等除笔试外其他的入学考试方式，但笔试考试的内容大范围地超出小学的义务教育内容。小学老师没有指导升学考试的任务，考生必须在私塾接受学校外补习和指导。

入学考试多为四门课：国语（语文）、数学、理科和社会。四门课多半在半天内考完。一个上午考四科，我还从未经历过，感觉对于一个十一二岁的孩子来说不是一件轻松的事情。都说中国的孩子们“考考考，分分分”，像这样的考试形式相信不比中国的孩子轻松。

一般各个学校入学考试的日期都是固定的，多集中在2月1日到4日这几天。

元旦过后，各个学校陆陆续续贩卖报名申请表。考生家庭购入报考学校（日文称“志愿学校”）的报名表，填好，在学校规定的期限内缴纳报名费，在学校规定的最后期限内上交报名表，收到准考证后就可以参加考试了。

考生多数是在私塾老师的建议和与家长的商谈下，安排考试日期。要顾及考生本人愿意去的学校，又要考虑学校的考试日期相互不撞车，更要考虑年龄幼小的考生的承受能力，以及考生的学习成绩水平，合理安排考试学校。既不能考得太多浪费精力和财力，又不能放弃任何可能的挑战机会。

在这样自由的社会中，选择多，自由大，决定人生的第一步，实在是一门不浅的学问。

（3）合格学生的流动

入学考试合格的学生会在学校之间流动，这是一个在中国见不到的现象。

一个考生可以拿着几个学校的合格证，但最终只能选择一个学校入学，放弃其他合格学校。学校留不住所有的合格学生，预定的招生人数不达标不行，弥补的方法是，学校在不合格的考生中再一次发放合格证，不合格的考生有可能变为合格。这样就形成了合格生流动的现象。

现在用考学中一个不等式来说明合格学生流动现象。

入学考试的最终目的，对考生来说是上一个自己想去的学校，对学校来说是招收到预定的新生入学人数。

假设，申请报名某学校考试的人数为 M，实际参加考试的人数为 J（有的考生报名后却不去参加考试），合格的人数为 G，实际办理入学手续的人数为 R。一个入学考试的过程中，就会有下面的人数递减：

报名考生		考试考生		合格考生		入学新生
M	>	J	>	G	>	R

再假设，校方的预定招生人数为 S。那么 S = R，招生人数和入学新生应该相等，这是校方的最终目的。但是，合格考生 G 中会有流失到其他学校的 L 产生。校方必须自救，再次发放候补合格证 C，以保证 S = R。这就是学生流动的原因和过程。

办理入学手续的入学新生数 R 和流失合格考生数 L，是无法预测，更是无法控制的数字。各学校为了达到招生目标，发放候补合格证 C 的方法和形式各有不同。考生及家庭都必须在申请报名时仔细通读学校的招生简章。候补合格发榜一般是非公开的，密切关注并小心等待也是家长的责任和任务。

2. 学校的三六九等

（1）学校的好坏是以偏差值的高低来排名的

关东地区和关西地区集中了58% 的私立初中学校，这些地区的小学六年级学生中有四分之三参加私立初中的入学考试。

学校以偏差值高低排列名次，以合格率高低来表示入学考试的难易程度。

下表为2012年度男子初中学校偏差值排名（一部分），仅供参考。

小贴士

关东地区 / 关西地区：

关东地区指日本本州东部地区，有东京都和茨城县、枥木县、群马县、琦玉县、千叶县、神奈川县，一都六县。

关西地区有大阪府、京都府，兵库县、滋贺县、奈良县和歌山县，两府四县。

偏差值	区分	设置	学校名（日文汉字）	考试种别			定员	报名人数
				考试回数	日期	科目		
73	男子	国立	筑波大学附属驹场中学校	—	2/3	4	120	843
72	男子	私立	开成中学校	—	2/1	4	300	1 179
70	共学	私立	涉谷教育学园幕张中学校	第一回	1/22	4	190	1 249
69	男子	私立	圣光学院中学校	第二回	2/4	4	50	921
68	共学	私立	涉谷教育学园幕张中学校	第二回	2/2	4	45	325
	男子	私立	圣光学院中学校	第一回	2/2	4	175	740
	共学	国立	筑波大学附属中学校	—	2/3	他	65	308
	男子	私立	早稻田中学校	第二回	2/3	4	100	1 326
67	男子	私立	麻布中学校	—	2/1	4	300	843
	男子	私立	荣光学园中学校	—	2/2	4	180	764
	男子	私立	驹场东邦中学校	—	2/1	4	240	724
66	共学	私立	庆应义塾中等部	—	2/3	4	140	878
	共学	私立	涉谷教育学园幕张中学校	第三回	2/5	4	23	332

注释：

❶ 偏差值从高到低排列，73为最高，最低为35左右（表中省略）。

❷ 区分：为学校分类。有男子学校、女子学校和男女共学校。

❸ 设置：为学校的性质。有私立、国立和公立。

❹ 考试回数：如前所述，第一回和第二回考试为同一所学校设立的两次入学考试机会。

❺ 科目：为考试的科目数。4，为四门课考试。他，为3门或1门课考试。

❻ 定员：为招生人数。

表中的学校名均为日文汉字的直译，中学校即为初中，学园是指大学（拥有附属中专、专科学校，短期大学多的大学，往往被称为“学园”）。

如表所示，用偏差值概念就可以将所有的学校排名。这样的偏差值结果都是各个大型私塾用自己掌控的历年考试数据计算而得出的，所以各私塾之间公布的学校排名可能会有小小的不同。再有，每年的考试试卷、考生成绩等也不一样，所以每一年的学校排名也有小小的变化。

（2）难关中学

“难关中学”“最难关中学”这样的称呼随处可见。分别指入学考试难与非常难的学校，是私塾打出的广告中常见的名词。没有严格的定义，标准是指偏差值高的学校，也是名牌学校。

（三）高中入学考试

1. 高中入学考试与初中入学考试的不同

（1）在考试科目上高中入学考试有了变化。初中入学考试四门课，而高中入学考试分为：国公立高中考试五门课、私立高中考试三门课

国公立高中入学考试考五门课：国语、数学、英语、理科、社会。私立高中入学考试考三门课：国语、数学、英语。高中入学考试增加了英语，给考生增加了很大的负担。

（2）从考试内容上讲，高中考试难度要大很多

原因如下：

❶ 初中入学考试偏差值为50的学校，到高中入学考试时会升高为60。

❷ 初中入学考试比高中入学考试内容要容易一些。

❸ 近些年，随着中高一贯制教育力度的加大，取消高中招生的学校越来越多。有些学校高中部招生只是为了补足初中部招生时的空缺，所以高中考试招生人数少，竞争更加激烈。

（3）初中考试是选择性的，而高中考试是必须的

因为有公立义务教育初中垫底，私立初中考试允许失败，不是第一志愿学校可以不去上，所以初中入学考试可以挑战更好的学校。而高中入学考试不一样，考试失败就意味着没有学上。为了保证高中有学校上，必须分档次报考多个学校，必须有一个档次差一些的学校保底，避免没有学校上的惨重结果发生。

（4）中途入学的高中生上学困难多

中高一贯制学校的六年一贯教育，对于中途考进来的高中生来说，无论环境还是学业都是一个挑战。这样就容易导致：虽然在家附近有指定入学的公立初中学校，但是小学毕业生们还是要选择报考学费贵、竞争激烈、离家远的私立初中。

2. 考试分类

（1）一般考试

是指以笔试考试的成绩来定合格与否的入学考试，为高中入学主要的考试形式。

（2）推荐考试

推荐入学考试是大学和高中招生时的一种考试方式，是对考生进行档案材料（调查书、内审点等）审核，外加面试的入学考试，基本上没有笔试考试。实际上推荐入学的招生人数不多，不是主要的入学方式。推荐考试又有许多分类，报名考试的条条框框各个学校都不一样，本章省略。

3. 书面之外的升学考试知识

陪孩子们考试的次数多了，自然就能接触到一些书面之外的考试内幕与细节，别看事情小，一个不注意也许会马失前蹄。现将我亲身经历的、亲眼目睹的、亲耳听闻的、亲身感悟出来的升学考学点滴，以及日本家长望子成龙的琐碎片段留在这里，本节涉及的内容主要是高中入学考试。

（1）考生家长的付出

❶ 报名表的购买和填写。入学考试的第一步：报名。这重要的第一步，主要是家长的工作。

填写报名表也是一件重要的事情。用圆珠笔还是钢笔，甚至对墨水的颜色，多数的学校都有规定。为了尽量不出现填写错误，有的家长发明了绝对不出错的方法私下相传。方法就是先用 HB 铅笔填写报名表，出错的话可以随时用橡皮擦掉。然后再用钢笔描写，等墨水自然晾干之后，再用橡皮擦去铅笔的笔迹。这样的方法出现填写错误的可能性几乎是零。

❷ 证明相片。报名表必须贴上考生近三个月内的证明相片。对相片的尺寸、长和宽，各个学校都有严格的、白纸黑字的规定。但是有一条没有写在纸上的规定，

那就是必须穿白衬衣套西装拍摄证明相片！也就是必须穿正式服装拍摄证明相片。这样的规定在转学幼儿园那一章中有所描述，这是日本社会中心照不宣的“暗默了解”。穿一般服装拍摄的证明相片都会被认为是不合适、不合理的。虽然，校方不太可能会因为一张不合适的相片而取消考生的考试资格，但是没有一个考生去做这样不合适的事情。当年，我为大儿子准备的证明相片被一个日本朋友看到后立即挑出了毛病，儿子没有穿正式服装！我无奈地让儿子重新拍摄了一张穿正装的证明相片。

交上带有相片的报名表和相应的报名费，换回没有相片的准考证。那张贴在报名表上的相片被学校留下存档，学生的个人档案材料从报名时校方就开始收集了。

在考场上校方会用存档的相片验明考生身份。我觉得这种做法不错，避免了考生在准考证上更换相片的作弊现象。

（2）考试战术

和初中入学考试一样，既要尽量减少参加考试的次数，不要增加考生的负担，又不能失去挑战高水平学校的机会，这之间的权衡安排与家庭的经济情况、考生的能力都是值得事先研究的大事。

❶ 并愿学校。高中入学考试一般集中在元旦后的1月底到2月中旬，考试的学校选择比初中多一些。一般名牌学校都有数个分校，各个分校的入学考试都在不同的日期举行。

考生的选择多起来了，如何选择同时报考的学校（日语称之为“并愿学校”）就成了一件不小的前期工作。

❷ 第一志愿学校。第一志愿学校一般是考生最想去的学校，同时也是带着

小贴士

并愿学校：

为同时报考的学校。因为学校之间的入学考试日期不同，考生可以同时报名不同考试日期的学校，分日期参加考试。

单愿学校：

只报考一个学校。一般在推荐入学考试中常见。作为推荐录取的条件，考生只能报考一所学校。

一点儿挑战性质的学校。无论考多少个学校，每个考生总会有自己的第一志愿学校，也就是最想去的学校。

在每年的下半年，各大型私塾都会实施各种模拟考试。私塾内外的学生都可以报名参加考试。考生可以通过多次参加这样的考试来判断自己的学习水平，慢慢寻找和确定自己的第一志愿学校。

❸ 收底学校。相对第一志愿学校，一般考生还需要选择一个非常有把握考取的、学校水平稍微低一些但自己还可以接受的学校作为收底学校。万一其他的志愿学校都落榜了，这所学校保证自己最后有学上。因为高中为非义务教育，没有不考试就可以上的义务学校。所以，这样的收底学校就显得非常重要和必需。

❹ 合格安心学校。这也是在高中入学考试中多见的情况。在最早开考的、偏差值较低的学校中选一个学校参加考试，当作练兵、体验考场。另一方面，早些拿到一份合格证，早些得到一份安心，鼓舞后面的考试。所以，称这样的学校为“合格安心学校”。

不是所有的学生都会选择合格安心学校的，但是私塾的老师会推荐学生这样做。私塾的成绩是用合格学校的人数（人次数）来体现的，考取合格学校的学生人数越多越好，特别是有名学校的合格人数，更是私塾追求的数字。这些内容在后面私塾一节还会介绍。

高中入学考试中，一般偏差值低的学校考试时间早，多在1月下旬开始。所有的私立学校按照偏差值从低到高的顺序，逐渐考到2月上旬，2月中旬是国立学校入学考试，地方公立学校一般在2月底或3月初才开始考试。这样的考试日期安排也是学校之间可以共存的前提，但同时也拉长了考生的考试时间。也许是为了保底，也许是为了安心，考试日期早的高中入学考试，会有非常多的考生参加。

❺ 控制多个合格学校。一般的学校在入学考试后一两天之内就发榜，发榜后的一两天内合格考生必须缴纳一定数额的入学金和设施费，才能为自己保留合格的位子，否则将被视为自动放弃合格资格。

如果合格考生最后不想进该所学校的话，还必须在学校规定的日期内提交退学申请，这样学校会将设施费退还给考生，但是不退还入学金。这样的退学申请期限一般都在名牌高中考试发榜之前。一般的考生在没有拿到最终想去学校的合格证之前是不会退掉合格学校的。这样已缴纳的入学金和设施费就都回不到考生的手里。这样的环节、这样的时间衔接，学校之间都已达成共识，没有任何空子给任何考生去钻，不缴纳入学金和设施费，任何考生是不可能同时占有多个学校的合格位子的。

对于考生而言，他们也乐于用这样的方法：用金钱把多个合格学校掌握在手，供最后选择。

（3）家庭的经济支出

❶ 报名考试费。提交报名表之前一定要提前交纳考试费，将缴费收据贴在报名表上才能生效。

如果参加多次考试，学生需要交纳相应次数的考试费用。各个学校交纳报名费的最后期限，都会设置在第一所学校开考之前。对于考生来说，报考几个学校就需要交纳几个学校的报名考试费。即便是第一志愿学校合格了，不再参加后面学校的考试了，也收不回已交纳的报名费。下表为各类型高中收取的报名考试费用：

	国立高中	公立高中	私立高中
报名考试费	2 200 日元	2 200 日元	1万～3万日元

❷ 入学金、设施费和退款。

如前所述，一个考生为了占有多个合格学校的位子，必须按期交纳入学金和设施费。最后决定了入学学校后，向其他合格学校交纳的入学金和设施费就打了水漂。合格的学校越多，损失的入学金和设施费就越多。有考生的家庭都无奈地承认，因考学而造成的经济浪费是没有办法避免的事情。

一般学校的入学金为30万日元，设施费为10多万日元。

（四）升学指导

升学指导，日文称之为“进路指导”。初三和高三，学校都有进路指导，有专门负责进路指导的老师。

1. 小学毕业的升学指导

小学升初中，义务教育学校基本没有进路指导这一说。因为按照义务教育的思路，小学毕业后是应该直接升义务初中的，所以小学的老师没有指导报考私立初中的教学任务。

东京23个区，半数以上的学生都会参加私立初中升学考试，却得不到学校的进路指导。这也是初中考试必须去私塾的理由之一。

2. 初中毕业班的升学指导

公立初中学校的升学指导大多以三者面谈的形式进行。“三者面谈”就是教师、学生及家长的谈话。毕业班的第二学期开始，这样的三者面谈有五次之多。

关于升学指导，我感觉在学校得到的帮助非常有限。学校的老师只是按照学校的教学计划，机械地完成每一个过程。学校的最终目的不是考学，是让全体学生毕业之后都有去处。

3. 私塾的指导不可忽略

升学、考学指导还是得靠私塾。在私塾里能够得到具体的、明确的、有用的指导。私塾老师掌握着学生真正的学习水平、真正的成绩分数，可以对每一个学生给予具体的、有效的指导。私塾的老师算得上考学的专业人士，他们的指导才是实打实的。

在日本，私塾是孩子们接受教育过程中想省也省不掉的“学校”。

二、考学离不开的学校外教育

日本的九年义务教育是平等的教育。教师是持有教师资格证书的国家公务员，挣的是分内的工资，没有班级学生的成绩好坏带来的压力。各学校的校长、各学校的教师、各班班主任教师经常流动，经常交换。师生一起在校园里度过的是自然的、快乐的时光。

那些计划参加私立中高一贯制学校考试、准备参加国立学校考试的学生，那些计划将来上大学、上名牌大学的学生怎么办？有这样的需求（市场），自然就产生了学校外的教育机构。

学校外的教育机构种类很多，有学习私塾、预备学校、通信教育、外语口语教室，还有珠算、棋牌、乐器、体育等等。本章介绍的是和学习有关的、与考学有关的私塾，附带一些预备学校和家庭教师的内容。

（一）私塾

这里说的私塾是指那些只讲学习、只有考试、只认成绩的私塾。“考考考”是私塾的常态，私塾教室的墙壁上永远贴满了成绩排名榜、祝贺合格榜，看到的永远是名列前茅的学生名字。从某种意义上讲，私塾就像中国的学校，但这里的学生比中国的学生还要辛苦。上学，要做学校的作业，还要参加俱乐部活动。放学，再去上私塾，听不完的课，做不完的作业。

1. 私塾的基本情况

（1）定义

私塾是学校外的补习场所和为升学准备的学习场所，是小学生、初中生、高中生，在放学后付费学习的教育机构。私塾，因为以学习考试为目的，故又称为“学习私塾”。

（2）所属和运营

私塾，为私人或私有集团所有和运营，不在教育部的管辖范围之内。

（3）学习的科目

配合升学考试，私塾的教学科目主要有五门：国语、算数 / 数学、理科（物理、化学）、社会和英语（其他语种很少见）。

目的是补习学业弱点、加深学习深度、指导升学考试。

2. 私塾和学校的不同

把私塾和学校进行比较的话有下面几点不同：

（1）全日本私塾学校总数多于小学、初中和高中学校的合计数

日本总务省（相当于内务事务部）“平成十六年度服务行业基本调查”（2004年），及文部科学省（相当于教育部）“平成十八年度学校基本调查”（2006年）的结果表明：

全国学习私塾	约49 000所	从业员工数约28.0万人
全国小学、初中、高中合计	约39 000所	教员数91.4万人

表中数字表明，私塾以少量的员工运营着多于学校总数的教学单位。

（2）私塾的教学容易理解、应用力强

数据来源：全国学习私塾协会2003年度“关于学习条件的调查报告书”

调查对象：上私塾的小学生和初中生

调查内容	学校		私塾
课堂教学容易理解率	小学	15%	68%
	初中	17%	56%
教学应用力强	小学	5%	87%
	初中	6%	81%
老师主动打招呼	小学	39%	40%
	初中	32%	37%
老师控制课堂的本领好	小学	31%	43%
	初中	36%	27%
教授记笔记的方法好	小学	20%	58%
	初中	38%	20%

表中的数据一目了然，私塾的老师在教学上下的功夫大，收到的效果好。

3. 对私塾的评价

评价有下面几个标准：

（1）考入名牌学校的合格人数

考入“难关学校”、考入名牌学校的合格人数，是评价学习私塾的一个铁的指标。

但是，这里的合格人数是指人次数而不是绝对的人头数。因为，一个考生可以有多个合格学校，一个考生还可以同时上几个私塾。私塾打出的考进名牌学校的人数是合格的人次数，而不是绝对的合格人数。私塾在公布合格人数时，是绝对不会公布参加考试的总学生人数的。

举一个实际例子，详细说明。

数据一：摘录2013年度3家大型私塾公布的初中入学考试合格成绩表的一部分 。

私塾	男子校合格人数		
	开成中学校	麻布中学校	武藏中学校
A	66	48	64
B	237	183	39
C	84	85	52
	合计387		

数据二：以开成中学校为例，该学校每年初中的招生名额为300名。

请注意，是300名。

再回看数据中开成中学校的合格人数，三家私塾的合计人数为387名。387名，已经远远地超过了该中学的招生名额，还不算这三家私塾之外其他私塾的合格人数。

可见，各个私塾之间的合格人数，有很大一部分是重叠的。外界人士很难知道真正的绝对合格人数。恐怕就是私塾本身，也无法估算各自的绝对合格数字。

（2）东京大学的升学率

东京大学的升学率似乎是每一家私塾，甚至是进学高中学校的最高评定指标。

任何一家私塾、任何一家高中都是最先用“东京大学的升学率是多少”来进行自我评价、自我宣传。这也是一个最为社会公认的指标。

下图为某私塾的宣传广告（这样的广告非常常见）。

图中的文字为：东京大学应届合格者达到600名，比去年增加12名。背景的高楼为东京大学的标志建筑物“安田讲堂”。最下面一行字为：东大应届合格者中30.3% 为本私塾的学生！

▲ 私塾广告

4. 私塾之间争夺优秀学生

（1）争夺优秀学生之“地下战争”

当过老师的人都知道，有一个优秀的学生是一件多么重要、多么幸福的事情。拥有一个成绩好的学生是所有老师的愿望。这里的私塾也是一样。

讲一个我朋友的真实故事，看看私塾之间争夺优秀学生的“地下战争”。

小 T，是某公立学校初三的学生，平时放学后去上 A 私塾。小 T 学习优异，在大规模的私塾模拟考试中连连榜上有名。临近高中考试时，小 T 的家长突然接到 B 私塾打来的电话（佩服私塾老师私下寻找好学生的能力），B 私塾邀请小 T 免费参加他们周末的“高中考试强化”课程班。B 私塾的这个班，在时间上和内容上绝对不和 A 私塾的相冲撞（更佩服私塾的老师在研究其他私塾情报上下的功夫），尤其是在上私塾的时间上绝对适合小 T。这也是 B 私塾在做过私下调查后设立的特殊班级。抵不住 B 私塾老师的热情邀请，小 T 接受了 B 私塾的这份免费“加餐”。

高中考试结束，小 T 以优异的成绩顺利地考取了名牌 KS 私立高中。两个私塾都理所当然地将小 T 的 KS 高中合格成绩登在各自的合格榜上。小 T 的家长请求 B 私塾不要公开孩子的真实姓名，B 私塾欣然应允。于是小 T 的真实姓名登在了 A 私塾的光荣榜上。B 私塾的光荣榜上用“B 私塾太郎”的佚名代替了小 T 的真实名字，但这绝对不影响 B 私塾把小 T 记入 B 私塾 KS 合格人数之中。

可见，为了升学合格的绝对数字，争取优秀学生进入私塾机构是个最直接的、最有效的方法。

（2）争夺战左右名校的候补合格人数

对私塾来说，每一年名牌初中、高中、大学的合格人次数就是生命。为了这个数字，私塾什么样的方法和手段都会使用。比如前文叙述的，到别的私塾去争夺优秀学生，用减少或免除私塾学费的优惠政策来吸引优秀生源等。

再举一个例子，看看这样的争夺战带来的连锁效应。

关东地区有一所名牌私立中高一贯制学校，K 校；关西地区也有一所名牌私立中高一贯制学校，N 校。两所学校的水平相当，两所学校的合格人数都是私塾列入成绩榜的“生命数字”。

❶ 基本背景情况。关西 N 校的初中入学考试设在1月19日至20日，两天后发榜。

关东 K 校的初中入学考试设在2月1日，两天后发榜。

❷ 关键之处。请注意两校入学考试的时间差，这个时间差正是私塾瞄准的，可以做学问的地方。

❸ 私塾战术。关西的某些大型私塾对考 N 校的合格生有这样一项特殊服务：只要再去参加十多天后关东 K 校的入学考试，私塾将免费提供往返新干线交通费和在东京的住宿费，外加东京迪士尼乐园的免费门票。

也就是说，已经有 N 校合格证的合格生们只要把“大脑”借给私塾一下，去参加 K 校的入学考试，就可以享受上述一切免费服务。游玩迪士尼乐园，对幼稚的小学六年级孩子们来说，算得上是最高级的诱惑了。于是，私塾又可以得到 K 校的多个合格人数的成绩。

❹ 名牌学校的候补合格名额是这样产生的。K 校的关西合格学生当然会选择家门口的 N 校上学，放弃 K 校的入学资格。因为这些合格生的撤退，K 校的入学学生数就会出现空缺，于是就有不少等候合格的考生候补进入 K 校。据说这样的候补合格数也不是一个小的数字。

这样的连锁现象在公开的材料中是得不到的。都是在家长之间交换消息，多听多问的前提下才能得到的水面下的信息。于是，也有了家长积极参加 PTA 畅谈会，经常聚聚餐的又一个连锁现象……

5. 理智聪明地利用私塾

引用私塾自我宣传广告来说明这个题目。

（1）私塾这样回答家长的提问

家长：“上一样的私塾，用一样的教材，听一样的课，做一样的作业，为什么我家孩子的成绩总没有提高？是不是我这个家长的教育方法不好？是不是我家孩子没有才能，不够聪明？”

私塾回答：孩子的成绩没有提高不是父母的责任，也不是孩子聪明不聪明的问题。一个好的学习成绩是不需要天赋和才能的。考试成功的秘诀是聪明地选择和利用私塾。换言之，不是家长不好，也不是孩子笨，只是不知道如何正确选择和利用私塾而已。

多么高明的劝诱广告啊！

（2）私塾这样自我宣传

❶ 会学习的孩子根本不需要天赋。没有天赋照样可以学习好！请看看周围吧，有多少优秀的爸爸和优秀的妈妈的孩子是百分之百绝对优秀的呢？考试是技术、是学问，成绩优秀的孩子和妈妈只是因为知道如何合理利用私塾，选择了正确的私塾而已。

❷ 请一定让自家的孩子体验一回志愿学校合格的喜悦。尤其是初中入学考试，是向“人生最初目标”的挑战。一定让我们的孩子有一个合格学校，带着笑脸结束考试。

6. 不用私塾考学的代价

上面私塾的自我宣传有些过分，但又不是完全没有理论根据的。以我这个不知私塾厉害的外国家长的一个惨痛经历为证。

2011年10月，我给小儿子辞掉了上了一年的学习私塾（理由不赘述）。

2012年2月，四个月后我让他参加了两所私立初中的入学考试，结果是让他体验了一次全军覆没的痛感。这个教训让我明白了“离开私塾勿论考学”的道理。在详述这件事情的始末之前，我还必须先交代私塾的“合不合格判断考试”。

（1）合不合格判断考试

合不合格判断考试，是小学升私立中高一贯制学校的模拟考试，是判断能否合格报考志愿学校的模拟考试。高中入学考试时这样的考试直接称为“模拟考试”。这样的模拟考试是大型私塾把常年积累的升学考试数据结果进行分析后，对当年入学考试的合格趋势进行判断分析，最后根据考生模拟考试的结果进行合格可能性的判断。这种考试在每年的下半年举行，一个月一次，共四到五次。考试一般设在周日，像初中入学考试一样四门课在一个上午考完。

每次考试结束可以给考生提供以下的分析结果：

❶ 志愿学校的合不合格判定表。

内容为：与你报考同一个志愿学校的其他“考生的分布”情况、你在这些考生中的“排名”名次、你报考的志愿学校的“合格可能性”是多少、除了你的志愿学校以外，“同时可以报考的其他学校的合格可能性”是多少。

❷ 考试分数的排名表。

你的四门课，或三门课、两门课考试成绩在全体考生中的排名。

❸ 偏差值评价表。

将你的考试分数用偏差值做成的评价表。显示你的四门课、三门课、两门课考试成绩的偏差值。

❹ 各门课的每一道考试题目，做对人数的比例表。

❺ 偏差值变动大的初中学校，报考人数变动大的初中学校。

❻ 去年入学考试的情况。了解各个初中学校的难易度和报考人数的变动情况。

❼ 与你上次“合不合格判断考试”结果的比较。

（2）作为考场的学校进行自我宣传

对于作为考场的学校来说，这绝对是一个向考生家长介绍和宣传自己学校的好机会。在孩子们考试的几个小时内，给陪同家长开个学校说明会，让更多的家长了解本校，让更多的家长喜欢并建议自己的孩子报考本校。

（3）离开私塾考学的代价

我的小儿子在读私塾期间，我曾陪着他参加过几次“合不合格判断考试”，当然也顺便听过几所考场学校的说明会。私立学校的老师和私塾的教师一样，宣传、煽动和劝诱的能力非常强。本来对日本初中学校毫无认知的我，通过这样的学校说明会，多了几个了解私立中高一贯制学校的机会。

说明会上，老师那些美丽的词汇，以及具有说服力的数据和表格，确实让我产生了好感：“虽然不是名牌学校，但是还算得上一个不错的学校。”进一步，我竟然错误地认为：这样的非名牌私立学校也许比较好考。最后，我做出了一个错上加错的决定：让中止私塾学习4个月的小儿子去钻这个考学的“空子”，我给他报了两所我在说明会上知道的、自认为还算不错的私立初中学校的入学考试。

在入学考试前非常重要的4个月冲刺时间里，没有了私塾的学习指导，谁也不可能拿到合格证书！这是我经历了惨痛的失败后得到的教训。

（二）预备学校

（1）定义

预备学校是为升学考试和资格考试等做准备的专门教育机构，为考大学的复读生再次挑战大学入学考试而开设的复读学校。

（2）机构性质

设置者有学校法人、财团法人、株式会社和个人等。其性质为提供知识和信息的商业性教育机构。

（3）**种类**

有专门学校、无认可学校等。以服务入学考试和资格考试为主。

升学考试预备学校、司法考试预备学校、公务员考试预备学校等都是一般认知中的预备学校。其他还有对应特定公司、特殊职业的考试（机舱乘务员、飞行员、播音员、气象预报士、医生国家考试等）的预备学校。

我平常接触到的一般是有名大学入学考试的复读学校。复读报考国公立大学的复读生，在日本也是一个规模不小的群体。复读生在预备学校复习一年，甚至是多年，就是为了能够进入国公立大学。

（三）家庭教师

为一对一的到学生家庭进行学习指导的教师。

（1）**教学内容：按需而定。**

学习方面：考试、补习、对付逃学。

其他方面：提高学校内审点的对策等等。

（2）**优点：**

能够针对学生个人的具体情况，解决特别问题、制定特别对策、施行特别方法、实现特别提高。学生既减少了花费在交通上的时间，又避免了不必要的体力浪费。

（3）**缺点：**

费用高，教师薪酬外加中介费。缺少集体学习竞争气氛。

（四）买家不如卖家精

为了生存，各家私塾的办学方针必须各有千秋。

我随大儿子经历过几家大规模私塾，深深地感受到了私塾之间的不同。也许正是这些不同才是各私塾的特色，也是私塾共存的保证。我依儿子的经历，将私塾概括了几个类型。

1. 狠心收费型私塾

（1）学生来源

能像标题字面那样做的私塾肯定是业界大牛。这样的私塾入门门槛很高，不是名校高中的学生没有资格参加入门考试。生源质量绝对优秀，优秀的学生也是其优胜的保证。

（2）学费

在学生较轻松的初中和高一、高二阶段，私塾以三个月为一个单位收取学费。即，1至3月一次，4至6月、7至9月、10至12月各一次，一年共四次收费。

（3）收费方式

银行自动转账。因为办理银行的转账手续需要时间，收费都是提前进行的。

比如，3月10日开始办理下面三个月（4到6月）的收费手续，以保证在3月20日顺利从银行自动转走学生4至6月的学费。所以4至6月的学费必须在3月10日前转到私塾账户。这样的收费方式让学生不能随时辞退，否则是要付出金钱的代价的。

（4）辞退

如果4月要从私塾辞退的话，必须在3月10日之前递交辞退申请，才能保证私塾在3月份停止自动收取学费。如果在3月10日之后才申请辞退，私塾就“不客气”了，4到6月的学费已在转账的途中，收走的钱一概不退！损失的一定是学生！

所以，辞退的日期一定要算好，否则学生家庭就不得不花冤枉钱。这样的规则，所有的私塾大都一样，如果不注意被收走了冤枉钱，家庭根本没有地方去说理。换个角度说，供养这样孩子的家庭，多多少少都要损失一些这样的冤枉钱。

（5）毕业班收费

这种私塾不同于其他教育机构的地方在于毕业班收费的特殊性。而毕业班收费的特殊性又源于毕业班学生的特点。

毕业班的特点：进入高三后学生的流动性很大。

流动的原因有许多，较典型的有：

一是私塾的多次分班考试。因某门学科成绩不理想而不能升入最高水平的班级。在低水平的班级学习对报考“难关大学”没有什么帮助。换个私塾学习这一门课是很自然的想法。

二是某些学生与新学年新更换的授课教师不对脾气，不喜欢某个教师的课。为了换教师而更换私塾的例子也不少。这样的流动年年发生，形成了规律。

高三收费的特殊性：

针对流动性大的毕业班，私塾有特殊的收费方法。即，一次收清高三一年的学费，并且还是在高二的3月就一次性转走高三一年的学费。又因为银行的转账手续关系，一切的变动手续必须在3月10日之前办理。比如辞退私塾、私塾内调整学习科目、私塾内增加或减少学习科目等变动。

没有递交任何变动申请手续的学生，被视为默认升高三，到期私塾自动把一年的学费收走。钱一旦收去概不退回。

（6）私塾新闻

所有上述规定，都会在每个月发给学生的“私塾新闻”中明确写着。如果家庭不认真阅读，家长之间又没有交流的话，如遇自家孩子要临时变动，就免不了要白扔给私塾不菲的费用。

像这样计划外打水漂的费用，每个家庭都不能避免。我也是在交过这样的“学费”后才悟出了上述门道的。

2. 课程五花八门型私塾

这也是大型私塾，规模很大，分校很多，遍布全国。

（1）特点一

教学内容分科特别细，相应的课程班非常多。一个阶段内容分不同进度班，报名的门槛儿有高有低，各个班单独收费。比如：假期的特训班一个课程四天，各个课程班单独收费，想学全某一阶段的内容需要参加一个以上的班才能完成。

（2）特点二

教室多，学生多。无论是上课还是自习，都有单独的教室可以利用。应届班、复读班都能在该私塾找到去处。这样的私塾简直就像一个学校。以学生数多，母体大取胜。

（3）我小小的浪费

大儿子读高三的夏天，他自己报了这家私塾的两个暑假特训班。一个班四天，共八天。当然是有门槛儿的班，大儿子参加了入门考试过了门槛儿。八天的课上下来，大儿子说：内容太简单了，白浪费了八天时间。看来这两个班的教学内容不深，大儿子浪费了八天时间，而我也浪费了八万日元！

不过，大儿子在那个班上偶然遇到了初中时的同学兼好友。两年多没有联系的两个旧友，那几天一起上课，一起吃中午饭，美得不行。八万日元买了大儿子一个开心，也值了！家长们基本上都是这样给自己找一个“浪费”的理由的。

3. 教学录像自由型私塾

（1）教学方式

一大型私塾采用的是录像教学方式。每个课程都是有名教师讲课的录像，学生通过观看各学科的录像上课。

该私塾早上7:00开门，晚上10:00关门。虽然没有老师上课，但是每一天有明确的作息时间表和课程安排。学生来私塾自习自由，但是教学录像一定得按课程表来播放。如果想在家联网上课的话，也要提前办理申请手续，在申请的课时中与私塾联网上课（看录像）。

（2）特点

因为是录像教学，一门课学生可以反复看、反复学。每个单元内容结束后，学生必须通过单元考试，才能接受下一单元的教学。

这样的自由形式，学生可以随时开始学习（复习）任何一门课程，没有因错过某门课的开课时间而落下学习内容的问题。

❶ 好处之一：

能够保证教学都是资深的、有名的教师讲授。避免了随机遇到新教师，或是打工教师上课，不听不行，听了也没用的尴尬场面。

❷ 好处之二：

私塾方可以节约教师资源。有人员、有时间、有精力去关心和管理学生学习之外的事情，多和家长沟通，随时倾听家长的声音。

实际上，我本人就是在陪考的迷茫和不安时期得到过这类私塾教师的帮助、指点和鼓励的。清晰地记得，那天我和老师谈话后离开私塾之时，那经过老师开导鼓励后豁然开朗的心情是多么的美好！像高考这样的重要时期，对家长的心理安慰也和考生一样重要。

❸ 好处之三：

该私塾将毕业班中报考同一所大学的考生们集中到一起，七到八人一组，分成若干小组配给负责教师。一周一次，考生们坐在一起相互交流、相互鼓励、相互减压。

（3）收费不眨眼

该私塾的收费方式是以一个课程（一个 CD）为单位收取的。因为没有上课的时间限制，教师可以随时向学生推荐多门课程，甚至是套餐课程——几门课程一起申请。如果申请的课程数目达到了上限（比如五门课）的话，就可以享受无限学习全部课程的大套餐等等。所有的套餐课程可都是不便宜的价格。

我的大儿子本来只是为了数学一门课，投到该私塾门下的。但经过老师的劝诱，大儿子一口气买下了好几门课，而且在后期又追加购买了一次。据大儿子高考后的情况，效果不错，大儿子还说多亏这家私塾的古文课，让他的古文在高考中得到了一个满意的成绩。

三、考学的真正目的

在升学考试前的一年到半年时间内，初中考生在一次又一次的“合不合格判断考试”中，高中生在多方面的“模拟考试”中，不断地摸清自己在全体考生中的水平，不断地调整自己的位子，最后选择一所既适合自己，又绝对有合格可能的学校。

日本的私立学校，无论是初中高中，还是大学，各有各的水平、各有各的特色，基本没有低水平学校一说。任何一个水平上的学生都能找到和自己同一个水平上的学校。比如考大学有名的学校、拥有某项尖端科研学科的学校、棒球队有名的学校、马拉松队有名的学校、水中芭蕾队有名的学校；还比如校风自由的学校、校服可爱又有历史的学校；还比如有女性教育传统的学校、历史上出过名人的学校等等。

学生各有所好、各有所志，有喜欢学习的、有喜欢运动的、有喜欢文艺的、有喜欢音乐的，每个孩子都能在考学中找到一个自己喜欢的学校、一个适合自己水平的学校。这，才是考学的真正目的！

2014年的入学考试季节，我在电车中看到一个私塾的巨大广告牌，上面就一行大字：“合格了再哭！”这个道理众人皆知，自然平实。我想提的是巨大的文字广告之下还有一个小角落写着：“上你的最好学校！”。是的，不必随大流、不必追求公众认知中一流的学校，挑战适合自己的最好学校才是升学考试的真正目的！

四、中考日记

中考，是高中入学考试的简称，“中考”这个名词在我上学的年代似乎没有出现过，当时我们的国家还只有“考大学”的事情。在我国考学制度逐渐完善的现代，考高中也成了一个家庭的重要教育课题。

日本的中考不亚于大学考试，体制系统庞大、繁琐、复杂，值得我们了解和研究，去粗取精，为我所用。日本的考学体制看似庞大复杂，其实还是有一定规律的，领悟之后也不难理解。

这一节摘录若干篇我伴儿子经历中考的日记。考学那一时那一刻的感触，事后是无法再现的。日记中强烈的临场感觉，希望对读者理解日本的考学制度能有更好的帮助。我的两个儿子，高中入学考试相差五年。他们的目标学校不一样，追求“我的最好学校”的考学之路也不相同，可以说是日本高中入学考试中两大不同升学方向的代表。

（一）进学校高中的中考

记忆时间：2010年1月～2010年2月

我大儿子是从海外日本人学校初中部考到日本国内高中的，属于归国生入学考试。实际上大儿子报考的五所学校中有四所提供归国生考试。而最终大儿子去上的高中，没有归国生考试，也没有推荐入学考试，是一所只有一般考试的进学校高中。这一类的进学校高中，没有上级大学，高中毕业须再考一次大学。这类高中的升学制度和中国的高中相似。

大儿子小学三年级的时候我们一家离开了日本，我们对日本高中和大学的了解只能依靠日本海外私塾。大儿子瞄准的高中是当时的私塾长推荐的，因为大儿子将来升大学的选择目标是东京大学。确切地说，这样的目标也是我本人的希望，渴望孩子考最好的学校、上最好的学校是中国家长望子成龙的夙愿！

现在想想当年我们的目标，可真有些不知天高地厚。东京大学在日本意味着什么？最好学校的具体内涵又是什么？

小贴士

进学校：

是相对大学附属学校而言的学校。没有上级学校，毕业时必须找其他出路，考试升学的学校。

当时的我对这些都是很朦胧的。既然老师要问“进路”(升学方向)，那就追求最好的！那所私塾的老师所推荐的私立高中又是个什么概念，我更是茫然。关键是还有儿子在日本同龄孩子中的位子，我更是心中无谱，更不知道需要有这个谱。因为不知道偏差值的事情，我根本就不知道“自家孩子在同龄人中的位子”是一件可以了解的事情。当年敢出此“狂言”，不是明知山有虎偏向虎山行，而是因为无知者无畏而已！

如今，大儿子实现了我的“狂言”，我也敢这样说了：“当时私塾的老师能够接受大儿子的‘进路’选择，那也是因大儿子在私塾的成绩（偏差值）做了前提和保证的。”

下面是大儿子赶考东京高中时我的几篇日记。

第一场考试

2010-01-22（Fri）19:13

今天，儿子参加了第一家高中的入学考试，私立SH高等学校。

这是琦玉县的一所小有名气的私立高中，与儿子在学的SD私塾海外校有联盟关系。儿子是私塾推荐的优等生(即可享受奖学金待遇的考生)。据说，在SD私塾的模拟考试成绩过了该高中的推荐招生条件，就可以被私塾推荐为优等生。儿子今天只要参加一下考试，只要不考出太差的成绩，就能被推荐成优等生入学，且第一年的学费全免。

5:40妈妈起床，6:00儿子起床，6:30母子出门。赶上电车，奔赴考场。这个考场比较远，坐电车要一个多小时。出了旅馆，在便利店买了饭团子当早餐。原以为可以在电车上吃掉的，没想到早班电车也是乘客满员。饭团子一直带到最后换乘的车站，时间是7:30，还剩两站，还有时间，于是母子俩安心地钻进车站内的一个早餐店，就着现叫的汤吃掉了饭团子，完成了早餐。

8:00出了车站，立即掉进了考学大军的人海。对我，这是一个空前的、永世难以忘怀的场面！车站外人头攒动，就见每五米一个、每十米两个穿着同样制服的男女学生面对人流，高声喊着“早上好!”。看校服可以猜测，他们是SH高校的在校生，在寒风中用他们的问候欢迎着考生们，维持着交通秩序。

和我们一个方向的人实在太多了，前一天我探路时从车站走到学校不到十分钟的路程，今天早上随着人流走了20分钟!

开始我并不知道那个人流都是去考试的，还边走边对儿子说:“怎么这么多人啊? 有家长陪着的肯定是考生了吧?”走了一段路我才悟出，原来同行的人流都是报考这个学校的考生！考生们或着西装或着校服，有的有家长陪伴，有的孤军一人，在寒风中，无声地排着队伍依次向前慢慢地走着。那连续不断的“早上好!”也许能为他们驱赶一些考前的紧张。

在最后进入校园的路上，一溜站着学校的老师们，他们向着源源不断的考生们高声喊着:“早上好！”在该校学生和老师们有序引导下，考生们陆续走向自己的考场。

换过室内鞋后，儿子就消失在了着装相近的考生人流中。随着儿子消失的身影，我的心中慢慢涌出一股酸楚，为的是儿子要一个人在这些日本孩子中奋考。虽然，他已长得高高大大，虽然他自己可能不觉得自己和周围的孩子们有什么不同，可是做母亲的还是有许多的不放心。对我，这里毕竟是异国他乡；对我，毕竟早已不再年轻气盛，早已失去了天不怕地不怕的胆量。

感叹之余，我溜达着看看教学楼一楼的走廊、宣传板、自动贩卖机……最后，还是把目光停留在了那个考场安排通知上。从这个通知上可以得知，教学楼三层的教室都成了考场，从公布的准考证号码数字来看，今天的考生应该有1 240名！接下来还有两天这样的考试，那么“1240×3＝3720”，三天共有3 720名考生参加入学考试啊！而这个学校的高中招生名额只有300名！

在学校安排的等候室中，我一个人熬过了三个多小时。三门考试结束，在出口处等到了和平时毫无异样的儿子。还遇到了几个同学校的同学和他们陪考的妈妈们。看到同学后，儿子笑了，儿子的笑脸对妈妈而言无疑是最大的安慰。

这才是第一场考试，像这样的考试还有五场！

报 名

2010-01-25（Mon）16:54

今天，起了一个大早去KS高等学校办理报名手续。

这是东京大学升学率最高的一所私立中高一贯制男子学校。说心里话，报名是件非常简单的事情，就是为孩子递交报名申请表格，然后领取准考证，可是，我还是有些莫名地紧张。也许是我周围的日本妈妈对孩子考学的过分认真制造了紧张气氛，我生怕自己有什么失误耽误了孩子。

7:15，比报名处开门晚了15分钟我赶到了学校。还没有全亮的冬日早晨里，我并没有看到传说中排队报名的队伍。我孤零零地被执勤老师引到了学生食堂，这回见到坐满了半个食堂的报名家长！原来门外排队报名的队伍早就进了学校！我来晚了！我数了一下，14名一排，我排在了第12排。也就是说，报名开门才15分钟，在我的前面就排了160多人。

8:00正式办理申请报名手续，等候报名者一排一排地被领走。到8:55，我所在的第12排也被老师领到了事务室，继续排队等待交材料。这时的报名者排到了第18排，约250名。这样的报名阵势要持续三天，而所竞争的合格席位只有100个。

我观察了一下，柜台里面的老师平均两分钟办理五名报名者手续，算得上高效率了。不时地有家长被叫到边上，因交上的材料不合要求，需要当场纠正错误。这样的情景多少给排在后面的人制造了紧张的气氛。我前面有两个顺利拿到准考证的妈妈，她们相视而笑的开心样让我也忍不住为她们的孩子们祝福。9:15我也顺利地拿到了准考证。原以为要奋战一天的“工作”，两个小时就完成了。

这样，下午我就有时间去拿第一所学校（SH高等学校）的考试结果了。报名时，我们让学校将考试结果寄到琦玉县的一个朋友家。这边的考试，两天后就能知道结果，倒是大大地缩短了揪心等待的日子。

第二场考试

2010-02-06（Sat）19:08

儿子经过漫长的复习迎来了第二场考试，今天是KO大学附属志木高等学校的第一次笔试考试。

志木高等学校是私立KO大学的附属高中，校舍在琦玉县的志木市，是“难关高中”（名牌高中）之一。笔试合格者还要参加第二次面试考试，再次合格后才能获得入学资格。因是附属高中，毕业后可以直接升入KO大学。

比起第一场考试，今天的考场离我们居住的旅馆不远。地铁一条线不用换车，十多分钟路程。想到出了车站肯定会遇到考试大军，今天的考试我就没有提前探路。

结果相反，早上赶考的母子二人出了地铁站就傻了眼。别说是考试大军了，一个考生模样的孩子也没有看到！这回，母子二人成了孤军。我开始担心是否走错了路，后悔前一天没有来探路。还好，手头上有考场导游路线地图。就三分钟的路程，途中还问了一次路。等走到了大马路，终于看到了零散的考试小部队，才算安下了心。原来我们选择的是地铁线，还有一条JR电车线，那才是多数考生选择的路线。还有，今天的考试，主考场设在志木市的学校本部，我们的KO大学考场只是为一些海外考生的归国生考试开设的，海外考生不是主流考生。

唉，同样是高中考试，怎么区别这么大！

日本的高中入学考试都是在一天之内完成全部科目的考试，大多数学校考三门课，少数国立、公立、难关高中要考五门课。今天的学校要考三门，上午开考时间晚就考一门，下午考两门。加上午餐的时间，考生们要有四个半小时的时间被“困”在考场中不许出来。中午饭就在考场内解决，吃自带盒饭。

早上出门时儿子只穿了三层衣服，内衣、衬衣和西服。旅馆房间有些偏高的温度让我们忘记了这是冬天。出了门才知道，今天的风很大，还带着寒意。母子二人赶到考场的时候，都已是鼻涕出溜了。送儿子进了考场，我赶紧转回旅馆为儿子取大衣。

下午考试结束时，走出考场的儿子遇风有些发抖，穿上我取来的外套才得以安定。他说考场有空调却没有开，微凉的空气正好适合考试，听到这些我才安下心来。儿子说考试的题目比平时在私塾做的模拟题目要难，但是似乎还没有考砸。这样的结果就可以了，我们真正的目标还在后面。

愿儿子后面的考试也能正常发挥。

第三场考试

2010-02-09(Tue) 12:55

今天，大儿子迎战第三场考试，WSD大学附属本庄高等学校。

这次的考场在WSD大学内，吸取第二次考试差点儿迷路的教训，昨天我就去探好了路。坐地铁一共三站，是我们应考学校中最近的一个学校。

WSD大学，不愧是日本有名的高等学府、中国人也知道的私立大学。学校就是气派，带着历史的厚重感、带着文静、带着书香，更带着一股庄严，让人肃然起敬。

奔赴考场途中，在学校外面，我们看到了各家私塾送考的老师队伍。老师们戴着各自私塾的袖标，举着私塾的小旗，遇到了自己的学生一定走上前，握手、拍肩、鼓励，“请加油!”的喊声在远处都能听到。

学校为家长安排的等待室，设在学校大礼堂内。说是礼堂，其实很像音乐厅或大剧院。没有富丽的装潢，但有一股子庄严。每个座位的扶手处都有折叠小餐桌(在这里称之为“书桌”可能更确切)、耳机插口、电脑插口，配备齐全。最让我们几个家长感慨的是，每个座位的后背都贴有(镶有)学生的名字！私下猜测，开大会的时候学生们都是对“名”入座的。接着想，难道学校每年都得去掉毕业生的名字，再换上新入学生的名字?

该去接儿子了。祝儿子考好！如愿！

第四场考试

2010-02-10(Wed) 10:10

今天是儿子的第四场考试，私立KS高等学校，东京大学升学率最高的私立男子高中，也是我们的目标学校。

今天一天共考五门课：国语、数学、理科、社会和英语（含听力），是私立高中中极少数考五门课的学校，也是为数不多的仅以考试成绩论胜负的私立高中。没有面试，没有推荐，没有海外归国生优待，没有第二次面试考试。也是儿子最喜欢的入学考试方式——“一考定千秋”！

也许是连续作战的缘故，早晨出门的儿子看上去有些没有醒透的样子。正值国内春节放假期间，昨天爸爸和弟弟也从上海赶来为他加油，这次的考试是全家“护送”。到了这个层次的考试，考生人数明显减少。送到考场（KS高等学校）的门前，还差一点儿忘记了弟弟一直拿着的盒饭。那可是妈妈牺牲了自己的早饭（没时间吃），专心为儿子准备的带有“胜利”二字的盒饭。儿子“考前突击班”的老师也特意赶到考场入口处，为自己的学生加油，尽管班上只有两个学生挑战这所学校。

8:15，顺利地将儿子送入了考场，剩下的只有靠儿子自己努力了。妈妈，不，这回是全家在考场外为他祈祷。

下午1:00，妈妈和弟弟要去KO大学附属志木高中看第一次考试的发榜，祈祷儿子有个好的结果。

发　榜

2010-02-16（Tue）10:25

2月12日，那一天，儿子有三个高中发榜。WSD大学附属本庄高等学校的第一次笔试，KO大学附属志木高等学校第二次面试（最终结果）和KS高等学校的入学考试（最终结果）。

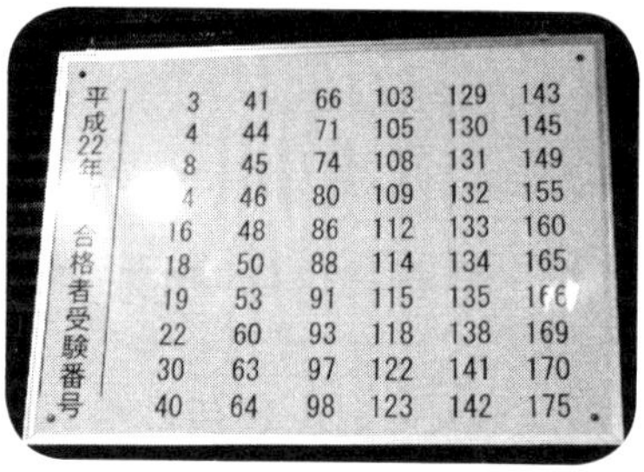

▲ KS高中

私立高中的特征就是各自为政、各有特色。发榜的方式也是各行各路，WSD通过电话或网络发榜，KO和KS都是在学校发榜，公布合格者准考证号码。

早上6:00就可以电话查询WSD的考试结果了，合格！上午11:00，KO大学附属志木高等学校发榜，爸爸去学校看的，合格！下午1:00，KS高中发榜，我和弟弟去看的。弟弟比妈妈眼尖，合格榜刚刚被老师挂到铁架上就找到了哥哥的准考证号，合格！而此时，哥哥本人还在“考前突击班”复习准备第二天的一个国立高中的考试。

其实，KS高等学校合格，有这一个结果就足够了。这所东京最难关私立高中将为儿子铺垫一条通向东京大学之路。祝愿三年后，东京大学的合格榜上能有吾儿的名字！

（二）附属高中的中考

记忆时间：2015年1月～2015年2月

这一节是小儿子考高中的日记，是在本书收稿前我“抢”出来的内容。按时间顺序本应该放在本书最后的，但是考虑到内容的完整性，还是放在了升学考试这一章里。

送大儿子进了大学，一转眼小儿子也到了考高中的季节。他上的公立初中是义务教育的最后阶段，毕业班的孩子们都必须寻找升学出路。

我的小儿子真不让我省心！平时，遇事很有想法的小儿子，在考学之事上却没有了想法。平时，他亲眼看见了自己的哥哥努力学习的样子，却没有把哥哥当作榜样，反而对刻苦学习心生恐惧而更加反抗。“我才不想那样刻苦呢！”快成了他的口头禅了。他羡慕自己哥哥的成功，却不想付出那样的努力。索性，他就不给自己的升学定高的目标。

私立初中入学考试，我让他体验了两次失败，零次成功。这是我进路指导者的错误，这个错误把小儿子的自信砸了个稀巴烂！小儿子不说如何利用高中考试重新获得成功，却总是担心如果再次失败了怎么办？这是让我最心痛的地方。

“难关高中”学校的入学考试基本上都考五门课，而私立大学的附属高中基本都是考三门。为了减少刻苦学习的量，也为了免去再次考学失败的痛苦，母子意见一致地选择了只有三门考试的私立大学附属高中为目标学校。这样的学校种类，在前面的非义务高中一章有介绍，有好一些的也有差一些的，只是都没有升大学考试的关口。我又是想当然地希望他能报考这类学校中最好的早（早稻田大学）庆（庆应大学）附属高中，最好能去文理科比较全面的庆应（义塾）大学的附属高中。但是，小儿子看着后者那高高的偏差值，怎么也不说“努力试试”的话。孩子秉性各异，家长不能强求。我小儿子的高中入学考试，就是在这样一个母子矛盾的状况下开始的。

直播小儿第一战

2015-01-23 (Fri) 08:13

逝去的时光再回首时永远是转瞬即逝的，转眼小儿子也迎来了考高中之战。

上午9:00，我的小儿子开始了他的第一场考试。我等在考场教学楼的一楼，学校为考生家长专设的等候室里。没有带其他消磨时间的工具，正好同步写这篇日志。如今的网络真是好，我在智能手机上写这些文字的同时还可以收听“中国国际广播电台”的飞鱼秀节目，心情不错。

小儿子的第一场考试和哥哥走的是一条路，区别只是小儿子不属于归国生，他参加的是一般入学考试。

这所琦玉县的SH私立中高一贯制学校的女校长非常有远见、有魄力。

▲ 家长等候室

虽未谋面，我却很是佩服！五年前大儿子也考过这所学校，所以这是我第二次陪儿子来到这所学校。关于这所学校，大多数的内容都已记在陪伴大儿子考试的文字中了，这次只写不同的地方。

刚一进考场教学楼，就有了新的发现。迎接考生的老师队伍中多了两名外籍教师，是指那种高鼻子、蓝眼睛的欧美外国人。这两个外国老师很卖命地工作着，对每一个进入教学楼换室内鞋的考生都是以灿烂的笑脸相迎，高声喊着："Morning! yeh! fight! "这两名外国老师的出现，让我实实在在地感觉到了这所学校在进步："与国际接轨了！"

今天想多写写这家长等候室。在日本，凡是这样的考试，即孩子参加的考试：升学考试或语言能力考试等，考场方都会为陪同前来的家长设置等候室。等候室大多是利用学校的学生食堂，比较宽广、灯光明亮、有桌子有凳子、暖暖和和的。在等候室，多数家长是带书阅读的，少数家长带来类似书面工作的东西，也有家长趴在桌子上瞌睡，大家都默默地、安静地各做各的，没有人说话。五年前，大儿子参加的是第一天的考试，参加考试的学生多，在这里等候的家长也多。今天小儿子参加的是第二天的考试，考生明显少了，等候室也冷冷清清的。

手机没电了，停笔出去溜达溜达。连着阴雨了三天的东京，现在太阳出来了！

首战告捷

2015-01-26（Mon）09:54

今日小儿子第一场考试发榜，我们焦急地期盼着合格的通知。这个学校的合格发榜是以邮寄的方式，今天的什么时间邮件到邮箱，我们无法掌握。

想起了三天前的考试。那天考完试出来的小儿子脸色不是很好看，吓得我没敢多问，默默地和他一起走出了学校。出考场的学生源源不断，排队走在去车站的路上，跟在我们后面的两个考生，一直在议论考试的事情。一个说今天的国语题目有些难，另一个说英语题目有些难，最后又一起说数学题目难，非常的难。说完了考试又接着说自己的同学，一个说自己有个朋友初中考入了KS学校（那是大儿子上的学校），另一个听了立即说："有这样的朋友，真了不起啊！"我相信，走在我旁边的小儿子也听到了他们叽叽喳喳的对话，心情也一定是跟着对话七上八下吧。

到了车站，我建议小儿子吃了饭再坐车回家。小儿子同意了，本想避开还在继续回程的考生队伍，可是那个车站不大，绕了一个小圈还是回头迎着队伍往回走，选了一家"母子盖浇饭"快餐店。"母子"是指鸡肉（母）和鸡蛋（子），将单独煮好的鸡肉和鸡蛋盖在米饭上就成了"母子盖浇饭"。

在机器上买了饭票，找了个桌子母子一起坐下。我们买的饭很快就上来了，小儿子也开始说话了。他泪眼汪汪地说："今天有可能不合格。""这孩子怎么一上来就说这样的话？"我只敢想不敢说。他继续抽抽搭搭地说着："数学题目非常难，平时做那个学校的历年考试题基本上能得70分的，这回可能就得40分或50分吧……"说着说着，眼泪也下来了，鼻涕也出来了。问他其他两门考得如何，他说发挥正常。"那就应该没问题！没听见别人都说数学难吗?"妈妈开始使出浑身解数劝他。

等结果的三天里，我们都尽量不涉及这个话题。但是，小儿子偶尔会说，真的不合格了怎么办？我真害怕呀！我一个合格证都没有得到过呀！

是呀，我也开始反省自己。在这次的小儿子考试中我似乎又犯下了错误。第一，不该让他来考第二天的考试。一般有三天考试机会的情况，按常理是题目一天比一天难的。因为第一天考试的前一天晚上他有私塾课，晚上十点才能到家。第二天要早起坐近一个小时的电车赶考场，我怕小儿子太累，主动提出让他参加第二天的考试。第二，这个学校今年的数学考试题型有大的变动，是为了配合大学入学考试的“全国统一中心考试”。当时，小儿子看过考试题型变动通知后，说“很简单，知道了”，就随手扔了。我后悔没再让大儿子看看那个通知，让老大给弟弟解释一下改变题型后的难度。小儿子现在说数学考试题目难，一定有不适应新题型的原因在内！第三，考试之前小儿子一直说这个学校的历年考试题目简单，我们谁都没有把这个学校当一回事！太轻敌了！

两个孩子都考过这所学校，都是私塾内部推荐的优等生，瞄准的都是合格通知和A等奖学金！所以，只是合格的结果恐怕不能满足小儿子的愿望。这个孩子真是让妈妈揪心揪肺！

已是下午了，已不知是第几次看邮箱了，终于盼到了邮件。争分夺秒地打开信封，果然是合格通知！还有粉红色的A等奖学金的通知书！对这个学校，小儿子想得到的都到手了，我如释重负！

放学回来的小儿子看到了自己的战果，自然由衷地扬起了笑脸：“我有信心考好后面的学校啦！”这个结果对儿子对我都是一个极好的、重要的开头！一份合格安心学校的合格证真的能让孩子与家长收获无比的信心！私塾的指导一点儿也不假！

是朋友还是对手

2015-02-03 (Tue) 13:42

第一场考试结束到后面的考试还有近半个月的时间。小儿子仍然每一天学校、私塾、家，三点一线地努力着。昨日发生了几件有意思的事情，记录如下。

昨日下午4:00放学回家的儿子，进门就高喊：“落榜了！落榜了！”他说的是同年级的一位考试总得第一名、儿子唯一一个总考不过的“对手”同学。昨天是东京都立高中推荐入学考试发榜的日子。公立初中报考公立高中的孩子占多半，那个第一名报考了东京都最好的都立高中(HBY)的推荐入学考试，结果落榜了。

昨日下午3:00，还有一所私立大学附属男子高中(RKN)的笔试入学考试在网上发榜。这个学校在2月1日考试，因为是MACHR级别（五所有名私立大学的字头）私立大学的附属高中，据儿子说他上的私塾中有不少同学去考。当然多数学生是去练兵的，目的是得一个合格安心学校。但是儿子没有让我给他报名，因为他不愿意考得太多，害怕任何一次的失败。

巧的是，我家隔壁的孩子去考了这个学校。隔壁家的长子和我小儿子同一个初中，今年还是同一个班级。因为班级中报考私立高中的孩子不多，这两个平时不是很亲密的同学自然成了因考试而结缘的朋友。儿子4:00放学刚进门，隔壁的孩子就来按门铃了。儿子赶紧再穿上脱了半截的校服去开门。隔壁的同学是来报喜的！他合格了，考上了RKN高中！平时交往不多的隔壁的孩子，以这样的意外行为表示了他对这个合格有多么的开心！这也是他的第一场考试，合格了应该高兴！其实他真正想去的学校和我家小儿子的一样，也是在一周后才开考呢！可见，第一个合格证在孩子们的心目中是多么的重要！

隔壁的孩子走后，儿子说要用电脑，查一下他另一个好朋友参加RKN高中的考试结果。他说在学校问出了朋友的准考证号码，可以从网上直接看到朋友的结果。查到朋友合格了，他竟然像自己合格了一样高喊："太好了！"然后就去鼓捣他的手机，估计是写祝贺朋友的邮件。

都忙好了，最后他叹了口气说，我也报考RKN高中就好了。这所高中是上了档次的私立大学的附属高中，万一没有升学去路的时候还是可以去上的。而小儿子的第一个合格学校，无论如何我们是不愿意去上的。这时，小儿子有些这山望着那山高了。

私塾老师的升学指导就是"多报，多考"，不然等知道朋友合格了的时候再后悔就来不及了。果不其然，小儿子的表现真让私塾老师说中了。当时在我听来有些荒唐的私塾老师的指导，还真是正确！私塾老师是在熟知和掌握考生心理、看过多年考生考学的前提下给出的指导，肯定比我们家长个体的眼光要远一些、高一些。现在后悔也没用了，我只好说一些谢谢儿子没有去考那么多的学校，为家省钱之类的话。RKN 高中合格的学生必须在2月6日之前缴纳52万日元学费，才能保住合格的位子。虽然之后办理退学手续的话可以退回一部分钱，但是入学金30万日元是绝对不退的。既然不想去上，那就不去浪费这笔费用了。“谢谢儿子为妈妈省了钱。”宽慰他的心，是妈妈能做的唯一的事情。

最后的私塾

2015-02-07 (Sat) 18:51

今天周六，是小儿子最后一次上私塾，也是我最后一次为孩子做私塾盒饭。从今天起我家再也没有孩子去上私塾了。等小儿子下周三所有学校的入学考试考完之后，我家也再也没有考学的孩子了。

今天又有一所高中的考试，小儿子因为阻止了我去报名所以他今天不能参加考试，隔壁的孩子又去考了。据儿子的消息，隔壁的孩子共报考了九所学校，这样算来他只是报名费一项支出估计就应该有30万日元。今天的学校偏差值很高，小儿子毫不客气地说隔壁的孩子希望不大。

进入2月，有名的私立高中陆续开始了入学考试。小儿子的初中还好一些，考私立高中的同学不多，但私塾的同学们大都参加了今天的考试。看到别的同学去考试，他心里肯定痒痒的。私塾的室长就是这样说的，妈妈应该多给孩子报学校。考不考到时再由孩子决定，不然考试之前孩子再想去考的话，妈妈会后悔的。不是老师吓唬人，今天的这个时候，别说是小儿子，就连我也后悔，当时怎么就没有帮他报考这所学校呢？今天，小儿子想去考都没有办法补救了。

由于初中考试的失败，小儿子对再次的失败极其恐惧。他说如果再遇到失败，哪怕是一次，也没有信心参加接下来的考试了。今天这所学校，私塾室长是建议我们去考的，我也很想给他报名的。小儿子用下面的理由阻止我去帮他报名：一、这所学校在私立大学附属高中中偏差值最高。二、这所学校考试太早了，万一不合格的话，他说他无法去考10号和11号的两所学校。而后面两所学校小儿子合格的可能性很高，他想得到那两个合格证。三、今天的学校考试有笔试和面试两次考试，今天的是第一次笔试考试，第二次的面试和11号他要考的学校是同一天，有冲突。最后一个重要的理由是，小儿子12号要去考的高中和今天的高中都是同一个大学的附属高中。无论上哪一个高中，将来直升的大学都相同。只要12号的学校合格了，对我们来说也没有什么损失。

本来是合理的选择，却因为周围对手们的行动而动摇。这考学不仅仅是考卷试题之战，也是心理之战，更是策略之战！

实况播送第二战

2015-02-10（Tue）07:34

今日小儿子第二场考试是WED大学的一个附属高中。考场离家不近，换一次电车要40分钟。

这个学校开考时间是8:30，比较早。我们5:30起床，慢慢悠悠地吃早餐。慢慢地吃早餐是小儿子一贯的作风。6:30准时出了门。现在，他已进考场，我在家长等候室坐着。

迎着朝阳入考场

东京都轰轰烈烈的高中入学考试其实是从今天才开始的，每年都是这样。昨晚，私塾的室长还打来了鼓励电话。

现在，校内广播在播放考试注意事项。别说，我还是第一次听到这样的广播。

昨晚在接到老师的电话后他就挺高兴的，

因为老师说只要正常发挥就没问题，让他放松。放下电话他就问，今晚还用学习吗？我知道他是不想学了。正好哥哥在家，晚饭后我随意拿出私塾发的英语单词本，让他们边看电视边背单词，哥哥说一个他背一个。

8:19，现在校内广播播完了。考场注意事项还挺全，如何放置口纸巾也有规定。

早晨出门一进电车站我们就看见了一对母子，一眼便知晓是和我们一样的考生，没准儿是考一个学校的呢。那男孩子的双肩背包上还挂着“祈祷必胜”的挂件。换了电车，又看见坐在我们面前的一个男孩在背英语单词，他肯定是去考同一所学校的考生吧。

到了学校门口，人开始多了。看见了私塾的旗子，小儿子要去和老师打招呼。我只好和小儿子分了手，看着他走到私塾老师那里和老师说了话，随着考生人流进了校门。以前送他考试，分手前他总会问考完在哪里等妈妈的问题。这回考试，他说什么也不让我来接。是的，小儿子也长大了。

现在考试的铃声响了。家长等待室里来了老师，向家长说明接考生的注意事项和明天看合格发榜的事。

我是等还是不等？

最后一战

2015-02-12（Thu）08:05

今天是小儿子最后一次笔试考试。KO大学的这个附属高中，考场设立在KO大学的校园内，是几所学校中离我们家最近的。8:00考场开门，我们踩着这个点儿出了车站，满眼都是赶考的孩子。

在通往学校（考场）的路上，两边依旧是私塾的鼓励队伍。这次小儿子终于见到了私塾室长，前去接受了几句鼓励。昨天，小儿子带着第二个合格的喜悦从考场回到家，还没吃晚饭就接到了私塾的电话。电话那头室长问早晨考场为什么没看见他，接着问昨日发榜的结果。听到合格了，室长不是先祝贺而是埋怨说，“合格了为什么不汇报？”这时小儿子才和我说，在私塾的时候老师常说，“考试一旦有了结果请尽快告诉我们。我们给你们家里打电话很为难的，遇到了合格的学生还好，如果遇到不合格的学生，老师觉得打电话有些失礼。”哦，原来是这样！我们还从未站在老师的角度想过这件事，没有及时汇报还真有些失礼了！

9:00了，小儿子的考试开始了。我开始发现自己坐着的家长等候室好像有些不对劲儿。黑板上贴的通知是理学部的考试时间表，越来越多进入等候室的人也好像不对。本来等候室里应该都是和我一样的妈妈，可这里却有老头，还有年轻姑娘，还有拖行李的。我决定再到别的楼去看看，反正今天不想回家了。今天我也带来了笔头工作，想在等候室里做做看。

儿子加油！

走出了刚才的“同伴者等候室”，立即看到了另一个队伍，他们去的是大学校园的教学楼，是考大学的！原来今天还有KO大学理学部的入学考试。

这真是日本考试的季节。刚才和小儿子换电车时看到了一对母子，我俩说跟着他们准没错儿。按我一直以来的经验，那对母子应该是和我们一样的考生。这次换车要在车站内走11分钟的路，但是跟着那对母子转个弯却到了检票口。还有不少的母子都已经检票出了站。这绝对不是我们要去的方向，我和小儿子赶紧再掉头。走在11分钟的换车路上，我和小儿子一起嘀咕，那些妈妈和孩子去哪里考试了呢？这条换车路线，要不是我已经走过3次了的话，刚才的景象还真可能让我担心是否坐错了车，带错了路。

再次走回高中部的校园，这回我看到了刚才被入场考生们挡住了的提示牌子。看到了那个看惯了的“保护者等候室”指示牌子。原来大学考试的等候室叫“同伴者等候室”。按指示牌绕到高中部楼后面，原来这里有高中部专用的食堂啊！

这回坐在我该坐的等候室，可以安心地做我的事了！

最后一战的面试

2015-02-15（Sun）07:36

今日，此时，早8:00，目送小儿子进入教学楼参加二次考试，面试考试。看见昨日发布的一次笔试考试的合格榜还贴在那里。今天没有了昨天看榜的人海，可以慢慢地看看合格榜的宽荧幕了。一次笔试合格者共有775名，分两天面试。今天四组，分两个时间段参加面试考试。小儿子的准考证号码数字小，分在了A组，在第一个时间段面试。

昨天笔试发榜后，小儿子去私塾接受了老师的面试指导。他带回来的信息是，KO大学的这个附属高中，申请报名的考生有2 700多名，参加考试的有1 800多名。一次笔试合格者有700多名，今明两天参加面试的有600多名。面试合格者将为400多名，等待合格者将有100多名。最后真正入学者只有200多名。真是奇怪的递减数字，佩服学校在这样的变动数字中，每年都能招到想要的新生人数。

8:30面试依次开始了，加油亲爱的小儿子。

四战四胜

2015-02-17（Tue）13:05

现在给小儿子办完了KO大学附属高中的入学手续，在回家的途中。

昨日下午1:30面试考试发榜，今日下午1:30就办完了入学手续，86万日元的学费早在上午就已转账完毕。就这样马不停蹄地办完了所有的手续。

再提前天的面试考试。小儿子说，面试有两次，每一个考生要经过两组面试官老师的提问。小儿子说，面试官很可怕！他和面试官的一问一答之间，甚至出现了短暂的空白时间，这让他非常恐惧！

昨日下午的面试发榜，小儿子要求和私塾的同学朋友一起去看，不让我们任何人跟着，全家人在家等待。这回去看榜，不敢说他本人信心十足，八成把握总是有的。以前，每次考试回来，他都会找出一门考试难的科目或是自己没有考好的科目来，自己吓唬自己，同时也吓唬家人。他总是在想一件事情：不合格怎么办？一句话，就是没有自信。但是这回，考了四次四次合格的结果似乎让他明白了一件事情：考试难是每个考生面对的问题，考不出满分也是每个考生的结果。

▲　KO 大学附属高中合格榜

昨天，他能够勇敢地要求自己去看第五次的合格发榜（第四所学校的第二次发榜），是他开始相信自己的表现，是他经历了四战全胜之后自信复生的最好证据。

看榜回来后，小儿子对我说了一句："我努力了，值！"还有什么比这更好的话语呢？

上图为小儿子最后的合格榜。

（三）题外一篇我为私塾写的"家长体验记"

小儿子全部考完之后的几日，我家又接到了私塾老师的电话。室长征求考生家长能否为私塾写一篇"家长体验记"，说有样本、有说明，只要照着做就好了。我满口答应了下来。

几日后就收到了私塾的邮件。那成册的"家长体验记"儿子曾拿回来过两本，很失礼地说，我还从未认真地拜读过。这回为了依葫芦画瓢，我很认真地读了起来。里面都是家长真实记录自己的孩子是如何考学的文章。大多数家长是从如何选择这个私塾开始，描述孩子如何上学、俱乐部、私塾三不误，如何选考试学校，如何一战一战地考学的过程。当然，对私塾老师的感谢之情没人忘记写上。有考上好学校的，也有考上一般学校的，有考上私立的，也有考上国立的，还有从海外回国半年就考上很好学校的。家长笔下的自家孩子各个生龙活现。这次，我一口气看完了全册。

轮到自己写了，A4方格书写纸两张，共1 200字，必须手写。我的日文功底不是很硬，先在电脑中设定好同样的方格书写纸，很认真地写了一天。最后再让放学回家的小儿子确认、更改，打印出来还挺漂亮的。我恋恋不舍地用自己不太漂亮的日文字体誊写到方格纸上，再寄出完成了任务。

一个成功的完整过程需要全方位的支持！而我的努力也坚持到了最后！

第十一章

高考

2013年初大儿子冲刺大学入学考试，我也随着他又了解了日本的高考。虽然我在日本生活了20年，还在日本的大学做过近10年的研究工作，但是对日本考大学之事却了解甚微。这回不是因为儿子高考，我也许不会真正地了解日本的高考究竟是怎么一回事。

日本的高考名堂实在是太多，我跟着儿子走一步明白一点，每一个坎儿都是新鲜的、无法推算的。直到2013年3月大儿子拿到了大学合格证，我才算真正掌握了完整的日本高考知识。

日本的高考大致可分为国公立大学高考和私立大学高考，这两类高考的考试制度有相同的地方，但更多的是各自为政的不同之处。我大儿子经历的是国公立大学的高考，自然也是我能够和读者完整分享的内容。国公立大学的高考从正式开考到发榜，有将近两个月的时间，这么长的时间里考生和老师们都做了些什么？记得当年我高考的时候，考试三天，考试结束到收到大学合格通知干等了一个月。我们都知道这一个月大部分时间是给我们的老师阅卷用的。但日本的高考也是这个样子吗？其实在这近两个月的时间里，考生们参加了两次正规的考试，一次是全国统一中心考试，一次是报考大学的入学考试。这之间考生们要对自己的考试分数进行自我估测，小心谨慎地申请报名某个国公立大学，以及决定是否需要同时报考其他私立大学。而老师们的工作还可能包括把分数排名次、定报名分数线、发准考证和非准考证的任务。与此同时家长也有需要做的工作，除了协助孩子分析判断报名学校外，还要准备好足够的金钱随时为孩子缴纳各种费用。

日本的高考不是一个“考试→结果”一条直线的过程，而是一场不仅要考核学生的学习水平，还要考验学生对风险估测的判断能力，更要考验学生的精神承受能力的考试。我希望这一章节的内容不仅能让国内的读者更多地了解日本的高考，还能给我们的教育工作者做个参考、多条思路，更能为常年生活在日本的中国家庭在送孩子考大学前做一个少走弯路的指南。

一、国公立大学高考

（一）考试种类

国公立大学的高考大致可分为三类：推荐入学考试、AO 入学考试和一般入学考试。前两者我几乎没有接触过，在这里无法描述更多。而下面的章节主要介绍一般入学考试。

1. 推荐入学考试

这种考试是按大学的招生条件对高中推荐来的学生进行筛选的入学考试。

筛选条件有学业、运动、艺术等方面的入学标准，以及大学要求的特定领域的成绩，调查书（内审点）等考生的档案材料。基本没有笔试考试。

2.AO 入学考试

AO 是“Admissions Office”（入学管理局）的首字母缩写，是考查考生的个人综合条件是否符合校方追求的学生肖像的入学考试。“肖像”的内容很抽象，我举一个例子，也许能帮助理解。

日本新闻播报，现在平成天皇的二儿子秋篠宫文仁亲王的二女儿秋篠佳子，2014年通过秋季 AO 入学考试被 ICU（国际基督教大学）录取。或许解释为 AO 入学考试是为这样的特殊人物设置的，更容易被理解。

3. 一般入学考试

以学力考试（笔试考试）成绩来定合格与否的高考，是主要的国公立大学高考方式，也是本章介绍的主要内容。

（二）录取分数评定方法

之所以使用“分数评定”，是因为国公立大学的录取分数不是只看一次考试的分数结果，而是两次考试成绩的“合并”。这个“合并”也不是单纯的分数相加，而是两次考试分数按一定的比例相加。

国公立大学的一般入学考试有两次，全国统一中心考试和各大学的学力考试（笔试考试）。下文统一将全国统一中心考试简称为“中心考试”，各大学的学力考试简称为“二次考试”。

两次考试时间相差一个多月。两次考试结束后，将中心考试的分数按一定的比例压缩后再和各大学的二次考试成绩相加，得出最后的高考成绩。

不同大学的不同专业对中心考试的压缩比例不一样。下面是三所国公立大学某个专业的招生中，中心考试的分数和各大学二次考试的分数的合并情况。

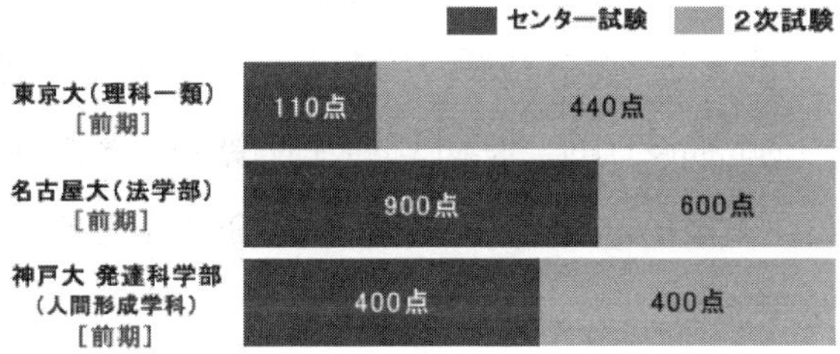

注释：

❶ センター試験：为中心考试（中心考试的卷面分数满分为900分）。

❷ 2次試験：为二次考试。

解释：

❶ 东京大（学）理科一类（前期考试）高考成绩满分为550分。为中心考试的900分压缩到110分，再加二次考试440分合并而得。

❷ 名古屋大（学）法学部（前期考试）高考成绩满分为1 500分。为中心考试

的900分和二次考试的600分合并而得。

❸ 神户大（学）发达科学部（人间形成学科）（前期考试）高考成绩满分为800分。为中心考试压缩成绩400分和二次考试的400分合并而得。

❹ 前期：指的是前期入学考试。国公立大学的入学考试有前期和后期，上文所介绍的内容主要为前期考试，后期详细内容将在后面叙述。

所以考生必须尽早确定报考学校（志愿学校），尽量选择自己得意的专业课程，避开自己不擅长的专业课程，在考试中才能扬长避短取得较高分数。

（三）考试的特点

我总结的这个考试的特点就是“过五关斩六将”。

1. 第一关：中心考试

中心考试是日本全国统一试卷，凡报考国公立大学的考生必须参加。

2. 第二关：报名分数线

报名分数线的概念，日语是用平假名表示的，发音为“Ashikiri Line”，中文直译是“切脚线”，实意是“报名最低分数线”，下文统称为“报名分数线”。它是各大学对中心考试成绩设立的一条最低的报名分数线，考生的中心考试成绩必须高于报考大学的这个报名分数线才能参加该大学的入学考试。

3. 第三关：大学报名

日本全国国公立大学的二次考试在同一天举行，考生只有一次考试的机会。这还不算，考生报考大学结束后，各大学的报名分数线才公布。那些在报名分数线之下的考生将得不到准考证，没有资格参加入学考试，将失去这一年的考国公立大学的高考机会。

如果在报名期间同时报考了私立大学，也参加了私立大学高考的话，考生可以选择去上合格了的私立大学。相比之下，私立大学的高考要容易一些，因为私立大学学校多、专业多，什么样水平的学校都有，关键是考生可以同时报考多个私立大学的多种专业的考试。

但是，一般情况是选择了报考国公立大学的考生，绝大多数不会再去考虑上私立大学。这样，报名分数线下的考生和国公立大学落榜的考生，就不得不成为复读生，日语称之为“浪人”。还有一些考生即便是上了私立大学，却还同时复读准备再参加国公立大学考试。这样的复读生也有个专有名字，叫“隐身浪人”。这些大量存在的复读生在高考中“抢走了”应届生的合格率，从而又增加了新的“浪人”，一年一年就这样恶性循环着。为了考国公立大学、为了考医学和法律等人气旺的专业，复读多年的“浪人”一点儿也不稀奇。“二浪”（复读两年），“三浪”（复读三年）等专有名词也应时而生。谈日本国公立大学高考，“浪人”复读也是一个省略不掉的话题。某些大型预备学校的规模就像复读学校，复读生队伍像上学一样热闹。

（四）高考流程

上面是我本人总结出来的日本国公立大学高考的三个关口，本节将按时间顺序说明国公立大学高考的日程。

先看这张从中心考试到高考发榜的日程图，我把这段时间内考生们需要做的事情汇成了流水图，希望这样的图能够帮助读者理解下面的具体内容。

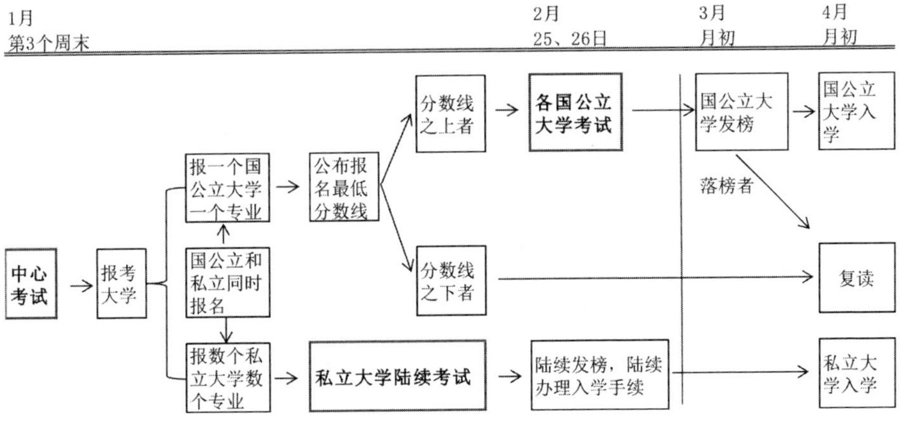

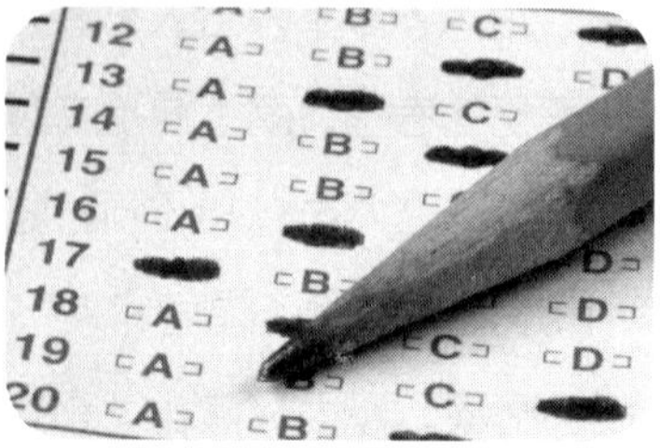

▲ 多选题答题

1. 中心考试

中心考试是日本全国国公立大学共同的统一学力考试，现在许多私立大学也开始利用中心考试成绩。

（1）考试时间

为每年1月的第3个周末，周六和周日考试两天。

（2）考试科目

根据报考大学、报考专业的不同，考试科目的种类和数量也不同。考生必须在考试前仔细参照报考大学的招生条件和要求。

中心考试内容为高中教科书上最基础的内容，没有难题、偏题，也没有叙述题，是对考生是否掌握基本知识的考核。所有科目试题都是多选题，考题数量比较大，内容比较广。考生在专用答题纸上，用铅笔涂黑答案字母（见上图）。

（3）备份答题纸

考生参加考试，除了正确答题纸外还有一份备份答题纸。考生考试时需要把答案写在两份答题纸上。备份答题纸带出考场，供自己估测分数使用。

（4）正确答案发表

考试结束的当晚，正确答案公开发表。新闻报纸、私塾网络都能查到。考生参照正确答案自己估测自己的分数。因为在整个考试期间，中心考试的个人分数是不通知考生个人的，一直要到大学开学后考生的中心考试成绩单才寄到考生手中。

（5）平均成绩的公布

中心考试之后，考生的个人成绩没有通知，但是全体考生的平均成绩会在网络上公布（这是私塾的功劳，详细内容参考后面的私塾内容）。供考生选择报考学校时作为参考。

（6）成绩通知单

中心考试的个人成绩，在4月16日以后邮送到考生手中。实际上，进入4

月份大学考试早已鸣锣收兵，大学新生早已入学。这个成绩单只能供个人保存用。

下表为某考生在4月入学后，收到的中心考试成绩通知单中成绩分数的一部分。这个成绩通知单由“独立行政法人大学考试中心”发行。

学科名	课目名	得分	满分
地理历史公民	伦理、政治经济	86	100
国语	国语	158	200
	(近代)	(58)	(100)
	(古文)	(50)	(50)
	(汉文)	(50)	(50)
外国语	英语	196	200
	英语听力	46	50
理科	化学Ⅰ	84	100
	生物Ⅰ	87	100
数学1	数学Ⅰ·A	79	100
数学2	数学Ⅱ·B	97	100

解释：

❶ 该考生的中心考试选了六个学科的七门课。

❷ 其中，国语总得分158分（满分200分）。国语考试包括三门课：近代、古文和汉文，分别有得分和满分记录，但这三部分的成绩已经计入国语总分之内，可以不看。

❸ 英语听力虽然有成绩，但是在该考生报考的大学专业考试要求中没有“英语听力”科目，则听力成绩不计入该考生的中心考试分数中。

这样，该考生的七门课总成绩为“86 + 158 + 196 + 84 + 87 + 79 + 97 = 787分”。七门课的满分为900分。

2. 申请报考大学

各国公立大学的入学考试——二次考试，有前期考试和后期考试两次考试机会。两次考试的报名时间一样，考试时间前后相差约两个星期，合格发榜相差约两个星期，新生一起在4月份入学。为什么冠以“前期”和“后期”的名字，我没有深究，至今不明。

（1）前期考试报名

考生根据自己估测的中心考试成绩，在规定的时间内报名志愿大学的二次考试。因为各国公立大学的入学考试在同一天举行，考生只能报考一所大学的一个专业。

（2）后期考试报名

后期考试的报名和前期考试报名同时进行，同样只能报考一所大学的一个专业。与前期考试的大学可以相同，也可以不同。

考生报名考试时必须将自己的中心考试准考证号码条贴在报名表上，意在授权大学去“独立行政法人大学考试中心”那里调取自己的中心考试成绩。

2013年度东京大学的高考考试安排日程如下：

1月19日至20日，全国统一中心考试

1月28日至2月6日，东京大学二次考试（前期和后期）报名期间

2月7日，网络公布中心考试的平均成绩，各大学公布报名分数线，同时发放准考证

2月25日至26日，东京大学二次考试（前期）

3月10日，东京大学二次考试（前期）合格发榜

3月13日，东京大学二次考试（后期）

3月22日，东京大学二次考试（后期）合格发榜

从这个安排日程可以看出：

❶大学申请报名时间为1月28日至2月6日。报名结束后的第二天，2月7日，网络公布中心考试的平均分数，各大学公布报名分数线，同时发放准考证。

❷前期和后期考试，在时间上相距很近，前期发榜后三天后期考试就开始了。前期为主要的招生考试，近97%的招收人数是在前期考试中完成的。后期

考试招生人数极少，大约只有3%，所以非常难考。我一直没有明白国公立大学设立后期考试的真正目的，实为一件憾事。

3. 公布报名分数线

中心考试后的第二天，所有的考生都已估测出了自己的中心考试分数，按规定分别到高中学校和私塾向两边的老师们汇报。之后的几天就是选择和确定报考大学，在大学的报名截止日期内办好报名手续。

在说大学报名之前，必须先交代报名分数线。在考生们办理大学报名手续结束之后，各大学开始公布本大学内各专业的报名分数线，陆续给报名分数线之上的考生邮寄准考证。当然报名分数线下的考生得不到准考证，虽然也缴纳了报名费，也报了名，但是却没有资格参加入学考试。

报了名却不能参加考试，哪个国家会有这样的现象呢？至少我知道，在中国是没有的！那么，明明是报名分数线下的考生，怎么还去报名参加考试呢？原因解释如下：

（1）报名分数线是条“暗线”

报名分数线，日语称之为“Ashikiri Line”，中文直译为“切脚线”。我是这样理解这个概念的：一个冲刺考试的考生，却没有将自己身体的全部带过分数线，脚被切了下来，当然就没办法参加考试了。只有全身都冲过分数线的考生才有资格参加考试。

对于报名分数线，我们理所当然地认为：过A大学报名分数线的考生就报考A大学，不够A大学报名分数线的考生可以报考B大学嘛，没有什么值得多想的。但是请注意：这样自由选择报名学校的做法是在知道报名分数线后才报名的前提下。而这里国公立大学的情况是，报名在先，报名分数线公布在后。也就是说，报名的时候考生根本就不知道各个大学各专业的报名分数线！报名完全是在“盲目”的条件下进行的！考生拿着自己估测的中心考试成绩，在不知道报名分数线的情况下，摸着石头过河一般报考大学。

这正是让我感到日本高考残酷的原因之一！

（2）报名分数线是个“变数”

那么，为什么会有“先报名后公布报名分数线”这样顺序颠倒的事情发生呢？校方就不能先公布报名分数线吗？校方是故意刁难考生吗？

这是因为报名分数线是个可变的分数，每一年都不相同！在考生报名之前，这个分数线对校方而言，也是一个未知数。校方在不知道报考本学校考生人数的前提下，无法确定报名分数线，根本就没有办法公布这个报名分数线。

某学校某专业的报名分数线，是由报考该学校该专业的考生人数来决定的，而报考这个大学这个专业的考生人数不可能每年都是一样，所以这个报名分数线每年都会变动。当然这个变动也不是不可分析和估测的，这个分析和估测工作正是私塾在高考中的作用之一，在后面会详细介绍。

对于那些中心考试成绩不上不下的考生来说，选择哪个学校的哪个专业报名二次考试，就像是在下赌注，一旦看走眼，失去的将是一次高考的机会，一年为高考付出的努力就白白浪费了。

那么，报考考生人数怎么就能左右报名分数线呢？那是因为有一个叫“招生倍率”的“水龙头”在发挥作用。

（3）恒定的招生倍率

在升学考试章节的名词介绍中，我曾提到过招生倍率。在日本，各个大学的各个专业都有一个招生倍率，而且是一个恒定的、年年不变的数字。这个恒定的数字不是自然形成的，而是年年由校方操纵和控制得来的。这正是导致报名分数线是个变数的根本原因。

❶ 招生倍率定义。

招生倍率，可用下面的公式计算而得：

招生倍率＝报名考试人数 ÷ 合格人数

就是在报名参加考试的考生中招收合格学生的比例数。

❷ 控制方法。

我用这个招生倍率的公式解说控制方法。一般大学每年的招生任务不变，每个专业的招生人数也不变。也就是说这个公式中的合格人数是个每年不变的数字。那么为了保证招生倍率也是一个不变的定数，只能控制参加考试人数即报名考试人数不变。

本来，报名参加考试的人数不是一个可以人为控制的数字。选择哪一所学校的哪一个专业报名高考是考生个人的意愿，与校方没有关系。但是，如果校方能够在报名考生中自由地画一条分数线，把超额的报名考生人数切下去的话，确保一个不变的参加考试人数就成了一件可能的事情。从而，控制报名考试人数的主动权就掌握在了学校一方。

道理明白了，具体做起来就简单了。在考生们报名结束之后，校方（各专业）按照自己每一年不变的招生人数和招生倍率，在报名本学校本专业的考生中发放需要数量的准考证。以中心考试的分数为基准，从高分考生开始发放，发至能使招生倍率固定不变的考试人数为止。最后一名得到准考证的考生，其中心考试的分数就是今年这所大学这个专业的报名分数线。到这个时候，校方才能够公布自己的报名分数线。

校方会给报名分数线之下的考生发什么样内容的通知呢？非准考证？报名不合格证？今年遗憾了明年再努力证？还是索性什么都不发放？我周围没有遇到这样的考生家庭，从而不得而知。我也只能为这样的考生感到心痛，再次痛斥日本高考的残酷而已！这些还没有参加高考就落榜的考生要么选择复读，要么事先明智地选择几所私立大学报名，挑战私立大学。

❸ 举例说明报名分数线的作用。

某国立大学 A 专业，招生人数每年为 100 名，这个数字一般不会变动；招生倍率每年是“4”，这个数字一般也不会变动。招生倍率“4”就是每四个考生中录取一名合格考生。那么，为了保证这两个数字是个定数，该学校的 A 专业每年必须发放 400 份准考证。A 专业只允许 400 名考生参加入学考试，考试结束后招收 100 名合格者，A 专业的高考就能保证招生倍率是“4”。

如果，200N 年报考该校 A 专业的考生有 500 名，那么第 400 名考生的中心考试分数就是200N年度该校A专业的报名分数线。第401名后面的100名考生将没有资格参加考试。

如果，200M年报考该校A专业的考生只有300名，那么所有报名的考生都能得到准考证。200M年度该校A专业将没有报名分数线。

每年报名某大学某专业的考生人数，也不是一个为考生个人所能预知和控制的数字！对于考生来说报考国公立大学有风险，这个风险不是凭个人努力和奋斗就能完全排除的！那么，这个报考某大学某专业的考生人数就不能分析一下和事先估测吗？能！这正是私塾在高考中的另一个作用，后面将详细介绍。

4. 发放准考证

经过了这么多的波折，终于可以发放准考证了。2月中旬报考大学手续办理结束，各大学在网络上公开发表各专业的报名分数线之后，立即给超过最低分数线的考生们发放准考证。得到准考证的考生才有资格参加每年固定在2月25日至26日进行的全国国公立大学的二次考试。

从中心考试到各大学的二次考试，每一个考生大约要用40至50天的时间报名学校和等待准考证，也许会是一个永远等不到的准考证！

中心考试是高考的第一道关口，申请报名就是高考的第二道关口。不仅自己的分数要估测准确，还要看周围考生考试分数的高低，容不得一丝一毫的判断错误。这样的高考政策，除了“残酷”二字我找不到别的词来形容！

5. 第二次学力考试

得到了准考证的考生终于可以安下心来开始真正意义上的高考复习了，从得到准考证到各大学的二次考试大约有两个星期的时间。二次考试一般分文科和理科，各个大学的不同专业对考试科目都有不同的要求和规定。

各大学各专业的二次考试成绩和该考生的中心考试成绩（按各学校各专业的要求压缩后的分数）合并，得到最后的高考成绩。校方用这个分数判断考生是否合格，并会将高考成绩和各科成绩单寄给考生个人。

下表为一考生东京大学入学考试的最终成绩单内容，有A、B、C三部分。

A. 中心考试成绩：

学科·课目等	得分
指定学科·课目（合计）	787
中心考试成绩	
（换算分，满分110分）	96.188 9

B. 第二次学力考试：

学科·课目等	得分
国语	57
外国语	80
数学	21
化学	32
生物	35
第二次学力考试成绩（满分440分）	225

C. 综合分数（C=A+B）：

综合成绩（满分550）	321.188 9

（五）合格发榜

1. 前期发榜

每一年东京大学入学考试前期发榜为3月10日，全国其他国公立大学发榜几乎都在这几日。合格榜公布在各大学的校园内，考生们必须自己去看。看榜的日子，校园内非常热闹，来来往往的人群像赶集一样。看榜的考生及家人自不用说，榜上有名字的考生的笑声，落榜考生的哭声，还有在校生各俱乐部的宣传和招募表演活动等。其中最热闹的还是各私塾的宣传，穿插着各种发宣传单的情景和新闻采访报道的镜头更是为这个场面“锦上添花”。

2014年东京大学的入学考试人数和合格人数，公布如下（前期和后期合计）：

招生人数	报考人数	考试人数	合格人数
3 063	12 462	9 086	3 109

参照上面的数字，发榜当日至少有9 000名考生去学校看榜，热闹的场面可以想象。

右图为东京大学前期理科二类的合格榜。

▲ 东京大学前期理科二类合格榜

前期考试发榜的同时会公布能够参加后期考试的考生准考证号——插图中红箭头所指处，2013年度后期考生参考人数共584名。

2. 后期考试和发榜

大学入学考试的后期考试，又叫“第二次选拔考试”。

在前期发榜几日后进行后期考试。不同于前期考试的是，后期考试全校考生共用一张考卷，不分文科理科。参加考试人数500多名，招生100名。招生倍率为“5”，属于非常难考一类。3月下旬发榜，4月份和前期合格考生一起入学。

二、私立大学高考

私立大学的高考我无法详细介绍，唯有摘用一些数据给读者一个大致印象。

根据2014年日本的大学考试信息，国公立大学一般入学考试的招生人数约十万名，私立大学一般入学考试的招生人数约二十五万名，私立大学的招生人数远远多于国公立大学。这个一般入学考试还不包括私立大学附属高中直接升入大学的学生。

请看“学校基本调查报告书”公布的日本大学学校数和在校学生数：

大学学校数				
国立	公立	私立（A）	合计（B）	私立的比例（A/B）
137校	125校	969校	1 231校	78.1%

大学在校学生数				
国立	公立	私立（A）	合计（B）	私立的比例（A/B）
628 888人	149 927人	2 232 292人	3 011 107人	74.1%

表中的数据表明，日本的私立大学和在校学生数均占全部的70%以上。对于日本的私立大学入学考试，我总结出以下两个特点：

1. 多选自由

一般私立大学的入学考试在每年的1月下旬到2月上旬之间，同一所大学内各学部、各学科、各专业的考试日期不一样，考生可以同时报名同一所大学内不同学部、不同学科、不同专业的入学考试，这样就增加了合格的可能性。

2. 费用昂贵

报名是以一所大学的一个专业为单位，一个单位交一份报名费。专业不同报名费不同，一般一个专业为三万日元，医学专业为六万日元。

同时报考几所大学，一所大学内同时报考几个专业是非常普遍的现象，据说平均报名费这一项支出，一般高达30万至50万日元。

私立大学入学考试多在国公立大学考试之前开始，发榜、缴纳学费、办理入学手续也都在国公立大学合格发榜之前。私立大学和国公立大学同时申请报考的现象也很普遍，在国公立大学合格之后，已缴的私立大学的入学费将成为一笔“快乐”的浪费支出。

三、私塾在高考中的作用

在日本的高考中私塾唱主角，私塾的作用远远大于高中学校。

中心考试后对各大学各专业报名分数线的估测，几乎是几所大型私塾的专利服务。各大型私塾在国公立大学报名期间的预测服务是绝大多数考生选择报考学校的导航灯。

（一）预测

1. 什么是预测

预测的英文是“Research”，是指中心考试之后，私塾对各大学各专业报名分数线的预测。

在全国统一中心考试之后，各私塾立即全国范围地收集考生的自我估测分数，迅速集中分析、推测，立刻公布出各大学各专业的报名分数线，给考生提供判断志愿学校志愿专业能否合格的服务。

大型私塾拥有得天独厚的条件：全国各地分校多，在私塾就读学生数多，再加上一年中频繁举行的模拟考试也能召集许多私塾外的学生，很容易收集到几十万考生的中心考试估测成绩。有的大型私塾能够收集到40万名考生的中心考试估测成绩，自诩收集了全国考生的成绩也许一点儿也不过分。因为有了巨大的分母数字，私塾对各大学各专业报名分数线的估测结果的可靠性就比较大。

除报名分数线之外，私塾还能公布许多对高考报名有用的估测数据和图表，这些预测在考生选择报考学校和专业之时都是不可缺少的重要参考数据。

这是任何学校的高中毕业班老师们所做不到的事情。对于只知道自己中心考试成绩的考生来说，私塾的预测结果无疑是一盏，也是唯一的一盏指路明灯。参考私塾的分析预测结果，考生选择报考学校时应该心中有数多了。

2. 预测结果

一般在中心考试结束的第二天，私塾的预测结果就会在网上发表。除了报名分数线之外，私塾还能提供以下的分析预测内容：

（1）公布今年中心考试的动向

❶ 今年中心考试的基本情况：

今年的报名人数、参加考试人数，与去年相比人数的变动情况，应届考生和复读考生人数的增减情况。

❷ 中心考试各科目平均分数的变动：

公布参加本私塾预测的考生人数（比如超过40万人），增加分析结果的可信度。用表格等形式表示今年和去年各科目的平均成绩及相差分数。

下面图表为某私塾公布的中心考试16门科目的平均成绩，以及与去年相比的情况。今年16门科目的平均成绩比去年增加了还是降低了，在右侧的柱状图中一目了然。

科目	昨年	今年	差
英語(筆)	126.9	122.5	-4.4
英語(筆+L)	121.8	123.8	+2.0
数学ⅠA	71.5	52.1	-19.4
数学ⅡB	52.2	57.1	+4.9
国語	120.3	103.4	-16.9
物理Ⅰ	69.6	64.1	-5.5
化学Ⅰ	66.6	64.9	-1.7
生物Ⅰ	65.1	62.5	-2.6
地学Ⅰ	71.5	71.0	-0.5
世界史B	62.3	63.9	+1.6
日本史B	68.9	63.5	-5.4
地理B	62.7	62.3	-0.4
倫理,政治·経済	68.2	61.8	-6.4
現代社会	52.5	61.1	+8.6
倫理	70.1	60.3	-9.8
政治·経済	58.9	56.5	-2.4

※「英語(筆+L)」は素点250点を200点に換算したもの

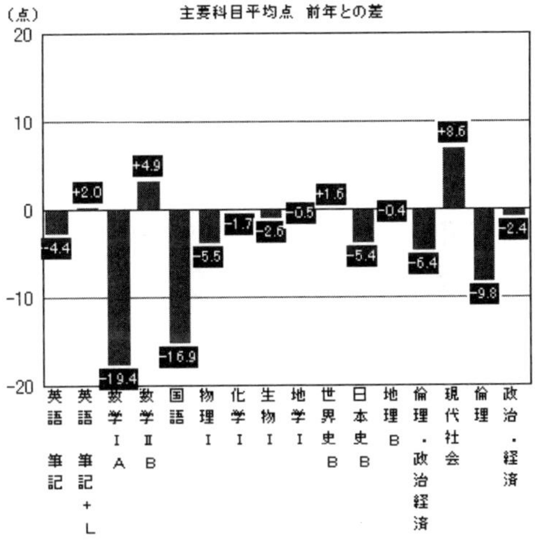

❸ 按文科（文系）、理科（理系）分类，七种学科的考试平均成绩与过去三年的比较，参见下图：

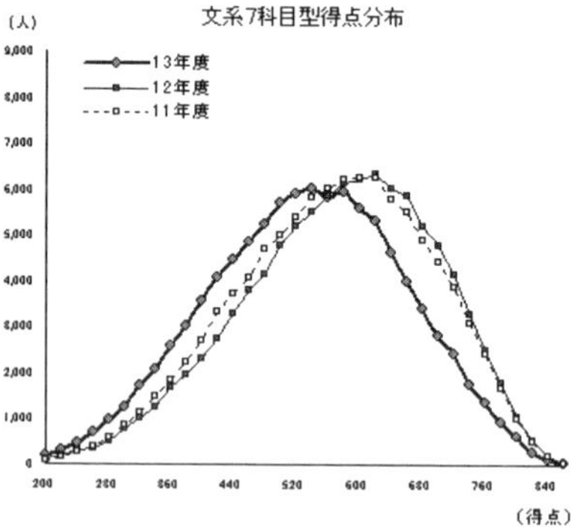

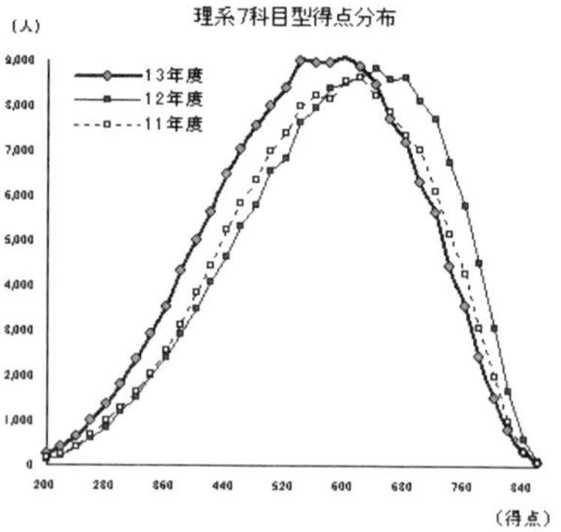

（2）**公布全部国公立大学的报名动向**

❶ 难关（名牌）国立大学的预定报名考生情况：

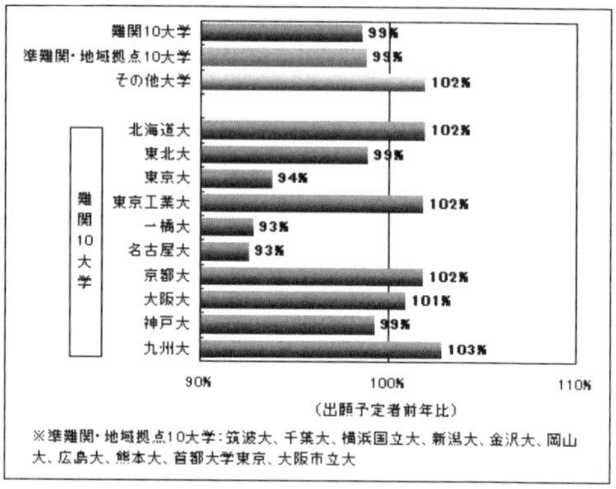

右图是全国十所名牌大学的预定报名考生人数与去年的比较情况，以去年报名考生人数为100% 为标准，判断今年预定报名（准备报考）人数是增加还是减少了。

比如在右图中，有名的十所大学中北海道大（北海道大学）今年预定报名的考生数是102%。比去年增加了2% 就可以从图中推测出来了。这样的数据，提醒准备报考北海道大学的考生可以考虑避开，选择其他百分率低于100% 的学校报考。这就是预测结果的指导价值之一。

❷ 同一所大学各专业预定报名考生数，以去年为100% 做比较后的变动情况。

（3）同时，私塾没有忘记鼓励考生不要泄气，认真地找准自己的位子，选择一个不后悔的报考学校。为自己的学生指明方向，坚定信心也是私塾老师的任务

考生们参照这些分析预测结果，坚定或更换自己的报考志愿大学，最后完成申请报考大学手续。

中心考试后大约三个星期，直到大学报名手续结束之时，考生们的不安、浮躁，尤其是对目标学校比较迷茫的考生们，才算真正安定、平静下来。考生们才能向着自己已经选定的最好的目标学校专心复习、备考。

3. 我经历的预测

两天的中心考试一结束，大儿子就在私塾的网站上对出了自己的分数。

第二天是返校日，全年级的学生必须回学校向班主任老师汇报中心考试估测分数。据说全国的毕业生，都在中心考试后的第二天返校汇报中心考试估测成绩。据大儿子说当天按学校规定的时间到了教室，同学们默默地将自己的成绩向老师汇报后就陆续回家了。也许只有在这个时候，同学之间才真正找到了考场对手的感觉。

我家一直在报考东京大学，还是学医之间纠结着。因为拿不定主意，丈夫预约了大儿子的私塾老师，想最后咨询一下。在日本，真正想成为医生的考生一般会选择国公立大学的医学系，因为国公立的学费比私立医学院要便宜很多很多，但同时也必须放弃报考东京大学。不是东京大学没有医学系，而是因为东京大学医学系的招生人数非常少而且非常难考，毕业生的去向多是国家卫生部之类的高层管理部门，不会从事临床工作。所以，在日本学医和进东京大学就成了一件两立的事情。

按预约，中心考试后的第三天，我们夫妻和大儿子三人来到了私塾，想听听老师的建议。老师一开口，我就看到了那个老师对我们一家此行不理解的表情。听过大儿子的中心考试估测分数后老师并没有给予明确的建议，反问儿子有没有做过“Research”。老师解释说，几乎全国的考生都会在中心考试后做预测，大家将参照预测的结果报考学校和专业。原来，预测比私塾老师的个人建议要可靠可信得多。

我们这样的家庭当时并不知道预测这回事，对大儿子的无知，那天的私塾老师反而“表扬”了大儿子一句：“不愧是名牌高中的学生！”他的心里肯定在奇怪，这一家子怎么连预测这么重要的事情都不知道？

感谢大儿子的成绩还不属于那些需要参考报名分数线才能选择学校的分数！更感谢大儿子在12年的上学之路中总是努力得到了我们瞄准的最好目标，否则像我们这样的家庭很有可能因为家长的失策而给孩子带来终生遗憾。

（二）预测的基础

事先收集大批考生的基础数据是预测正确性的保证。

私塾之所以能有那么大的、谁也代替不了的呼风唤雨的力量，是与私塾老师大量的工作分不开的。看看私塾老师是怎样收集学生数据的：

1. 中心考试前后

中心考试之前，私塾向在私塾就读的所有学生询问预计报名学校和专业情况，同时发放汇报中心考试估测成绩的明信片，要求学生必须在考试后的第一天将明信片寄还给私塾。

在收集到了几十万考生的预计报名学校和专业信息，以及中心考试的估测分数之后，私塾必须在一天之内汇集并分析做出各种各样的预测结果，其中主要的是各国公立大学的预测报名分数线，并在中心考试后的第二天公开公布。这样的工作量之大可以想象。

据说，某一年中心考试题目比往年简单了一些，也就是比预测的简单了一些，得高分的考生比往年多了一些。偏偏那一年，某私塾对D大学报名分数线的估测宽松了一点儿，有些成绩高不成低不就的考生相信了该私塾的预测，把报名的赌注押到了D大学。结果D大学公布的实际报名分数线比私塾预测的高了一点儿，最后就产生了较多的由于相信了私塾的预测而没有拿到准考证的牺牲者。

2. 准考证发放的前后

准考证发放的前一天，私塾又给自己的所有学生寄来明信片，索取最终报考大学和专业的信息，以及准考证号码。大学的发榜会公布合格者的准考证号码，这样掌握了学生准考证号码的私塾在大学发榜的同时就可以一目了然地知道上榜的学生数了。

这样，在发榜的同时私塾就可以公布本私塾考取 A 大学的学生数、考取 B 大学的学生数。也就是说，私塾几乎能在大学发榜的同时公布出今年本私塾的光荣榜。

3. 大学发榜前后

国公立大学发榜的前一天晚上，私塾还会电话联系自己的学生，游说学生如果合格了请接受私塾的录像采访或书面采访。此活动为有偿服务，接受采访的考生能有一笔小小的报酬。

合格学生的声音永远是私塾最好的自我宣传材料。

4. 大学开学前后

4月初考生才能收到自己的中心考试成绩，以及二次考试的成绩单。这个时候，升入大学的考生还会接到私塾老师的电话：请支持今后的教学，务必告知二次考试成绩单上的真正成绩。

私塾老师各种各样面上面下的工作，毫无疑问地多于高中学校毕业班老师的工作。无论是因还是果，私塾的存在都被证明是必须的。私塾老师这些工作的付出和高昂的学费也许是成正比的。

四、高考日记

最后摘录数篇我记录大儿子高考的日记，希望这些文字能够给读者带来更真实、更实际的高考感受。

大学展览会

2012-07-18 (Wed) 00:23

还有半年大儿子就要考大学了。

以前只是听别人讲孩子考大学、孩子上大学的事情，现在轮到自己了，还真不是一件轻松的事情。父母牵神儿、费心儿，有劲儿也使不上。如果是在中国，我有我的经验教训可向大儿子念念旧经；我还有我同学朋友们的儿女考大学的经验，可以向大儿子唱唱新经。可是，在这里、在国外，关于考大学，我还不如大儿子知道的多，着实惭愧难堪。所以我下决心帮大儿子一把，至少能帮他掌掌航舵，把把方向。

7月14日，我去参观了一场“梦想导航在线，2012东京”的展览会，也就是大学展览会。像汽车展会一样，只是把汽车换成了大学。

想不到会场里人山人海！都是高三的学生，穿着各自学校的校服，背着学校的书包，一副上学的打扮。事先在网上或是手机预约的人都可以得到一本通行证(Passport)，挂在脖子上，排队进各个展览室。像我这样空手而来的，站在大厅不知道何去何从归属何处。转了一圈，看样子是进不了展览室了，只好打道回府，就算是开了一次眼界吧。

7月16日，我又去参加了一个私塾组织的“通往医生之路”免费讲座。这回，我吸取教训事先预约了，可以堂堂正正走入会场了。

出了六本木地铁站，就看见手持该讲座指路牌子的职员。转弯处、入口处、电梯前，几乎走十米就有一指路人，让参加会议者无一步错路直达四十九楼会场。

这是东京最大的一家“家庭教师”公司的免费讲座，目的应该是做宣传广告吧。讲课者是一个拥有名牌高中毕业和东京大学医学专业毕业双名牌的优秀教师。该中年老师著有书出版，是一名教育规划师，确切地说是医学教育规划师，也就是为志愿报考医学专业的学生制定一套合理学习计划的规划师。他一个人对如何走上医生之路，便滔滔不绝地讲了一个半小时。别说，他的讲演很有说服力和震撼力，能让听者觉得只要按照他说的规划（plan）去做就能走对路；走对了路，就能考出好成绩。该老师的口号是：“不在于孩子聪明与否，而在于教育规划是否正确！”

他洗脑的功夫真让我佩服。据说这是他们第二年搞这样的活动，去年共有2 000名听众，今年的第一场演讲就有180人参加。“家庭教师”公司的工作就是根据学生的考学目标，一对一地为学生设计一年的学习计划，按月检查学生的学习进度，随时修改计划。据说去年就有一名学生在他们的学习计划指导下，如愿考上了东京医科牙科大学（国立名牌大学）。

当然这样的规划（plan）收费不菲。按照他们的解说，我粗略地算了一下，接受他们一年服务的费用将超过100万日元，还不包括书本费、材料费。免费的讲座之后是个人咨询，那阵势更让我吃惊：一个中等面积的会议室，排着十几张四人长桌，规划老师（planer）们静坐着一起等待着需要咨询家长的到来。这一天的咨询家长将近50名，我也是其中之一，不知道在这些前来咨询的家长中他们能拉到多少人的孩子做他们的客户！

家中备战

2012-10-08（Mon）23:37

这几天，我从主卧撤掉了一张床，决定把主卧腾给大儿子做书房，给他一个专心学习的空间。因为家中的房间只有主卧有阳台，和其他房间隔离，受干扰小一些。

大儿子还是默默地进家、无声地出门，不多言也不笑。除了上学和上私塾外，他在家的时间基本上都是关在他自己的房间里学习。只有吃饭、洗澡的时候才出来和我们打个照面。吃饭的时候，大儿子随着大家看一小会儿电视就回到他的房间，不管眼前的电视节目曾是多么吸引过他的眼球。大儿子学习很自觉，让我感到欣慰。只是，这次默默无语的时间着实太长，太折磨我这个妈妈了。

另一方面，我还有个小小的担心，大儿子长时间地坐在那里是否会打瞌睡？是否在有效地学习？看到他桌子上那些翻不完的书、写不完的草稿纸，我甚至怀疑是否真的会有那么多的内容需要学习？其实我心知肚明，我已经无法进入大儿子的高考状态、无法站在他的角度为他着想了。只是觉得大儿子的学习很苦，大儿子的努力让我心痛。我也知道，大儿子周围那些被我称为“敌人”、被他称为“朋友”的同学们，肯定都是这个样子学习的。我更知道，这些是自己的心态不太稳定而带来的胡思乱想。

想当年的自己也许也是这个样子备战高考的吧，虽然想不起自己过去的什么细节来了，但在与我妈通电话时，对大儿子的描述常能得到老妈的肯定。老妈还要补充上一句“他这样学习不会觉得苦的，因为你当年就是这个样子”。也许老妈说得对，正是自己当年的苦学才有了今天的日子。大儿子现在的付出一定会在将来得到回报的，这点我坚信！

学习上不能帮上孩子的忙，我只有默默地祝福、默默地管理好他的健康。

一惊一乍

2012-11-05(Mon)22:56

越是写大儿子的高考，妈妈的笔越是沉重，这会儿磨蹭了半个多小时，没有写出一句话来。这个周末发生的事情，让我经历了惊吓、恐慌，进而是不安、观察、反省，最后得出了结论：高考也许并没有考倒大儿子，却是先考得我这个妈妈快要疯了。

11月3日（周六）那一天，我和大儿子之间发生了这样的事情。

那一天，大儿子有一场私塾的模拟考试，下午两点开始，考场在池袋。模拟考试要考两天，周六和周日。

那些日子大儿子情绪时好时坏，在家和谁也不说话，包括弟弟。我和小儿子每天看着他的脸色过着分分秒秒，怕影响他的学习，我们大气不敢出，小气不敢进。那一天的模拟考试是大儿子自己决定要去考，由我代之申请的

（像这样的学校外考试，一直都是我代他查找并申请的）。可是这回的申请考试有些不一样，虽然是他先提出来的，但是等我真正申请完了他却有些勉强。

前一天也就是周五，他的情绪就有些不对劲。周六早上起来，什么话也不说。吃过早饭，我把查好的电车时刻表和从池袋车站到考场的路线图打印了出来，拿到他的眼前。他扫了一眼，依然无语。我说，希望他能在13:10出门去坐一趟快车，好早点儿到考场。他仍然是听而无语。我11:00必须出门，走之前交代小儿子，让他等哥哥出门后给妈妈发个邮件报告，然后自己再出去玩。

那一天，大儿子的学校有个家长畅谈会，是原来高一同班的妈妈会，高二分班后仍然坚持着一年两次的畅谈会。那天的畅谈会是高中的最后一次，组织者用心良苦地把地点选在了东京大学校园内。妈妈们在吃饭中提到当天的模拟考试的事情提醒了我。已是13:10了，按我给大儿子的安排，这个时间他应该在电车上了。我先与小儿子短信联系，他告诉我哥哥尚未出门，并请求自己先出去玩。我批准了小儿子出门玩，兀自得出了结论：大儿子早上起床后的无语是不想参加那个模拟考试的表现！因怕我训斥，故采取不说话政策。于是，我就告诫自己：回家后一定不要责怪没去考试的孩子。要告诉他，如果不想去考试的话就直接和妈妈说，妈妈不会生气的。

大约15:00我回到了家。开门的那一瞬间，让我感到了惊慌。我刚想把钥匙插进锁孔，却发现门没有锁！推开门，门口有一个纸箱子邮包！客厅的灯亮着，饭桌上还有一个EMS邮件！大儿子的房间亮着灯，人却不在！家门没锁，电灯全亮，一个人没有！小儿子在外面玩我是知道的，怎么不见了大儿子的身影呢？他没去考试应该在家的啊！大儿子的鞋子不在门口，人应该是不在家的。我开始胡思乱想，大儿子去哪里了？去扔垃圾了？好像不可能，他从来不会主动做这样的事情。那么，他帮我接收了一个邮包、一个邮件后，跑到哪里去了呢？是否因为不想参加模拟考试而脑子糊涂了，变得不能自主、忘记关灯、忘记关门，糊里糊涂地走出了家门？我越想越害怕：儿子啊儿子，模拟考试不考就算了，咱精神健康最重要……

实在没办法，我拨通了小儿子的手机。这才得知，家里的两个邮件都是小儿子出门前接收的，而不是哥哥。小儿子听了妈妈的担心后，语气肯定地劝妈妈：妈妈放心吧，哥哥绝对不会精神错乱离家出走的。小儿子还告诉我，他出门的时候哥哥正在换衣服。这么说，大儿子是去参加模拟考试了？只是出门时没有关灯、没有锁门？由于自作主张地认为大儿子没有去考试，导致我自己吓了自己一跳！

晚上8:00左右，大儿子按考试结束的点儿回到了家。我问他，考得怎么样，考场是否好找？他只是“嗯”了一声算是回答。侍候他吃晚饭时我小心翼翼地说，如果明天的模拟考试他不想去的话可以不去。他“嗯？”了一声，同时翻了我一眼。于是，我什么也不敢说了。看来“不愿意去考试”只是我强加给大儿子的“帽子”，他本人并没有这样想！

第二天早上，我按点儿把他叫醒，侍候他吃完早饭，小心翼翼地窥视着他。他不声不响地换好衣服，按考试时间出门了。这是去考试啦！原来大儿子对几点出门坐车，自己心里有数。对于妈妈安排的出门时间他只是不愿意听又无力气反驳而已。

我的心终于可以放回肚子里了。还是那句话，考试并没有考倒高高大大的大儿子，倒是差一点儿考倒了不参加考试的妈妈！作为妈妈，我再也不干涉啦，相信大儿子，为大儿子加油！

校长开除教师

2012-12-12（Wed）10:18

大儿子高三的第二个学期末，高考最后冲刺的关键时刻，班级发生了一件谁也想不到的意外事件。

12月3日（周一）大儿子放学刚进家，门还没有关好就扯着嗓子喊上了：“妈妈，你知道吗？我们的班主任K老师被炒鱿鱼了！”这是大儿子第一次主动向我说学校的事情，“他打了不好好上课的学生，学生的眼睛被打伤去医院了”。

这是当天学校召开全年级学生大会时宣布的内容，每个学生都拿到了一封带给家长的通知书。大儿子说他中途去了一趟洗手间，没有拿到那份通知书。所以回家后，他开天辟地头一次主动向妈妈传达学校的事情。上个周末，我也曾听五班的家长说我们二班的班主任K老师和他们五班的学生发生了不愉快的事情。我只是一听，没有当回事儿。还以为就是平时常常发生的小摩擦、小矛盾呢，真没想到会带来老师被炒鱿鱼这么严重的结果。

男子学校，都是血气方刚的小伙子，平时磕磕碰碰，同学之间、师生之间的摩擦事件经常发生。在日本，经常有老师欺负学生的事件发生，而大儿子所在的学校学生欺负老师也是另一种时常发生的事情。这个学校的学生们太聪明了，欺负老师也是“聪明”的表现之一吧。至少我这个家长是这样想的。这次大儿子说，新的班主任已经定好，是上世界史课的代课老师。大儿子说，自己没有选修世界史，平时和这个老师没有直接接触过。他非常担心地说：“我的调查书谁来写呢？”调查书，是班主任对自己所带学生平时表现的评语和评价，有德智体评价及考试成绩等多方面的内容。调查书也是报考大学必交的申请材料之一。一个与学生没有接触的代课老师怎么写调查书呢？听完大儿子担忧的话语，我也开始担心起来。

当晚，班级的家长联络网通知就来了，PTA班级委员召集家长们于12月5日（周三）下午到学校参加紧急会议。同时，四位PTA班级委员还传给了大家一封给校长的“请愿书”，大意为请求校长宽大处理我们的班主任，请求校长能让我们深深爱戴的班主任负责学生们到3月1日的毕业式，然后再做处分。四位PTA班级委员还请班上的50名家长自愿签名，开会的当天由她们呈交校长。

我平时收集情报能力不强，一切谜团只有等到家长会才能解开。12月5日下午我提前来到大儿子的班级，没想到绝大多数的家长比我先到了，看来大家的心情和我是同样的。

大家议论纷纷，排队报到，顺序入座，气氛非常沉重。会议开始前，四名 PTA 班级委员先和大家重复确认“请愿书”的事情，说会议结束后，可以自愿随她们一起去校长室呈交请愿书。全班50名学生，出席的家长有41名，据说是班级会议出席率最高的一次。50名家长都在请愿书上签了名。

16:30会议准时开始。校长率领其他七个班级的班主任，以及体育课等副科的老师来到教室。当日的校长面色微红，一贯高贵矜持的作风掩饰下仍透露出一丝慌乱。阵势如此盛大沉重，相信不少的家长都是第一次遇到。一班的班主任为主管全年级的主任班主任，他主持了会议。主任班主任老师看着稿纸，用沉重的口气，语句有些顿挫地向大家说明了这次事件的经过。

一周前，11月28日第五节课，K 老师给五班上英语听力课。有位学生没有认真听老师讲课，连课本都没有拿对。K 老师批评那位学生时，产生了肢体碰撞，打伤了那个学生的眼睛。老师的暴力引起了周围学生的愤怒，他们高喊“反对暴力!”和 K 老师发生了冲突。有学生录下了老师暴力的场面举报到了校长那里，还传到了网上。

接下来，校长向大家宣布他对 K 老师的处分。这位曾在美国哈佛大学工作过十年，又从东京大学的校长位子退休，去年来儿子的学校赴任的校长先生，首先向家长们鞠躬道歉。对在临近高考的最最紧张的关键时刻，发生了这样的意外事件表示深深的歉意。他解释说做出让 K 老师在家反省（其实就是开除的代名词）处分的决定，有两条重大的理由。一、K 老师打学生致伤，实属暴力行为。虽然伤势不重，但是受伤让事件的性质升了级。这样的暴力教师无法再次站在讲坛上。二、暴力行为的录像如果在媒体中传播开来，本校会被认为是暴力学校，那将是不可收场的最坏结果。所以必须迅速地将事件压下去。这样的处分也是为了学校的名誉。

最后，校长给了家长自由发表意见的时间。立刻有好几位家长举手发言，大致是阐明 K 老师对学生、对家长的关爱，学生对 K 老师的爱戴和尊敬。这次事件并不是发生在我们的班级，我们的班级却要承受在关键时刻换班主任的结果。发言的家长说，已经有学生在家出现了无法入睡的情绪变动，故请求校长给K老师宽大处理，至少让K老师负责我们班到毕业。发言的家长各个情绪激动、声音颤抖、边说边抹泪。不少的家长抽抽搭搭，当时的会场唏嘘一片。还有家长准备好了发言稿，激动地读给校长和在座的老师们听。我甚至看到那位主任班主任老师也摘下眼镜擦眼泪。

校长认真地听着每一位家长的发言，但还是显得有些不耐烦。他找到一个发言的空隙，说还有别的安排必须离开。然后把后半场留给了主任班主任，离开之前没有忘记介绍我们的新班主任老师。

之后，主任班主任向大家交代，大家最关心的“调查书”，K老师已经准备好了。毕业和报考大学所涉及的一切事务，新的班主任和他都会尽力协助学生与家长。请家长放心，请学生们安心地复习高考。这样的具体交代让人心慌乱的会场安定了下来。

全体教师走后，我从家长们那里又了解到了一些事情。据说K老师从担任我们班级初中一年级班主任起，就是有名的语言和行为粗暴的教师。虽然这些年有些修正和改善，但是仍然有一些不喜欢他的学生。高二分班的时候，不喜欢K老师的同学大都集中在了五班，即本次的事件班级。这次的事件，受伤的学生及家长并没有深究老师的错误，甚至还到学校向校长求情不要辞退K老师。但是，K老师的粗暴教育方法一直不为那些不喜欢K老师的同学们所认可，当时就是因为他们在周围起哄，才使事件发展恶化。更有家长说，这次事件是那些不喜欢K老师的学生们故意设计的让老师中套的恶作剧圈套。

会议结束后，四位PTA班级委员带领着大家来到了校长室，郑重地向校长递交了“请愿书”。校长又一次向大家道歉、又一次重复上述的理由，外加一个“这样的处理，也是为K老师本人的将来着想”的理由。

就一周的时间，校长便迅速辞退了K老师。如此声势浩大的家长请愿也没能改变校长的决定。在这里，私立学校的校长有绝对的权力。

其实，20多年前我也曾经历过一次私立大学教授炒掉助教老师的事件。

那还是我在大学做研究员时的事情，教研室的助教突然有一天陷入了“家庭外的恋爱”。这本是个人隐私，和他人无关。但是，有问题的是，助教因此天天提早下班，怠慢了他对硕士生的实验指导工作。被激怒了的硕士生们到教授那里讨公道：如果不给他们换指导老师的话，他们将申请转到其他的教研室去！私立学校老师的工资大部分来源于学生的学费，学生缴纳了学费就有权利提出这样的要求。教授无奈，让那位助教自觉地辞了职。这里，教授和校长一样，在自己管辖的范围之内，有至上的、绝对的权利！

进东大还是学医

2013-01-15 (Tue) 22:25

这个周末，大儿子就要参加第一场正式考试了，全国统一中心考试。

但是，对中心考试后是报考东京大学还是报考医学专业，我们一家还在纠结不定中。如果只想报考国公立大学而不考虑私立大学的话，似乎进东京大学和学医，就成了鱼和熊掌不能兼得的难事儿。不是东京大学没有医学专业，而是东大的医学专业实在太难考：每年招收名额只有100名，且面向全国的学生，竞争十分激烈！所以，想当医生的考生，大多选择其他国公立大学的医学部。但是全国各地的国公立大学的医学专业都和东京大学在同一天考试，无论报考其他哪一所国公立大学的医学专业都必须放弃报考东京大学。

好在所有的国公立大学的报名期限都在中心考试之后，一切都可以在中心考试之后，视中心考试的成绩再考虑。昨天，东京一场罕见的大雪还曾经让我担心这个周末的天气，好在今天一早就转为一片晴天。希望这个周末也将有个好天气。

周末两天的考试，大儿子的学校就是考场。母子都不用做特殊的准备，大儿子就像平时上学一样，就像平时参加学校的模拟考试一样，就可以了。

等，等，等，等准考证

2013-02-13(Wed)22:18

2月13日是发准考证的日子，可是现在已是23:00了，看来今天是不会收到准考证了。

按大学那边的安排，应该是今天寄出准考证的。就是那个在报名的时候，我们家长自己填写，自己贴上快件邮票的信封。理论上13日也就是今天，就能收到的。也许校方今天下午才寄出，全体报名学生都要等到明天才能收到吧。大学的准考证还没有到呢，几个私塾的调查表格材料却先寄到了，是让考生填写报考大学的名字，准考证号码等基本内容的往返明信片。应该就是私塾在收集考生的数据吧，每年各大私塾公布的高考分析情报，就是这样采集数据的吧。准考证还没到，怎么填写准考证号码呢？也许是私塾邮件的提示，大儿子也有些坐不住了。今天一大早他就问我准考证什么时候到，刚才又过来主动和我说，他从网上看到的最新信息：今年东京大学各个专业的中心考试最低报名分数线公布了，文科Ⅰ类（是文科最难专业，法律）今年没有最低分数线。大儿子报考的理科Ⅱ类专业最低分数线为690分。总体上今年的最低分数线都比去年低，也就是说今年的中心考试题目比去年难。

中心考试的分数都是考生自己估算的，如果大儿子自我估算的分数准确的话，我们收到的一定是准考证！

其实，我的心底也一直在犯嘀咕：我帮大儿子寄出的报名材料，邮票的金额是否贴对了？自家的地址是否写正确了？表格内容虽然是大儿子自己填写的，我还检查过几遍！但是我的心里还是有些发虚……大学的报名材料中明确地写着，填写内容有误的话将作为不合格处理。我知道自己这样的担心是多余的，但是还是在担心。

高考在寒风中鸣锣

2013-02-25(Mon)11:03

每年2月25日、26日，是日本国公立大学入学考试的日子，历年不变。

今天，我5:00起床，按自己的惯例为大儿子做好“胜利”盒饭。大儿子6:30被闹铃叫起，他再也不用妈妈叫早了。等两个孩子吃过早饭，7:30和大儿子按时走出家门。大儿子早就提出一个人可以去考场的，是妈妈自愿跟着的，因为妈妈也想去看看日本高考的样子。

天气预报说，今早将有这个冬天最冷的寒流。走出家门，果然寒风刺面。但是阳光很好，让人心情舒畅。母子二人按计划，坐电车再换乘地铁，一路顺利地出了本乡三丁目车站。

走出地铁站过了第一个十字路口，就遇到了大儿子的一个同学。一样的校服、一样的书包，都没穿棉衣外套，就是个头和脸盘不一样。见到了同学，大儿子一路平静的脸上立即浮现出了笑容。他们并肩前行，说说笑笑。我知趣地退后一步，跟在他们后面。

寒风中人越来越多，考生和陪同的家长逐渐排成了队伍。走走停停中，逐渐在队伍的旁边看见了宣传和加油的人群：有发单身租房广告的、发东大校园介绍的，更多的是私塾老师加油助威的队伍。临近考场的校门还出现了维护交通秩序的公安人员、新闻采访录像的媒体人员、端着相机的家长，大马路上还有高喊“请家长给考生让开路”的警车。不愧是东京最高学府的入学考试，场面声势浩大！

不一会儿，我就意识到不能再跟下去了，前前后后都是考生在排队，已看不见家长的影子。我匆匆忙忙向大儿子和他的同学道了别，留下“加油！”的鼓励！

离开了考生的队伍我才发现马路的对面仍然是人群，大多是举着相机的家长。于是，我也过了马路，远远地竟然又看见了大儿子，我也举起了相机，默默地祝福大儿子。直到在越聚越多的考生队伍中再也看不到大儿子的身影，我才撤退。

按照我的计划，在回家的路上顺便去了一个叫作“汤岛天神”的寺庙为大儿子“祈祷合格”，据说这个寺庙是祈祷考学最灵的。在日本有许多这样祈祷灵验的寺庙，祈祷生子、祈祷治愈难病、祈祷夫妻圆满等等。这个时候宁信其有，图个吉利吧。

我写这些文字的时候，大儿子正在奋战下午的数学考试。加油，儿子！

高考遇到了地震

2013-02-25 (Mon) 21:48

今天是大儿子高考的第一天正式考试。我上午刚刚写完和他一起去考场的经历。

下午5:23，大儿子发来了手机邮件说，“现在考完了”。我猜，大儿子可能认为我会等在考场外，所以发了邮件。我赶紧回信“辛苦了！赶紧回家吧”。6:20左右，大儿子进了家，带回两条新闻。

第一条，他考完试出了考场，看到了很多等在考场外的家长，担心妈妈也会等在那里。考大学啊，还是有家长接送的。我为这样的父母苦心感动，望子成龙这样共同的父母心愿永远没有国界。

第二条，他进门时放下书包就问：“刚才地震了，家里摇晃了吗?”确实，4:30左右，家中的地震报警器响过，报警器报出的地震强度是“三”。电视台NHK也报道了，震源在福岛，Ms6.8级。但是，我们好像没有感觉到楼房摇晃。当时，我还真忘记了担心正在高考中的大儿子呢。

大儿子讲了他在考场中遇到地震的情况。当时数学考试还差五分钟结束，地震警报响了。监考老师立即叫考生放下手中的笔，钻到桌子底下避难。一分钟后，老师让考生们坐回座位上等候命令，但不许做题！大儿子说，就这样干坐了30分钟，老师才说地震过去了，让考生继续做题。大儿子说：“我以为在那30分钟的等候时间中会有人偷着做题呢，结果没有一个人动试卷。大家都静静地坐在凳子上。”大儿子还说：“我正好利用那30分钟思考了卷子上的一道题目！”他还挺得意。因为地震的影响，老师为他们的数学考试延长了一分钟时间。

经常能听到儿子们讲述在学校上课时遇到地震躲到桌子底下的事情，像这样在正式考试中遇到地震的情况，我们还是第一次遇到。

晚上的新闻说，今天4:00多发生的地震，余震频繁。到晚上8:00，身体能够感觉到的余震就有26次，呼吁大家小心注意。

但愿明天一切正常，考试顺顺利利！

考到发榜

2013-03-22（Fri）22:03

3月10日，周日，下午1:00，东京大学在校园内合格发榜。

总算等到了这一天，心中五味杂陈，有些不耐烦，有些苦，有些乱，有些惊慌，有些激动，拍拍胸口，摸摸脑门，我似乎找不到合适的词来形容现在的心情。

2月25日、26日，国公立大学入学考试结束，掐指算来到放榜日也只有11天，却似乎耗尽了我最后的能量。除了孩子再也无心其他的我，是分分秒秒地磨过了那些日子。无论高考是什么结果，我似乎都已是灯尽油枯了。落榜，我无力再陪大儿子复读；上榜，我自己也耗尽了最后的精力。从来没有担心过大儿子考试的我，竟然一想到看榜的时刻，心便会慌慌乱跳。

没有报名私立大学考试的大儿子，这11天在家真的是干等发榜。他时不时地发出类似自言自语的感叹，“谁来拯救我的命运?”“妈妈也来担心一下我复读的事情啊?”家里上班的上班，上学的上学，留守家中的母子两人，天天大眼瞪着小眼，什么事情也没做。也没有心思出门逛逛，更不能说那些丧气不吉利的话……

9日的晚上，私塾的老师打来了电话，问大儿子第二天发榜后能否接受合格者的采访，有报酬的采访！如果愿意再写一些合格心得的话，还会有小数额的酬劳！噢噢，原来，平时在私塾看到的“先辈声音”这类内容，都是用钱买下来的！这么好的活儿，大儿子却宣布：“明天去看发榜，目标就是躲过私塾的老师！”唉，我再也无力对大儿子的言行指手画脚了，随他！

东京大学的发榜有两种形式，书面和网络。书面的发榜要到大学指定的地方去看榜，网络发榜只要进入大学指定的网站，到公布时间就可以查到录取结果。9号，我确认了大儿子的准考证号码，将发榜网址输入了自己的手机。

10号，终于熬到了10号。大儿子吃过午饭，一个人出了门，我和丈夫打发老二出门打球后也出了门。下了电车走在去学校的路上，刚刚过了那个祈祷合格灵验的寺庙，丈夫说：“快1:00了，快看发榜。”网络发榜是下午1:00，比学校的张榜要早一些。我急忙打开了发榜网站，合格榜出来了！两个脑袋一起“伸进”了手机！文科在先，有Ⅰ、Ⅱ、Ⅲ类，理科在后，也有Ⅰ、Ⅱ、Ⅲ类。儿子是理Ⅱ，在后面。只是理Ⅱ合格考生就有七八百名，占了几个页面。慌乱中我还进错了两个地方。手机页面小，我耐心地一点儿一点儿地翻页，生怕漏过了大儿子的号码。A51194，出来了，看到了！大儿子的准考证号码！

当我前一天从大儿子那里听到准考证的这个数字的时候，就预感到这是大儿子的吉祥号码！丈夫立即拨通了大儿子的手机，这小子刚进大学的门，还没有看到合格榜呢！

我把提了一路的心放回肚子，和丈夫一身轻松再上路。路上的人逐渐多了起来，有同向赶路的，有反向离开的。赶路的是看榜的，离开的是看过榜的。3 000多合格考生的发榜现场，肯定是人山人海。我有了闲心，就一路观察那些走在路上的行人。我很努力地观察着，却无法分辨出上榜和落榜考生的区别。随即猜想，也许是因为有网络发榜，来现场的人都是上榜的吧。

闲事不去管了，看校门外依然热闹，发广告的人一路排开占领了路边。仍然是租房信息为多数，那是因为日本的大学没有学生集体宿舍，入学的学生们必须在学校附近自己找房子住。可能还有发复读信息广告的人吧。对了，看到了私塾发放的“欢迎合格者来教书”的招工广告，还有高价购买复习教科书的广告。考取这种大学的考生使用过的书籍，一定是最好的教科书。在学校正门口，还看到了对着镜头发言的学生。我已知道了，那是挣酬劳费的合格生！

一步跨进校门，看见的是更加乱哄哄的人群。夺眼球的当是卖力宣传俱乐部的在校学生们。做什么便吆喝什么，乐器俱乐部的穿着华丽衣装弹奏着乐器宣传自己；帆船俱乐部拉出了帆船模型拼命吆喝着发广告。顾不得再仔细多看了，我们穿过人群，走上小路，跟着一小股人流终于来到了合格榜的前面。早就不见了大儿子的踪影，电话也打不通了，我们两个不相关者倒是满身沾满了热闹快乐的气氛，驻足在合格榜前。理科Ⅱ类合格榜的旁边是理科Ⅲ类的合格榜。理科Ⅲ类是医学专业，东京大学最尖端的专业，每年只招收100名。不愧是尖子中的尖子，“理Ⅲ合格者拍摄纪念相片处”的大牌子赫然立在合格榜前的路中间，我还看见了一个抬人抛人的小圈子！“祝贺合格！”的声音此起彼伏。

在杂乱的人群中，我还是看到了一个号啕大哭的学生，还是个男生。但我已没有能力判断，那是合格喜悦的泪，还是落榜伤心的哀伤了。

我这个读书读到26岁，却从未经历过、从未看见过发榜场面的妈妈，借了大儿子的光填补了一项历史空白。感谢，我亲爱的大儿子！

2015年3月，又是一个樱花盛开的季节，又是一个毕业和入学的季节。我的小儿子也如愿即将升入庆应大学的附属高中。小儿子的高中性质和哥哥的完全不同，因为没有考大学的任务，三年的高中校园生活肯定和哥哥的不一样。据说，附属高中的教育方针是培养学生们更多的兴趣爱好，让学生们在更宽更广的领域中寻找自己的人生目标。据说，附属高中的俱乐部活动更加多样、更加广泛，孩子们可以自由地培养自己的兴趣、选择自己的人生目标。据说，附属高中的校纪校规更加细致、更加严格。据说，附属高中的考试成绩相对评价参考的德智体方面更加广泛，学校注重的不仅是学习成绩。据说，附属高中虽然没有考大学的任务，却有严格的留级制度。学校每个学年让留级生人数保持一定的数字，不是学生因差留级，是学校让学生留级！据说，在附属高中留级生很多见，留级生并不丢人！“因为有我的留级才是你们能够升级的保证！”不能如愿升入直属大学的学生也有不少。看来在什么类型的学校上学都没有可钻的空子，祝愿我小儿子能够圆满、顺利地完成三年的高中学业，不留任何遗憾！三年后的这个时候他能顺着“传送带”如愿升入庆应大学。

2015年3月，这个樱花盛开的季节，我圆满地完成了养儿育儿的责任，可以放飞孩子们了。飞吧，儿子们！你们的身体已经足够强壮，你们的头脑里充满了智慧，你们的翅膀也足够强大，可以展翅翱翔了！无论是狂风还是暴雨，无论遇电闪还是雷鸣，相信你们都能自己冲过！最后用我常对孩子们说的一句话结束本书：“感谢你们来当妈妈的儿子！”

结束语

近些年，凡是中国的节假日，来日本购物、踏春看雪、泡温泉的中国人越来越多，这些消息已占据了日本国内即时的头版头条新闻。

到日本留学的孩子也不在少数。我认为与其送孩子们到遥远的地球那一边去接受教育，不如选择抬腿就到的邻国。相似的东方文化、相近的饮食习惯、没有太多差别的黄种人面孔，这个似曾相识的环境，也许更适于我们的子女生活学习。如若本书能够为来日本求学的家庭提供一把解除对日本教育体制认知障碍的钥匙，那将是我最大的安慰。